江西理工大学清江学术文库资助

基于地质雷达的灰岩隧道及边坡施工稳定性分析

温世儒　吴霞　刘金海　著

北京
冶金工业出版社
2022

内容提要

本书主要介绍灰岩隧道与工程边坡的施工稳定性及风险评估，内容包括：阐述隧道与工程边坡施工风险评估的基本内容与方法；采用地质雷达识别隧道开挖过程中风险源，并开展风险等级划分及其防控；基于地质雷达探测不良地质体规模，并利用数值模拟分析评估隧道不良地质体的施工安全距离；通过地质雷达确定土质围岩段降水渗流漏斗动态范围，并基于随机介质理论建立积分模型理论估算地表沉降；综合采用地质雷达实测、BP 神经网络及 BMP90 反演模型对工程边坡多类型力学参数进行反演并开展稳定性分析。

本书可供岩土与地质工程领域的科研、勘察、设计、施工及管理人员阅读，也可作为高等学校土木工程等相关专业的教学参考书。

图书在版编目(CIP)数据

基于地质雷达的灰岩隧道及边坡施工稳定性分析/温世儒，吴霞，刘金海著. —北京：冶金工业出版社，2022. 8

ISBN 978-7-5024-9226-7

Ⅰ.①基… Ⅱ.①温… ②吴… ③刘… Ⅲ.①隧道施工—雷达探测—研究 ②边坡—工程施工—雷达探测—研究 Ⅳ.①U455 ②U416. 1

中国版本图书馆 CIP 数据核字（2022）第 143927 号

基于地质雷达的灰岩隧道及边坡施工稳定性分析

出版发行 冶金工业出版社　　**电　　话** (010)64027926
地　　址 北京市东城区嵩祝院北巷 39 号　　**邮　　编** 100009
网　　址 www. mip1953. com　　**电子信箱** service@ mip1953. com

责任编辑 姜恺宁　美术编辑 燕展疆　版式设计 郑小利
责任校对 范天娇　责任印制 李玉山
北京虎彩文化传播有限公司印刷
2022 年 8 月第 1 版，2022 年 8 月第 1 次印刷
710mm×1000mm 1/16；11 印张；215 千字；168 页
定价 66. 00 元

投稿电话 (010)64027932 投稿信箱 tougao@cnmip. com. cn
营销中心电话 (010)64044283
冶金工业出版社天猫旗舰店 yjgycbs. tmall. com
(本书如有印装质量问题，本社营销中心负责退换)

前　　言

灰岩地层在我国分布广泛，与其相关的隧道及边坡工程亦大量存在。在动水压力的长期作用下，灰岩地层易产生溶蚀、崩解从而形成复杂的内部构造，其地质稳定性和施工安全性具有显著的时空变异特征。如何更加有效地提高灰岩隧道及边坡的施工稳定性从而降低施工风险、保障施工安全是目前亟待解决的关键技术问题。

地质雷达（GPR，Ground Penetrating Radar）探测技术属于电磁脉冲勘探技术，其以电磁波在电介质中的传播特性为基本理论依据，在土木工程的各个领域得到了广泛认可及应用。近年来，将地质雷达引入到灰岩地层工程施工风险识别与防控领域已经逐渐成为了共识。本书作者及其团队在总结已有研究和应用成果的基础上，依托实体工程对隧道及边坡工程施工风险的基本内容与评估方法进行总结归纳；采用地质雷达超前探测技术揭示隧道工程施工风险源并据此对施工专项风险进行评估；基于地质雷达实测对不良地质体规模进行划分并利用数值模拟对隧道不良地质体的施工安全距离进行预测；结合地质雷达实测结果并基于随机介质理论建立积分理论模型对灰岩隧道渗水土质围岩的地表沉降进行估算；综合利用地质雷达实测、BP 神经网络及 BMP90 反演模型对边坡的力学参数进行反演，并据此对边坡的稳定性实施模拟分析。

本书所涉及相关研究内容及本书出版得到了江西理工大学“清江

学术文库”和江西省教育厅科学技术研究重点项目（GJJ204903）的大力资助。本书编写工作包括温世儒独立撰写第1~3章，吴霞独立撰写第4章，温世儒、吴霞、刘金海共同撰写第5章，温世儒负责全书的统稿。本科生刘朝辉、史歌为本书的资料整理与编排做了大量工作，在此表示衷心感谢。另外，书中参考了国内外同行的相关著作、论文和报告，引用和借鉴了部分研究成果，在此对相关文献作者表示诚挚的谢意。

希望本书的出版能够对灰岩隧道及边坡工程施工风险的识别、评估技术以及探索施工稳定性与灾害规模的智能分析处理方面有所贡献。

限于作者水平，书中难免存在不足之处，敬请读者批评指正。

作　者

2022年2月于江西 赣州

目　录

1 绪　论

1.1 概　述

交通是一个国家经济发展的基本保证和命脉。我国地域辽阔，且地形地貌变化多样。近年来，随着我国公路交通网络的逐步完善，在山岭地区修建了大量的公路隧道，且隧道的数量还将继续保持持续增长的趋势。根据《2020 年交通运输行业发展统计公报》统计，截至 2020 年末，全国公路总里程 519.81 万千米，比上年增加 18.56 万千米；累计公路隧道 21316 处、2199.93 万延米，其中特长隧道 1394 处、623.55 万延米，长隧道 5541 处、963.32 万延米。可见，特长隧道和长（大）隧道的比例较高，如已经建成通车的川藏公路二郎山公路隧道、四川广安地区华蓥山公路隧道全长分别为 4160 延米、4770 延米；另外，已经建成并通车的秦岭终南山公路隧道，全长 18.1 千米，其长度位列世界第二。近十年来，公路交通网络逐渐向山岭和江河湖海延伸，山岭公路隧道以年均 350 千米的速度增长，28 座水下公路隧道也已建成通车。同时，在城市建设中，本着节约土地和保护环境的理念，地下互通立交也应运而生。总体上，公路隧道的建设已进入快速发展时期，其建设规模日益宏大，结构类型日趋丰富。总之，我国已经成为世界上开发利用地下空间的大国。在 21 世纪，我国隧道建设的高潮期已经来临，表现为“多、长、大、深”的特点。

然而，由于地形、地貌、地质、人为及其他各种因素的影响，在隧道施工中常常出现大变形、塌方、突泥、涌水等各种地质灾害，导致延误施工工期、损毁施工机械乃至危及人员安全。由于隧道工程埋藏于地下，具有隐蔽性、复杂性和不确定性等突出特点，施工过程中会遇到很多困难和障碍。2003 年 7 月，上海地铁四号线黄浦江隧道出口发生严重地表沉陷，使得中山南路一栋八层楼房发生严重倾斜，董家渡路口一段长 30m 的防汛墙发生倒塌，造成了较大的经济损失和不良的社会影响。2005 年 10 月，正在兴建的诸永高速公路白鹤隧道左洞发生坍塌，造成 4 名现场施工人员当场死亡、1 名监理人员和 1 名质量检测人员身受重伤的重大事故。诸如此类的风险事故在隧道施工过程中屡见不鲜。

我国是一个山区分布广泛、地质灾害频发的国家，每年由地质灾害导致的经济损失达 200 亿元，已经成为了影响经济与社会发展的重大问题。作为典型地质灾害之一的滑坡，易给人类的生产、生活和财产安全带来威胁。例如，四川省云阳县境内的鸡扒子山于1982年发生特大滑坡，约160万立方米的滑坡体涌入长江航道，损毁了大量的农田和房屋，导致一座农用工厂几乎被掩埋。1989年，云南省境内的漫湾水电站大坝发生滑坡，导致周边的农田和经济山林被完全损毁，致使水电站的发电时间比预期推迟了将近1年。2008年，四川省青川县刘家湾发生滑坡，将山前的中药种植林地和水稻农田完全掩埋，严重影响当地居民的生产、生活和生命财产安全，该滑坡属于典型的特大岩质边坡滑坡。深圳市光明新区的渣土填埋场，于2015年12月发生滑坡，直接导致正在开展作业的工人和指挥人员被掩埋，失联人数达100多人，损毁的施工机具50多台，产生了严重的不良后果。此外，三峡库区作为我国水利工程的世纪性重大工程，存在大量的边坡工程问题，根据长江水利委员会的初步统计，可致灾边坡的总数达6000多个，滑坡点和崩塌点分别达3480处和702处，对库区的总体安全构成了不利影响，被列为国家的重点研究和整治对象。由此可见，边坡工程及其滑坡是非常常见的，会对国民经济和社会发展带来不利影响，需加以重视。

岩质边坡总体以岩体为主，包含结构体和结构面。结构体是岩体的主要受力载体，也是重力的直接贡献者。结构面是经地质构造和风化作用所导致的闭合或者非闭合的开裂面，内部可填充水、次生矿物、泥质以及其他杂质。在自然状态下，岩体具有一定的自稳能力，通常不易发生破坏，只有当下滑力大于抵抗强度时会发生滑移或者崩塌。在外界扰动作用下，岩体受到振动，相比自然状态更容易产生破坏。因此，对于施工阶段的岩体而言，要重视岩体的稳定性发展及其预测评估，否则易产生滑移破坏。例如：经过数日降雨，江西省寻乌县晨光镇境内的吴被山于2009年发生大型滑坡，属于岩质边坡大型滑坡，滑坡体直接导致206国道被掩埋阻塞，掩埋段的长度达到138m，调查表明当时正在对坡面进行刷坡作业以便后续开展挡土墙施工。2013年7月，广西壮族自治区南丹县小场镇发生大型岩质边坡滑坡灾害，导致原黔桂铁路旧线被掩埋，十余间瑶族农舍被损毁，5头耕牛、18只山羊被当场砸死，所幸农舍中无人员在场，避免了死亡事故。诸如此类的岩质边坡滑坡灾害在边坡工程施工中屡见不鲜。图1-1、图1-2所示分别为宜昌市秭归县龙口区发生的新滩滑坡和云南漫湾水电站发生的漫湾滑坡。

综上所述，非常有必要采用一定的方法及时有效地对隧道和边坡工程施工中存在的风险进行识别、分析和评估，从而为施工作业、进度控制、风险管理等关键环节提供建设性的参考和指导信息。通过建立相关风险评估体系，对已经开工建设和即将开工建设的隧道及边坡工程进行风险评估，积极应对隧道和边坡工程施工过程中面临的各种风险问题，是减少工程突发事故、避免经济损失的有效途径。因此，对隧道和边坡工程施工过程中的风险和整体稳定性进行分析评估的意义就在于对致灾源进行“超前探测”、对潜在的风险进行预先“诊断识别”，从而为施工、技术管理等环节提供较为准确的诊断信息，并最终达到避免或减少损失、弱化不利影响的目的。

图 1-1 新滩滑坡

图 1-2 漫湾滑坡

1.2 国内外发展现状

20 世纪 70 年代，美国的 Einstein 将风险分析引入到隧道与地下工程中。在此后数十年间，世界各国在风险评估方法方面取得了大量研究成果并进行了广泛运用。Einstein 是隧道工程风险分析的代表性人物，他后来提出了适用于硬质围岩隧道的成本模型，且该模型是隧道行业最早将不确定性引入到工程估计中的经典模型。

Salazar 于 1983 年在 Einstein 的研究基础之上，把不确定性的影响与工程造价联系起来。1987 年英国南安普顿大学教授 CB. Chapman 在《Risk Analysis for Large Projects：Model, Methods and Cases》中提出了“风险工程”的概念，他认为风险工程是对各种风险分析技术的集成，这种框架模型的构建弥补了单一过程风险分析技术的不足，使得在较高层次上大规模地应用风险分析研究成果成为可能。

1996 年，Sturk 提出了一个以概率方法和有效统计及风险分析作为工具的决策分析系统，该系统后来用于对斯德哥尔摩环形公路隧道工程的设计方案进行优化比选。1998 年，Kampmann 运用风险评估技术为哥本哈根地铁工程提出了包含 40 多种灾害的 10 种风险类型，首先对事件发生的可能性及其影响结果提出了具体的分类体系，随后提出了 48 个风险减轻措施，最后使用蒙特卡罗法构建了风险的预测模型。

以阿姆斯特丹南北地铁线路为实际依托，SNEL 于 1999 年提出了一个风险管理模式。该风险管理模式含有主要因素清单、预防措施和额外措施等三方面的内容。通过控制复杂的地下工程设计和施工过程中的工期、造价以及质量方面的风险，实现了工期、质量和成本的最优化。

2001 年，M. H. Faber 出版了《Risk and Safety in Civil Engineering》一书，系统阐述了风险分析常用的方法及在土木工程中的应用。2002 年，美国华盛顿国家运输局针对地铁工程造价超支问题开发了一种程序，该程序把“可能费用范围”的概念引入至造价估算中，随后的地铁工程施工实践表明该程序能显著提高工程费用的预测准确性。

英国隧道协会联合保险协会于 2003 年共同发布了一个关于隧道工程建设风险管理方面的规范。在此基础上，经理论探索和实践验证，国际隧道及地下空间协会于 2004 年发布了一个风险管理的指导办法。根据该办法，Mcfest-Smith 以亚洲各国共计 50 多座隧道的风险调查为基础，于同年提出了由 33 个风险类型组成的 IMS 风险评估体系。在该体系的基础上，国际隧道工程保险集团公司于 2006 年发布了《隧道工程风险管理时间规程》。

与国外发达国家的公路交通发展相比，我国公路交通网络的发展相对缓慢，与之相对应的风险评估方面的研究也较为滞后。“工程风险”一词最早由周士富在 1980 年提出，1987 年清华大学郭仲伟教授撰写了《风险分析与决策》，详细介绍了工程风险分析的相关理论和方法，并对国内外相关的研究成果做了全面论述，至今仍有很大的参考价值。1991 年，顾昌耀和邱苑华在《航空学报》上首次运用风险决策分析研究了飞行器在强风荷载作用下的稳定性问题。同年，丁士昭对上海地铁工程等建设项目进行了一定的风险研究，又于 1996 年在《大型工程建设项目风险分析方法及应用》中结合大型建设项目的风险特点，提出了大型工程项目动态风险分析方法，并对该方法的有效性进行了验证。随后，与工程风险分析相关的研究相继开展。20 世纪末，关于工程风险分析和评估的研究逐步发展并日益成熟，并且在一些大型的工程建设项目中得到了成功运用，比如三峡水电站工程、大亚湾核电站工程等。

同济大学等单位于 2002 年对沪崇通道进行过风险评估研究，产生了十多个专题报告，内容包括路线选线、环境影响、施工风险等多方面。2004 年，北京城市建设设计研究总院联合重庆轨道交通总公司，采用定性分析和定量分析相结合的方法编制了重庆轨道交通 1 号线的工程可行性研究报告，其中定性分析包括对影响投资、运营的主要风险和显著风险进行专家调查。同年 11 月，中国土木工程学会隧道与地下工程分会正式成立了风险管理专业委员会，并于次年主办了全国地铁与地下工程技术风险管理研讨会，这对于推动我国工程风险评估研究的发展具有重要意义。

近年来，中国铁路工程总公司、住房和城乡建设部先后出版了《铁路隧道风险评估与管理暂行规定》《地铁及地下工程建设风险管理指南》。2009 年，国家交通运输部颁布了《公路隧道建设安全风险评估指南（试用本）》。毫无疑问，三部门所推出的行业规定及指南手册将对我国隧道及地下工程风险研究的发展起到极大的推动作用，也说明我国在隧道风险评估方面的工作逐渐成熟化。

受施工扰动、地下水侵蚀和降雨冲刷等因素的影响，隧道围岩和边坡的坡体易失稳下滑从而产生施工风险。为此，在施工阶段对其稳定性进行预测评估成为了工程设计与施工中的重要内容。目前，常规的工程稳定性预测评估方法有现场监测法、理论估算法、土工模型分析法以及数值模拟分析法。在工程实践中，在条件允许的情况下通常会采用多种方法进行预测及相互验证，如现场监测法常与数值模拟分析法相互配合应用。

数值模拟分析法是近年来快速发展起来的一种工程评价类技术，具有超前、快速和便捷性的优点，适用于各类工程项目，目前已得到了广泛应用，如：

郑君长等以黑山南北高速公路泥岩-砂岩复理石地层公路隧道为依托，建立了由砂岩-泥岩岩块组成的互层岩体模型，并采用有限元强度折减法对不同互层层厚和倾角时隧道围岩的变形发展规律进行了分析，找出了不同岩层倾角下的围岩最大变形位置和应力场分布规律。

以湖北省西部某山区隧道工程为依托，在地质调查与风险统计分析的基础上，陈禹成采用有限元数值模拟分析的方法对隐伏溶洞条件下隧道围岩的应力和位移场进行了模拟分析，并基于应力和位移场特征，给出了针对不同隐伏溶洞条件的风险处治措施与基本原则。

孙闯以某小净距隧道为实际依托，基于胡克-布朗岩体应变软化模型，采用 $FLAC^{3D}$ 有限差分法对弱节理条件下中隔墙的塑性分布范围和稳定性进行了分析，并基于塑性分布规律对 5 种不同开挖工法下拱顶围岩的竖向和水平向位移场进行了模拟计算，确定了最优开挖工法及其支护措施。

陈全明等首先以定性的方式对岩质边坡进行岩体质量分级，在此基础上基于强度折减法采用有限元数值模拟计算研究了天然与地震两种工况下边坡应力、位移场的变化特征，并采用定量方式评价了边坡的稳定性，良好地为现场施工作业提供了指导信息。

赵娜等针对露天开采时软岩边坡容易产生变形破坏的情况，基于岩石拉破坏理论，推导分析了岩石破坏的开裂准则，继而通过有限元数值模拟计算程序对软岩边坡的拉张破裂演化过程进行了推导模拟，得出了软岩边坡在重力作用下坡上岩体的受拉情况，为软岩边坡的破坏规律及支护等提供了理论支持。

ZHENG 以广西壮族自治区百色市境内的某高速公路在建岩质边坡为依托，综合采用 Midas GTS NX and SLOPE/W 分析程序模拟分析了边坡的下滑力和抗剪强度变化特征，给出了相关的位移和应力云图，得到了定量的石灰岩边坡的抵抗判别经验准则和系数，再采用室内模型试验的方法对有限元数值模拟的结果进行了验证和修正。

刘成等以国道 318 线某风化边坡为依托，采用有限元数值模拟法对边坡的整体稳定性进行了模拟分析，结果表明，自然状态下的风化土坡，其原始自然基岩分布不均，稳定状态存在突变；在雨季，其位移、应力、剪切应变变化较大，边坡处于不稳定或欠稳定状态。

Audrino F. 等以美国银行旧金山分行旧址风化花岗岩边坡为实际依托工程，采用 MIDAS-GTS 中的流-固经典分析模块对边坡在不同降雨强度和渗透率条件下的抗剪强度指标及其强度变化特征进行了分析，再分别采用 D-P 模型和 M-C 模型对持续、间断振动荷载作用下的滑移力进行了分析预测，为风化花岗岩边坡工程的设计与施工提供了良好的参考。

Javdanian H. 基于加固埋深优化设计，通过有限元数值模拟分析对不同边坡加固措施下的预应力锚索入土优化深度进行了分析，分别得出了水泥浆液在不同配合比下的锚固力分布规律及其折减系数取值，获得了不同岩性边坡的锚索优化埋深经验计算公式和失效准则。

理论分析和工程实践表明，在进行数值模拟分析时，需准确掌握岩土体的物理力学参数，这是保障模拟分析结果准确性的关键步骤。当前，在设计与施工阶段通常依据规范对参数进行赋值，这具有较好的时效性和便捷性。然而，自然界的岩土体是复杂的三相组成体，其富水性、破碎性乃至岩性在三维空间里都是不均匀的，地表特征与深部特征之间存在差异且规模越大差异越明显。在这种条件下，很难对岩土体进行级别归类及参数赋值，即便笼统地进行归类及取值，也很难保证计算结果的有效性，不利于为工程实践提供有效的指导与借鉴信息。

为此，相关学者和工程技术人员提出了一种以岩土体实际位移、应力为依据并通过一定的数学模型对力学参数进行反算的方法，即反演法。反演法以岩土体的实际变形特征为基础依据，然后再利用数学工具对其工程特性参数进行反算，避免了规范赋值笼统性、经验性和主观性的不足，近年来得到了广泛应用。

王少杰将位移解析解与差分进化智能算法相结合，对马蹄形隧洞的位移灵敏度与参数进行反演，在给定竖向地应力和各向同性面角度的情况下验证了灵敏度与 5 个参数的唯一辨识性。

黄初涛依托云南丽江-香格里拉高速公路某隧道，采用弹塑性反演对隧道的变形模量进行反向计算，并通过正分析进行了验证。Cauda P. 综合采用遥感与数值模拟对加拿大温石棉矿东墙的尾矿边坡进行了滑坡预测，采用应力反演程序对大型岩块的深部应力进行了反求并对岩块的三维位移实施了模拟预测。

HUANG 建立了基于遗传算法和时变 UH 模型的数值反演模型对高填方边坡的长期沉降实施预测，以承德机场高填方边坡的实测数据为原始依据对边坡的侧压力系数进行了反算，并基于该模型预测了边坡的工后沉降。此外，纳启财利用室内重塑并通过直剪压缩试验获取了姜路岭隧道炭质页岩围岩的天然密度和含水率，并借助数值反演的手段获得了围岩的弹性模量取值。

曾乾坤等以病险水库大坝的防渗加固措施为对象，采用文献归纳法对防渗效果进行了分类，再基于简化的物理模型，采用 seep/w 模块开展渗流模拟对土石坝防渗墙加固后的防渗效果进行了推测，再结合水力梯度、渗流量等要素评估了不同工况下的防渗效果及其影响程度，还结合浸润线形态对防渗失败的原因进行了反向分析。

受限于观测技术和实际效果，SUN 等认为在实践中难以对土体空间的变异性进行估计，为此提出通过算例分析和模型试验验证的方法对影响土体空间变异性反演准确性的关键因素如变异系数、相关系数、均方差、偏差系数等进行推算，以期为岩土勘察测试工程实践提供参考。

孙立川等以国内西南地区某水电站防护边坡工程基坑边坡为依托，综合采用可靠性理论和 Monte Carlo 反演方法对岩质边坡的平面滑动破坏进行了反算，利用正交试验对比讨论了以破坏概率为目标的反算方法，指出了稳定系数反演的不足，同时还讨论了截尾位置、相关系数对计算结果的影响。

毫无疑问，上述研究对于丰富隧道及边坡工程施工风险预测评估基本理论和方法、完善稳定性分析反演方法与技术具有重要的理论参考价值和实践意义。

1.3 存在的主要问题

综上所述，针对隧道及边坡工程的风险预测与评估已经得到了世界各国的高度重视，相关理论研究、实际应用和管理规范等日渐完善、成熟，经历了由单一风险分析过渡到综合风险分析的重要转变。就国内而言，各部（委）发布的相关指南、准则等标志着我国在工程风险评估方面的工作逐渐走向成熟。当前，国内外在隧道及边坡工程风险预测评估与稳定性分析方面还存在如下不足：

（1）评估手段没有突破，所采用的评估方法均属于常规的定量法、定性法和定量-定性综合法，各个指标的赋值受评估个体的主观影响较大，评估结论与实际结果之间存在不同程度的差异乃至完全失效。

（2）多数风险评估忽视了岩体物理特征在时间-空间上的动态变异性，依然视岩体的物理特征为静态不变，较少考虑不同物理特征下的施工风险及其稳定性；评估对象主要以风险本身的宏观等级为主，较少对灾害的规模进行预测评估。

（3）诸如上述等反演研究多集中于算法模型优化，且多以单参数反求为主，忽视了多参数之间的相互影响，这显然不符合岩体的真实应力和位移传递基本规律，也就限制了研究成果的进一步推广与应用。

为此，在理论分析的基础上，本书以广西壮族自治区六寨-宜州高速公路累计28座灰岩隧道及其边坡工程、赣县-兴国高速公路边坡工程为项目依托，对隧道及边坡工程施工风险的基本内容与评估方法进行总结归纳；采用基于地质雷达超前探测的风险源识别技术，揭示依托隧道工程施工过程中存在的风险源；在风险源识别的基础上，采用模糊层次分析法对施工专项风险进行评估，分析潜在的孕险因素、风险等级及防控措施；利用数值模拟分析对不良地质体的施工安全距离进行预测判别，并基于地质雷达现场探测对灾害的规模进行评估；基于随机介质理论，通过建立二重积分理论模型对灰岩隧道土质围岩段在渗水条件下的地表沉降进行估算；在地质调查的基础上，综合利用地质雷达探测、BP神经网络反演模型以及BMP90反演模型对边坡的力学参数进行反演，并据此对边坡的稳定性进行有限元模拟分析与评估。

研究成果对完善灰岩隧道及边坡工程施工风险评估理论与方法、提高施工风险评估与稳定性分析的准确性具有重要的理论意义和实践参考价值。

2 施工风险与风险评估方法

隧道施工期是各种潜在风险的暴露期。施工风险的类型有很多种，根据不同的分类标准会得到不同的分类结果，但其实质都是唯一的，即具有危害性。风险评估的目的就是对隧道工程中所存在的潜在风险进行预先识别，并相应地预测这些潜在风险将产生的后果及其严重程度。隧道工程具有隐蔽性、复杂性和不确定性（偶然性）的特点，当工程资料（自然环境资料、人为因素和材料设备）不全、不准时容易对风险评估工作造成不利影响，导致评估结果的可靠性受到影响，极易弱化风险评估的工程实践价值。因此，对风险评估的内容和所采用的方法进行准确的定位选择，是保证评估结果可靠性的基本前提。风险评估的内容和方法多种多样，不同的方法适用于不同的条件，在具体选择运用时应该区别对待。

2.1 施工风险及其特征

施工期是潜在风险的暴露期，风险在施工时被揭露。风险可能是自然条件孕育而成，也有可能是在施工期由于人为因素造成的，也有可能是人为因素与自然因素共同促成的结果。

自然条件孕育风险主要是自然力量的结果，这与地形地貌、工程地质条件、水文地质条件等有关。在岩溶地区，容易发育有溶蚀性空洞、溶蚀性风化槽、溶蚀性管道（水平、竖直、倾斜）等不良地质体以及引发塌方、涌水、突泥等风险。在深埋高地应力地区，容易引发岩爆风险。在特殊土地区修建隧道时，由于特殊土的特殊工程性质，也容易引发各种施工风险，如：在黄土地区修建隧道时，由于黄土特殊的湿陷、自重湿陷特性，往往容易导致塌方、地基沉降、变形过大等风险；在软土地基中修建隧道时，由于软土承载性能差，容易引起强度不足、沉降过大、沉降不均匀、变形过大等风险。

人为因素所造成的风险多指在施工过程中由于施工人员的认知错误、专业水平有限、操作不当等原因而引起的，典型的例子就是在进行爆破作业时，往往由于打眼、装药不当而产生哑炮现象。另外，由于超挖对围岩造成过度扰动从而引起围岩变形过大甚至产生塌方灾害亦非常常见；由于排险工作不彻底而造成的伤害也是 屡见不鲜。

不确定性和潜在的损失性是风险的基本性质。隧道工程施工风险的特征主要由其自身特点所决定，隧道工程具有埋藏于地下、空间狭小、运输移动路径单一等特点。理论研究和工程实践表明，隧道工程施工风险具有如表 2-1 所示的一般特征。

表 2-1　隧道工程施工风险的一般特征

特征	描　述
时空性	指时间和空间的特征。也就是说，隧道的风险是在一定的时间和空间下发生的，时间和空间的共同发展致使风险得以孕育、发展、成熟和产生。当时间和空间刚好满足风险发生所需要的条件时，风险就会产生
不确定性	风险的发生和形式具有不确定性。一般来讲，风险因素往往较多，且风险的形式有多种，因而风险的发生和形式往往具有不确定性

2.2　风险评估基本概念

对于风险本身的定义，许多学者都给出了不同的答案。比如有人认为风险是一种不确定事件，也有人认为风险是在特定的条件下某种损失发生的可能性。虽然各种定义对风险的表述在文字上有所差异，但概括来讲，其表达的含义是基本一致的。一般来讲，风险包含两个基本要素：一是风险是活动或事件发生的潜在可能性；二是会对工程产生不良后果。根据国际隧道协会的定义方法，可以将风险描述为对人身安全、财产和环境有潜在损害或者对工程有潜在经济损失或损害的不利事件发生的频率与影响结果的综合。依据该定义，学者 Al-Bahar 采用概率与损失模型定量地对风险的不确定性进行预测以评价其影响程度，如式（2-1）所示。

$$R = f(P_r,\ q) \tag{2-1}$$

式中，P_r 表示发生概率；q 表示对工程的影响，可以是工期延误、费用损失或者质量降低等。

式（2-1）可以对风险进行定量识别与预测。对于风险评价而言，其主要是将风险分析的结果与一定的准则进行对比。综合而言，风险评估就是根据一定的破坏准则或者界限，定性或者定量地评价孕险因素所致灾害或者破坏的可能性大小及其影响程度和范围。

2.3　施工风险评估内容

施工风险的评估内容比较复杂，具有系统庞大且相互关联的特点。施工风险评估内容的划分是否明确，直接关系到最终评估结果的可靠性。一般来讲，施工风险评估的内容主要包含三点，一是对引起潜在风险的各种因素进行总结分析，也就是对风险因素进行识别；二是对这些因素可能引起的风险进行推测，也就是对风险本身进行识别；三是对这些可能产生的风险及其造成的后果进行分析，即风险等级的确定。综上所述，评估的内容包括：(1) 施工风险因素的识别；(2) 施工风险本身的判断；(3) 风险所产生的后果及其等级。

2.3.1 施工风险因素识别

施工风险因素的来源十分广泛，类型多样化，从不同的角度出发会得到不同的结果。按照目前大部分研究成果的划分方法，可以将隧道施工风险因素的来源分为三类，即自然环境因素、人为因素和材料设备因素。

2.3.1.1 自然环境因素

自然环境因素指与人类活动无关且完全由于自然本身的力量所形成的因素，主要表现为地形地貌、地质条件、水文条件、不可抗拒力量等。不同的地形地貌在结构受力、围岩变形等方面对隧道将产生不一样的影响，如：深坑、低洼地区段容易形成渗水陷落，使之成为浅埋隧道；河流川谷的冲刷切割将影响山体稳定或者造成偏压。常见的地形地貌包括平原、沟壑、山丘（岭）、谷（腹）底、山脊等。

地质条件主要指的是地层在空间上的分布、岩性、结构构造等。在不良地质区，地层在空间上的分布往往存在不确定性，进而导致岩土体的物理力学参数与工程性质也存在不确定性。常见的不良地质包括软弱夹层、破碎带、空洞、断裂构造、特殊土等。

地层岩性是影响隧道与边坡整体完整性和稳定性的关键因素。不同岩性的岩层具有不同的物理力学性质，由此导致所产生的风险后果也可能不同，如：火成岩类别中的花岗岩具有良好的力学强度，但是容易存储能量；硬（质）岩比软（质）岩更容易产生岩爆风险；灰岩在地下水量丰富、运移通道发达且循环活跃的地区，容易产生溶蚀性空洞。另外，某些岩性的地层中还可能存在有毒气体、有毒液体等有毒物质，易对人体健康造成威胁，在一定程度上成为了孕险因素并构成了风险。

围岩的结构和构造对岩土体的强度、稳定性和变形均有重要影响。所谓结构，指的是组成岩石最主要的物质成分、颗粒大小和形状及其相互结合的情况；所谓构造，指的是组成成分的空间分布及其相互间的排列关系。对于沉积岩，常见的结构包括碎屑结构、泥质结构和生物结构；对于岩浆岩，常见的结构包括全晶质、半晶质和玻璃质结构；对于变质岩，常见的结构包括变晶结构、变余结构等。另外，常见的岩层构造具有多种表现形态，包括单斜构造、褶皱、断裂构造、劈理构造等。

水文条件同样是一个重要的影响因素。对于隧道而言，地下水对隧道工程的影响主要表现在两个方面，一是隧道内涌水；二是地下水对围岩的溶蚀、搬运和剥蚀风化作用。涌水的危害较大，容易损毁施工机具、延误工期甚至危及人员安全。一般来讲，“谷地”附近容易产生涌水，而“梁地”附近则涌水较少。

地下水对围岩的溶蚀、搬运和剥蚀风化作用会直接影响岩体本身的结构强度及其抗力从而产生施工风险，如：当黄土遇水浸湿后，其结构会迅速破坏而产生自重湿陷或者在外荷载作用下产生湿陷变形，从而对隧道的稳定性和变形产生严重影响；在岩溶地区，由于地下水的长期冲刷、溶蚀和搬运，在围岩中往往发育有溶蚀性空洞、破碎带和软弱夹层等不良地质体，从而弱化岩体的整体强度。因此，查明地下水的化学性质、分布和运行规律对于分析风险因素具有极为重要的意义。

对于不可抗拒力量，主要指的是洪水、地震、滑坡、泥石流、恶劣的气候条件等。一般来讲，不可抗拒力量属于小概率事件，但如果一旦发生，其影响力和破坏力非常大，将会产生极其严重的后果。在一些特殊地区，如地震带及周边地区、洪水多发地区，则往往要考虑此类不可抗拒因素的影响。

2.3.1.2　人为因素

在隧道和边坡工程施工期，常见的人为因素包括施工技术不当、施工质量不合格以及施工管理不规范等三个方面。

(1) 施工技术不当。主要表现在技术标准层面。对工程建设技术资料不熟悉或者未查明关键的控制要素，导致所拟定的施工技术方案不合理，致使在施工过程中出现风险，如开挖及爆破方法不当、支护措施不当、地下水的控制措施不当、排险措施不当等。

(2) 施工质量不合格。在施工时，为了追求进度或降低成本而违背设计和施工技术要求进行施工的例子屡见不鲜，如偷工减料、以次充好、减小锚喷厚度、压缩混凝土养护时间以及降低钢筋等级和力学性能等。

(3) 施工管理不规范。施工管理混乱的例子并不少见。施工管理者的职业素质、专业水平最终都会影响施工管理水平。不规范的施工管理容易成为孕险因素并对施工安全产生一定的威胁从而造成风险。另外，施工决策的正确与否同样会对施工风险造成影响，施工决策往往出自决策领导层，而决策领导层的决策是否正确合理则与施工管理水平及其规范性具有直接关系，二者是相互关联的。

2.3.1.3　材料设备因素

合格的材料和设备是保障施工质量的重要前提。对于材料而言，主要体现在材料的质量、数量供应以及维护等方面；对于设备而言，主要体现在设备的性能指标、规格以及工程适用性等方面。

2.3.2 施工风险识别

不同因素对不同风险产生的影响程度不同，某种或者某几种因素也未必会孕育某种风险。因此，需要对风险本身和该风险发生的可能性进行判断。

一般而言，对风险进行识别实际上是一个对风险进行分类整理的过程，也就是把风险清单化、条理化的过程。根据目前大多数研究成果，对风险进行识别通常有两种方法。第一种方法是首先辨识出所有可能的风险因素，然后再根据这些因素分析可能产生的风险，也称为顺序分析；第二种方法是选定某一特定风险，再根据该风险去寻找可能的孕险因素，也称为逆序分析。风险识别常用的方法有头脑风暴法、故障树法、事件树法、德尔菲法等，见表2-2。

表2-2 风险识别方法

方法	简　介	特　点
头脑风暴法	集中有关专家召开专题会议，主持者以明确的方式向所有参与者阐明问题，说明会议的规则，尽力创造融洽轻松的会议气氛。主持者一般不发表意见，以免影响会议的自由气氛	由专家们“自由”提出尽可能多的方案，并鼓励小组中的创造性思维，并最终使专家们的观点不断集中和强化
故障树法	最早由美国贝尔实验室在20世纪60年代从事空间研究时提出，属于一种演绎的分析方法，也就是依据故障寻求原因的方法。在采用故障树法时，又可以分为定性分析和定量分析	依据风险寻找孕险因素
事件树法	事件树法与故障树法刚好相反，事件树的程序是：根据某一种原因，然后用推理的办法来寻找可能引起的各种结果	用推理的办法寻找可能引起的各种结果
德尔菲法	在预测过程中，专家互不相识、不得互相讨论，不发生横向联系，只能与调查人员进行联系，通过多轮反复征询、归纳、修改，最后对专家意见进行汇总，并作为最终预测结果	克服了在会议中专家们不能充分发表意见、权威人物“一言堂”的弊病

对潜在的风险进行识别的过程同时也是一个将风险清单化的过程。通常需要建立一个由各种潜在风险组成的指标体系，见表2-3为山岭地区隧道工程施工一般风险指标体系。

表2-3 山岭隧道施工风险指标体系

项目阶段	施工方法	目标风险	风险事件
施工阶段	钻爆法	人员、机械设备安全，工期、造价、环境等	塌方、突泥、涌水、岩爆等

2011年，交通运输部颁布的《公路桥梁和隧道工程施工安全风险评估指南》将风险评估分为总体风险评估和专项风险评估。所谓总体风险评估，指的是在工程项目开工前根据地质环境条件、建设规模、结构特点等孕险环境与致险因子，评估桥梁或隧道工程的整体风险并估测其安全风险等级；所谓专项风险评估，指的是在施工期针对某施工区段对某一风险进行专门性评估。

2.3.3 施工风险等级分析

对风险等级进行分析是风险评估的另外一个重要内容。对于隧道工程而言，各种施工风险所产生的危害程度与风险原因、发生类型、风险本身的大小、发生地段、发生时间和发生方式等均有关系。交通运输部颁布的《公路桥梁和隧道工程施工安全风险评估指南》对隧道工程施工风险的影响程度进行了详细的分级，此处不再赘述。

2.4 风险评估步骤及方法

2.4.1 风险评估步骤

一般来讲，根据项目建设先后顺序，可以将风险评估分为三个阶段，即设计阶段、施工阶段和运营管理阶段。每一阶段的风险评估，其考虑的目标主要集中在安全、工期、环境、造价等方面。

风险评估的开展步骤关系到评估工作的有效性和评估结果的可靠性。根据目前大多数理论和方法，可以将风险评估的步骤归纳为表2-4。

表2-4 风险评估的步骤

步骤	内容
1	对可能存在的各种因素进行整理和确定
2	分析各种因素的影响权重，必要时进行多风险因素综合分析
3	提出可能存在的风险及风险发生的概率
4	提出风险的影响后果及其严重程度，对风险等级进行判定
5	根据评估结论制定相应的防控措施

对可能存在的各种因素进行整理和确定，指的是确定与该工程建设相关的一系列地形地貌、地质资料和水文资料、环境资料等。

之所以要对各种因素的影响权重进行分析，必要时还要进行多风险因素综合分析，其原因是不同的因素对不同风险的影响程度不同，且一个风险的发生往往也是多种因素共同作用的结果。

由于各因素的存在及多因素的综合作用未必一定会产生某种风险，而且同一个因素对不同风险的促成概率也是不一样的。因此，需要评估可能存在的风险及风险发生的概率。风险评估的基本步骤如图 2-1 所示。

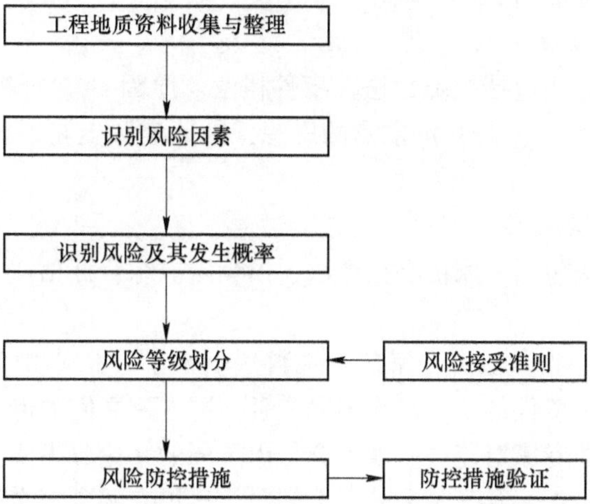

图 2-1 风险评估步骤

2.4.2 风险评估方法

一般来讲，目前风险评估的方法可以分为定性评估、定量评估、半定量评估和综合分析评估等四种方法。在选择具体的评估方法时，应该根据评估对象、评估目的等实际情况进行科学、合理的选择。

2.4.2.1 定性评估

定性评估方法包括专家评议法、专家调查法等。专家评议法和专家调查法均属于依靠专家集体判断的评估方法。

专家评议法和专家调查法的共同缺点是专家个人的主观判断对评估结果的影响具有直接性和难以避免性，尤其是专家调查法采用的是多次反复函询的办法，因而容易使专家产生情绪方面的波动而对评估结论造成负面影响。

2.4.2.2 定量评估

定量评估方法包括模糊综合评判法、层次分析法、神经网络法等。

模糊综合评判法在确定隶属度或隶属函数、确定影响因素权重时容易受到评估专家的个体主观性影响，而且计算过程也较为复杂。

层次分析法得出的结果是一个大概的方案排序，受人的主观性影响很大。层次分析法的适用性较为广泛，但极易受到评估个体的主观性影响，因而当层次复杂、参数较多时，评估结果的可靠性较低。

神经网络分析法是从神经心理学和认知科学研究成果出发，应用数学方法发展起来的一种具有高度并行计算能力、自学能力和容错能力的处理方法。这种方法的优点是具有很强的抗故障性和并行性。但当已知数据量不足时，必须和其他综合评估方法联合使用。

2.4.2.3 半定量评估

半定量评估方法包括故障树法、事件树法、原因-结果分析法等。原因-结果分析法采用的是相互（上下）推测的思想，因此实际上是故障树法和事件树法的综合应用。

2.4.2.4 综合评估

综合评估方法包括专家信心指数法、模糊层次综合评估法、模糊故障树评估法等。

（1）专家信心指数法。专家信心指数法引入了“信心指数”这一概念。由于各个专家对同一事件的认识深度不同，且不同专家之间的专业水平也存在高低之分，因而不同的专家对待同一事件会得出不同的结论。事实上，专家在得出某个结论时的信心是否一致又是另外一个问题，比如有些专家在得出某一结论时是持完全肯定的态度，但当面对另一个结论时，可能又会包含有猜测的成分，即信心不足。为此，需要对专家信心程度的高低提出要求。显然，这种方法在一定程度上降低了个人的主观性影响，尤其是减少了错误判断对评估结果的不利影响。

（2）模糊层次综合评估法。模糊层次综合评估法是模糊分析法和层次分析法的联合应用。这种方法一般是先用层析分析法对风险的因素集进行筛选和确定，然后用模糊综合评判矩阵对评判效果进行检验。由于模糊分析以层次分析为基础且相互融合，因而评估结果的可靠性较好。另外，这种方法克服了模糊综合评判法中风险因素影响权重受主观性影响强的缺点。

综上所述，各种风险评估方法均有不同的适用性及优缺点，在选择具体的评估方法时，应该紧密结合具体的工程实际情况。此外，对于大多数评估方法而言，风险影响因素的排序及其权重容易受到评估个体的主观性影响。

将以上各种风险评估方法进行汇总，见表2-5。

表2-5 风险评估方法汇总

类型	评估方法
定性评估	专家评议法、专家调查法、失效模式和后果分析法等
定量评估	模糊综合评判法、层次分析法、蒙特卡洛模拟法、神经网络法以及主成分分析法等
半定量评估	故障树法、事件树法、原因-结果分析法等
综合评估	专家信心指数法、模糊层次综合评估法、模糊故障树评估法等

3 灰岩围岩风险源识别与风险防控

隧道工程具有隐蔽性、施工复杂性、地层条件和周围环境的不确定性等特点。毫无疑问，这些特点决定了隧道工程施工在技术上有难度、在建设上有风险。本章以地质雷达超前地质预报为风险源识别手段，对依托灰岩隧道（六寨-宜州高速公路瑶寨隧道）施工阶段掌子面周边围岩中不良地质体的类型、发育特征、空间位置等进行识别，并据此在开展模糊层次分析时对不同风险源的权重值、隶属度和排序进行确定并实施风险评估，从而消除常规评估法中进行权重及隶属度赋值、重要性排序时难以避免的评估人员个体主观性和经验性不利影响。完成施工风险源识别以及风险评估后，继续采用地质雷达对风险段的空间处治范围、纵横向处治厚度等进行探测，并据此对风险源开展针对性强、靶向性高、范围准确的风险防控。

3.1 工程概况

3.1.1 基本概况

六寨-宜州高速公路位于广西壮族自治区西北部，是内蒙古自治区呼伦贝尔市阿荣旗至广西北海公路工程的组成部分，是兰州至海口、汕头至昆明高速公路的重要路段，也是广西高速公路网规划“四纵六横三支线”的重要组成部分。路线全长 180km，于 2009 年 5 月开工建设，设计建设工期为 3 年。

该条高速公路所经地区地质条件异常复杂，施工难度大。瑶寨隧道是全线最长最复杂的隧道，地质区域内发育有众多裂隙、溶隙发育带、围岩破碎带、溶洞和断层等不良地质体。瑶寨隧道为分离式长隧道，隧道全长 2717.1 延米，其中下行线全长 2701.8 延米，上行线全长 2717.1 延米。

六寨-宜州高速公路位于广西盆地-黔中高原过渡地带，区内岩层主要为灰岩，包括硅质灰岩、白云质灰岩和泥质灰岩。地质区域内岩溶发育，地表可见大量的浅部溶蚀洼地、落水洞和漏斗。

3.1.2 工程地质条件

（1）地形、地貌。瑶寨隧道处于广西盆地-黔中高原过渡地带，地貌以丘陵为主，局部为峰丛洼地、岩溶洼地，岩溶洼地一般呈椭圆状或不规则状。隧道所经区域的地势具有西北高、南东低的特点。谷地狭长，两侧为峰林山地，多数边坡较为陡峭，可见直立边坡。隧道走线周边大部分地段基岩出露，可见岩溶管道、落水洞、石牙等浅层岩溶地质体，局部被地表残坡积黏土覆盖。

（2）地层岩性。周边地段被第四系残坡积物覆盖。第四系岩性为残坡积层（Q_4^{el+dl}）粉质黏土、黏土、砾质粉质黏土、碎石和块石，以及崩坡积层（Q_4^{c+dl}）碎石。除瑶寨溶盆谷底中基岩为上第三系外，其余基岩均为二叠系栖霞组硅质灰岩、白云质灰岩、可溶碳酸盐岩、强风化白云质灰岩。

（3）植被。全线路植被较为发育，以灌木、乔木、杂草、藤蕨类植物为主。表层覆盖较薄，覆盖厚度为0~3m，局部全新统残坡积层厚度可达10~20m，基岩出露良好。

（4）气象。属南亚热带季风气候区与中亚热带谷地气候区的过渡带，更接近亚热带季风气候区。四季分明、冬冷期短、夏热期长、雨量丰富、生长期长、四季温和、温差不大。年平均气温20.3℃，暖季在4~10月；冷季在12月至次年1~2月。区域自然降水量充沛，年降水量为1470.0mm，雨季集中在5~8月，占全年总降雨量65%以上。

3.1.3 水文地质条件

3.1.3.1 地表水

地表水主要来源于距离隧道下行线ZK47+054里程处距离洞顶水平约100m的拉会水库。该水库的蓄水主要来源于大气降水，其主要功能是为附近农田灌溉供水。水库位于瑶寨溶盆内，有效库容约40万立方米，水库大坝为均质土坝。自修建以来，从未发生过溢洪现象，但水库下游仍有渗漏现象，经过勘察观测发现流量约为$15m^3/d$。除此以外，隧址区沟谷内平时无地表水，仅在大气降雨季节沟谷内有地表水径流，地表水量受大气降雨量的影响较大。

3.1.3.2 地下水

地下水类型主要为松散含水层、基岩裂隙含水层。按充水空隙的性质，隧址区地下水分为基岩裂隙水和岩溶水。

（1）松散含水层。岩性主要为山体上部残坡积碎石，覆盖于局部分山体地表，厚度不均，主要接受大气降水的渗入补给，降水小部分沿地表流向沟谷，大部分垂直渗入下伏基岩层面，其中小部分受其阻隔，沿层面流向沟谷，以暂时性渗水或泉水的形式排泄出来，受降水影响明显，动态变化大，多为暂时性泉水。含水层富水性弱，平时干涸无水。另外，大部分孔隙水继续下渗到基岩风化裂隙和构造裂隙中，转化为基岩裂隙水。

（2）基岩裂隙含水层。隧址区广泛分布的白云质灰岩为隧道洞室主要含水岩组，富水性弱。地下水主要接受大气降水渗入和上覆松散含水层的下渗补给。基岩裂隙和地表溶槽、溶沟较发育，有利于地下水垂直下渗，局部沿倾向沟谷的层面斜向流动，在部分地表沟谷处以渗水或泉水形式排泄出来。富水性受降水、地形地貌、基岩风化程度、裂隙等因素控制，是区内地表水的重要补给源之一。

3.1.3.3 水质分析

地下水对混凝土无腐蚀性。

3.1.4 地质构造及地震

（1）地质构造。隧址区大地构造位置隶属广西“山”字形构造西翼内侧，亦属于华南褶皱系的西南部桂中至桂东凹陷带，地层受近南北向挤压强烈，断褶构造发育，褶皱多呈紧密线状，局部倒转，轴面北倾，两翼倾角较陡。岩层总体倾向NE，倾角10°~30°，属于缓倾斜单斜构造。区域周围断层发育，主要断层有3组，即NNW向、NW向和NE向。其中，NE方向断层（瑶寨断层）与隧道走向斜交角度达到70°左右，且沿着该断层带发育有一连串的溶盆。瑶寨隧道最大埋深为270m，在深埋段内，岩石抗压强度较高，属于低应力状态，出现岩爆的可能性不大。

（2）地震。根据《中国地震动参数区划图》（GB 18306—2001），隧址区地震动峰值加速度小于0.05g，相应地震基本烈度<Ⅵ度。

3.1.5 不良地质

瑶寨隧道的不良地质主要是岩溶。岩溶的发育与构造有密切关联。总体而言，岩溶体的发育展布以NE方向为主，与隧道相交。在沟谷地段，岩溶相对较发育，其余地段岩溶发育程度较低。岩溶的形态以溶隙和溶洞为主，而且在空间上分布不均匀。浅部岩体的岩溶以垂直发育为主，并以串珠状排列；深部岩溶以水平发育为主。

3.1.6 设计标准

瑶寨隧道按高速公路标准设计，进出口采用小净距方案，洞身段均为分离式。

（1）设计速度。隧道平纵线形和隧道几何尺寸净空断面标准按100km/h行车速度进行设计。

（2）设计交通量。预测2030年全线加权平均日交通量为：25222辆/日（实际车流量），36031辆/日（标准小客车）。

（3）设计荷载。公路-Ⅰ级。

（4）隧道尺寸。隧道净宽10.75m，净高7.20m，建筑限界高度5.0m。

3.2　基于地质雷达的施工超前地质预报

将专家地质调查与地质雷达相结合作为超前地质预报的基本手段，在此基础上识别出隧道施工期的风险源。在风险源识别的基础上，采用模糊层次综合分析法对隧道施工期的专项风险进行评估。

3.2.1　地质雷达基本探测原理

地质雷达是近年来在土建领域广泛用于无损探测的一种电磁勘探技术，具有时效性强、设备简易、操作便捷的优点。与 TGP（地震波反射法）相比，地质雷达属于短距离探测技术，视地层条件其有效探测深度可达 30~35m。地质雷达系统由控制电脑、连接电缆和电磁波发射天线组成。在执行探测时，发射天线将根据控制主机的设置参数向地层中发射具有一定中心频率、速度、相位及振幅的入射电磁波。

根据电磁波传播基本理论，与地震波等机械波不同，电磁波是无介波，本质上属于交替变换的电场-磁场所形成的统一场在空间中的传播。真实岩土体由固相、液相、气相组成，在天然状态下既是导电体又是绝缘体，属于电介质。显然，三相组成体属于不同的电介质，不同组成物的接触面属于电性质突变带。当入射电磁波穿透电性质突变带时将产生反射和折射，反射波被雷达系统的接收器所接收，折射波则继续在地层中传播，由此循环不断地产生反射和折射直至电磁波能量衰减至无法继续传播。地层的富水性、破碎性等物理特征会影响内部介质的电性质，据此可通过反射回波的频率、振幅等特征对地层内部的地质条件进行预测分析。

地质雷达波的反射特征与介质的介电常数和电导率等电性参数具有直接联系。介质的组成成分越复杂，内部介质的介电常数变化就越剧烈，电磁波的反射程度就会越明显。由于外界风化、构造运动等因素，岩土体内部存在节理、裂隙，并可能有水的赋存。节理、裂隙与水的存在直接导致岩土体内部的电性参数发生改变，从而为地质雷达对岩土体内部的破碎性和富水性探测识别提供了条件。

在有效探测深度范围内，地质雷达具有良好的横向和纵向分辨率，对地层中的节理、裂隙、空洞、断层、自由水等目标体的识别度高、可判性好，是短距离无损探测的代表，在边坡工程、隧道工程、路基路面工程等领域广泛采用。图 3-1所示为收-发分离式地质雷达的探测原理示意图。

通过反射波双程旅行时间，可利用式（3-1）计算前方分界面或目标体的深度。

$$Z = \frac{vt}{2} \tag{3-1}$$

式中，Z 为目标体的深度，m；t 为反射波的双程旅行时间，ns；v 为电磁波在目标介质中的旅行（传播）速度，m/ns。需要说明的是，1ns = 10^{-9}s。

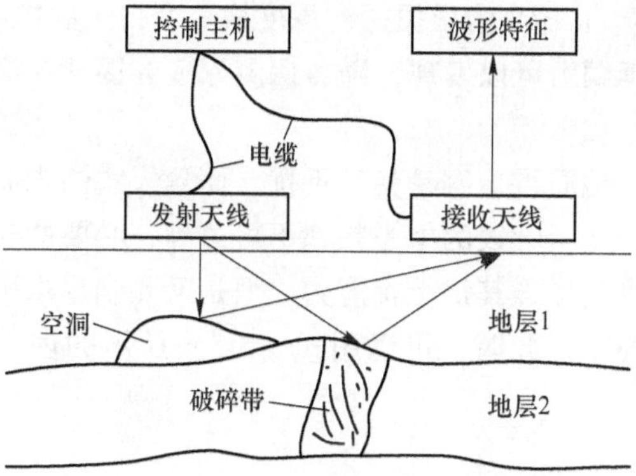

图 3-1 地质雷达探测原理示意图

3.2.2 超前地质预报探测方案

现场探测仪器采用美国 GSSI 公司生产的 SIR-3000 地质雷达。采用连续测试与点测试相结合的方法，测线按井格形布置。当掌子面凹凸不平或因为其他因素而无法进行连续线测时，则采用点测的办法进行测试，测点间距为 20~50cm，测点覆盖掌子面。测线的布设如图 3-2 所示。

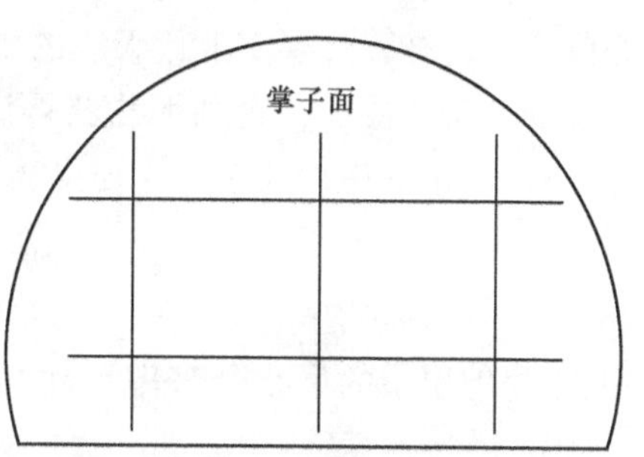

图 3-2 测线布设示意图

与地震波反射法探测技术相比，地质雷达属于短距离探测技术。实际探测时，根据当前掌子面围岩实际状况和地质勘探资料确定探测距离，每次探测距离一般为 20~35m。假如围岩潮湿富水，则非常容易导致入射电磁波被吸收而无法在围岩深部产生有效反射信号，故此时的探测距离一般设定为 10~20m。

3.2.2.1 天线中心频率

天线中心频率也称地质雷达发射天线的中心频率，是发射天线的固有设计频率，表征初始入射电磁波的主频率。天线中心频率的选择，理论上除了要考虑探测深度外，还要考虑空间分辨率以及抗干扰能力这两个重要因素。

就探测深度而言，理论和工程实践都表明，探测深度与天线的中心频率呈反比关系。中心频率升高，其探测深度反而下降，具有如式（3-2）所示的理论关系。

$$f^{D} = \frac{1200\sqrt{\varepsilon_r - 1}}{D} \tag{3-2}$$

式中，D 为探测深度，m；f^{D} 为根据探测深度换算所得天线中心频率，MHz；ε_r 为相对介电常数，无量纲。可以发现，随着探测深度的逐渐提高，天线的中心频率将逐渐下降。

在现场实测时，地质雷达容易受到干扰，而且天线的中心频率越高，这种干扰程度就越显著。为此，天线的中心频率不可过高，必要的时候需要选择中心频率更低的发射天线以便增强其抗干扰能力，但是又要满足水平分辨率和垂直分辨率以及探测深度的要求。此时，可以用式（3-3）所示的理论关系来选择天线的中心频率。

$$f^{C} = \frac{30}{\Delta L\sqrt{\varepsilon_r}} \tag{3-3}$$

式中，ΔL 为干扰物体的最短边尺寸，m；f^{C} 为根据抗干扰性能推算得到的天线中心频率，MHz。

式（3-2）、式（3-3）的功能在于从探测深度和抗干扰性能出发来对天线的中心频率进行推算。事实上，天线的中心频率在满足上述两项要求时，还必须满足一定的分辨率要求，否则无法获得满意的探测结果。为此，除满足式（3-2）、式（3-3）所示的理论关系外，还要满足式（3-4）所示的关系。

$$f^{R} = \frac{75}{x\sqrt{\varepsilon_r}} \tag{3-4}$$

式中，x 为地层中的最小分辨率尺寸，m；f^{R} 为根据分辨率要求换算所得中心频率，MHz。

在工程实际应用时，一般建议同时对式（3-2）~式（3-4）进行推算，此时可以得到中心频率的最大值、最小值和中值。工程实践表明，选择中值频率一般既可以满足分辨率要求，又可以满足探测深度和抗干扰能力的要求。因此，一般选择中值作为实测中心频率较为合适、可行，本次探测选择天线的中心频率为100MHz。

3.2.2.2　入射电磁波发射率

电磁波发射率与天线的中心频率不同，二者容易混淆。天线中心频率是入射电磁波的主频值，一旦选定了特定的发射天线，那么该值是不可更改的。入射电磁波在土层介质中经过不断的反射和折射后，其各个子波的主频值将产生振荡而各不相同，并最终被接收器所接收。

电磁波发射率指的是在现场实测时，发射天线向目标土层发射电磁波的频率，表征发射电磁波速度的快慢，与电磁波本身的主频没有关系。理论研究证实，电磁波发射率与地质雷达系统的整体功率和接收反射回波的效率有关。在整体功率较强的情况下，可以适当地提高发射率，但必须与接收器的接收效率相适应，否则会导致回波序列出现紊乱叠加。

当前，国内外的地质雷达系统一般采用两种电磁波发射率，即 50kHz 和 100kHz。在现场实测时，在综合考虑探测深度、时间窗口的基础上可自由选择。这两个发射率与大部分地质雷达系统的功率和天线的接收效率是匹配的，可保证子波序列不出现紊乱效应，本次探测选择入射电磁波发射率为 100kHz。

3.2.3 风险源探测识别

3.2.3.1 施工区段划分

依据瑶寨隧道施工期超前地质预报的工作进度，结合地质勘查资料，依次对该隧道上、下行线的不同施工区段采用地质雷达进行超前地质预报。上行线选取的施工区段里程范围分别是 YK46+980~YK47+080 和 YK47+380~YK47+580，下行线选取的施工区段里程范围是 ZK48+120~ZK48+230，共 3 个施工区段，见表 3-1。

表 3-1 施工区段划分

行车路线	区段里程范围
上行线	YK46+980~YK47+080
	YK47+380~YK47+580
下行线	ZK48+120~ZK48+230

3.2.3.2 实际探测

A 上行线 YK46+980~YK47+080 段

在本段共计 100m 范围内，采用地质雷达法对该段围岩进行三次探测，探测距离分别为 25m、25m、20m，累积探测距离为 70m。第一次探测里程范围为 YK46+980~YK47+005，第二次探测里程范围为 YK47+005~YK47+030，第三次探测里程范围为 YK47+030~YK47+050。见表 3-2。

表 3-2 本段三次探测里程及距离

次数	里程范围	距离/m
1	YK46+980~YK47+005	25
2	YK47+005~YK47+030	25
3	YK47+030~YK47+050	20
合计	—	70

a 第一次探测 YK46+980~YK47+005 段

(1) 掌子面地质素描。

本段探测掌子面里程为 YK46+980，探测距离为 25m。掌子面围岩主要为灰岩，岩体以块碎状结构为主，强-中风化，中-薄层状构造，节理、裂隙发育，有软弱土充填，层间黏结性差，易掉块，整体稳定性较差。掌子面情况如图 3-3 所示。

图 3-3 YK46+980 掌子面

(2) 探测结果。

经过探测后认为，该段 25m 范围内围岩仍以强-中风化灰岩为主，中-薄层状构造，岩体主要呈块碎状结构，节理、裂隙较发育，夹次生矿物，局部有弱夹层，裂隙、溶隙较发育。特别认为，在 YK46+995~YK47+005 段落发育有弱夹层和溶隙、溶蚀性空洞。雷达测试图显示反射强烈，如图 3-4 所示。

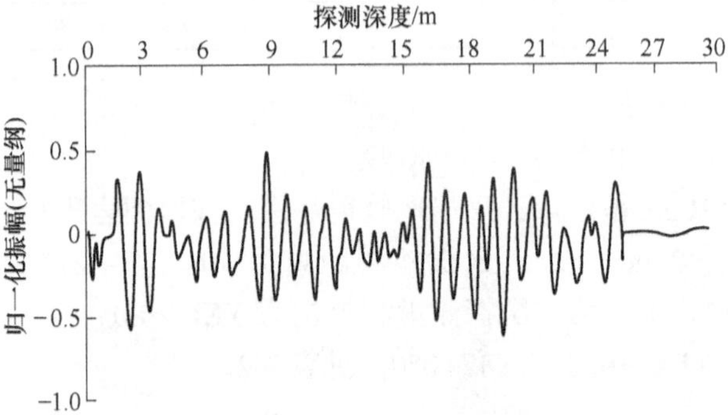

图 3-4 雷达测试图

本次探测结果如表 3-3 所示。

b 第二次探测 YK47+005~YK47+030 段

(1) 掌子面地质素描。本段探测掌子面里程为 YK47+005，探测距离为 25m，目前掌子面围岩主要为强-中风化灰岩，岩体以块碎状结构为主，中-薄层状

表 3-3 第一次探测结果

内容	结果描述
掌子面地质素描	掌子面围岩主要为灰岩，岩体以块碎状结构为主，强-中风化，中-薄层状构造，节理、裂隙发育，有软弱土充填，层间黏结性差，易掉块，整体稳定性较差
探测结果	围岩仍以强-中风化灰岩为主，中-薄层状构造，岩体主要呈块碎状结构，节理、裂隙较发育，夹次生矿物，局部裂隙、溶隙较发育，有弱夹层、溶穴。特别认为，在 YK46+995~YK47+005 段发育有溶隙、溶蚀性空洞

构造，围岩节理、裂隙较发育，有次生矿物和软弱黏性土充填，层间黏结性差，易掉块，掌子面滴水，整体稳定性较差。掌子面情况如图 3-5 所示。

图 3-5 YK47+005 掌子面

（2）探测结果。经过探测后认为，该段 25m 范围内围岩风化程度以强-中风化为主，岩体主要呈块碎状结构，中-薄层状构造，节理、裂隙较发育，局部破碎，夹次生矿物和黏性土，渗水，有弱夹层和溶蚀性空洞。特别认为，在 YK47+006~YK47+011 范围内发育溶蚀性空洞，渗水，易导致塌方。雷达测试图显示反射强烈，如图 3-6 所示。

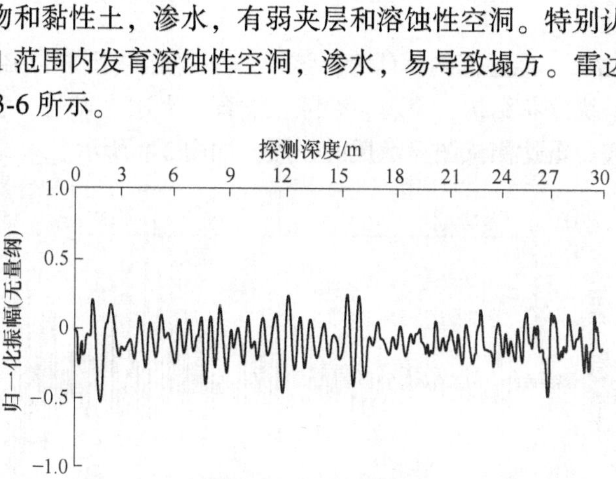

图 3-6 雷达测试图

本次探测结果如表 3-4 所示。

表 3-4　第二次探测结果

内　容	结果描述
掌子面地质素描	围岩主要为强-中风化灰岩，岩体以块碎状结构为主，中-薄层状构造，围岩节理、裂隙较发育，有次生矿物和软弱黏性土充填，层间黏结性差，易掉块，掌子面滴水，整体稳定性较差
探测结果	围岩风化程度以强-中风化为主，岩体主要呈块碎状结构，中-薄层状构造，节理、裂隙较发育，局部破碎，夹次生矿物和黏性土，有弱夹层

c　第三次探测 YK47+030～YK47+050 段

（1）掌子面地质素描。本段探测掌子面里程为 YK47+030，探测距离为 20m，掌子面围岩为强-中风化灰岩，岩体以块碎状结构为主，薄层状构造，围岩节理、裂隙发育，层间黏结性差，易掉块，整体稳定性较差，图 3-7 所示为当前掌子面。

图 3-7　YK47+030 掌子面

（2）探测结果。经过探测后认为，该段 20m 范围内围岩以强-中风化灰岩为主，岩体主要呈块碎状结构，节理、裂隙较发育，夹次生矿物，裂隙、溶隙较发育，发育有溶穴。雷达测试图显示反射强烈，如图 3-8 所示。

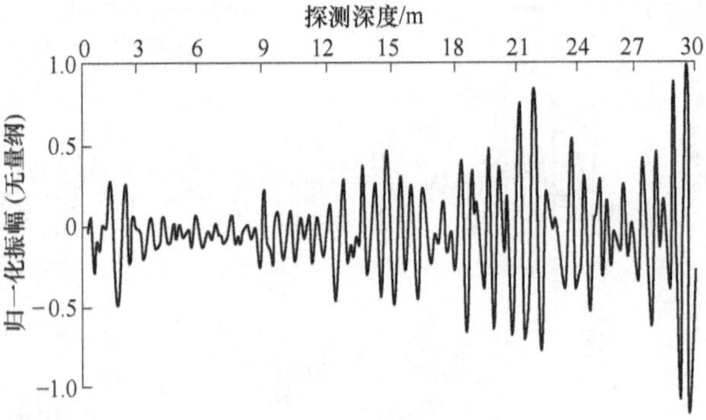

图 3-8　雷达测试图

本次探测结果如表 3-5 所示。

表 3-5 第三次探测结果

内容	结 果 描 述
掌子面地质素描	掌子面围岩为强-中风化灰岩，岩体以块碎状结构为主，薄层状构造，围岩节理、裂隙发育，层间黏结性差，易掉块，整体稳定性较差
探测结果	围岩以强-中风化灰岩为主，岩体主要呈块碎状结构，节理、裂隙较发育，夹次生矿物，裂隙、溶隙较发育，发育有溶穴

综合以上三次结果表明：本段围岩节理、裂隙较发育，稳定性较差，且认为在 YK46+995~YK47+005 段落发育有弱夹层和溶隙、溶蚀性空洞。由此可见，本段围岩节理、裂隙较发育，稳定性较差，发育有溶洞，这是风险的源头所在。

B 上行线 YK47+380~YK47+580 出口端

本段 YK47+380~YK47+580 共计 200m 范围，同样采用地质雷达法对该段围岩进行三次探测，三次探测距离分别为 30m、25m、25m，累积探测距离为 80m。第一次探测里程范围为 YK47+580~YK47+550，第二次探测里程范围为 YK47+545~YK47+520，第三次探测里程范围为 YK47+510~YK47+485，如表 3-6 所示。

表 3-6 三次探测里程及距离

次数	里 程 范 围	距离/m
1	YK47+580~YK47+550	30
2	YK47+545~YK47+520	30
3	YK47+510~YK47+485	20
合计	—	80

a 第一次探测 YK47+580~YK47+550 段

（1）掌子面地质素描。本段探测掌子面里程为 YK47+580，探测距离为 30m，掌子面围岩主要为微风化灰岩，岩体呈块状整体结构，且受地质构造影响轻微，掌子面局部发育有少量次生矿物，整体稳定性较好。掌子面情况如图 3-9 所示。

（2）探测结果。经过探测后认为，该段 30m 围岩特征主要为中风化灰岩，中-厚层状构造，层理较明显，局部节理、裂隙较发育，岩体以块状结构为主。雷达测试如图 3-10 所示。

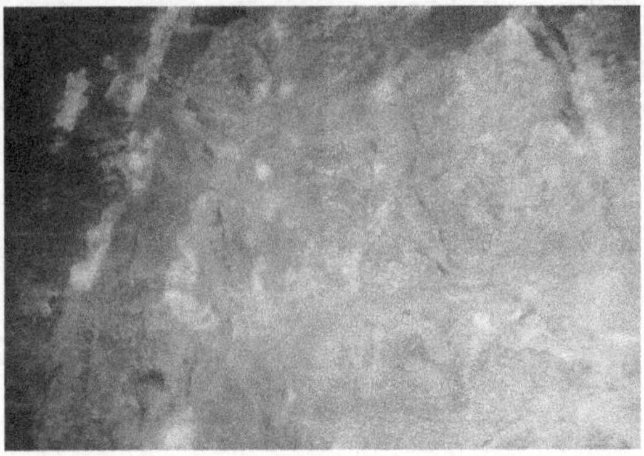

图 3-9　YK47+580 掌子面

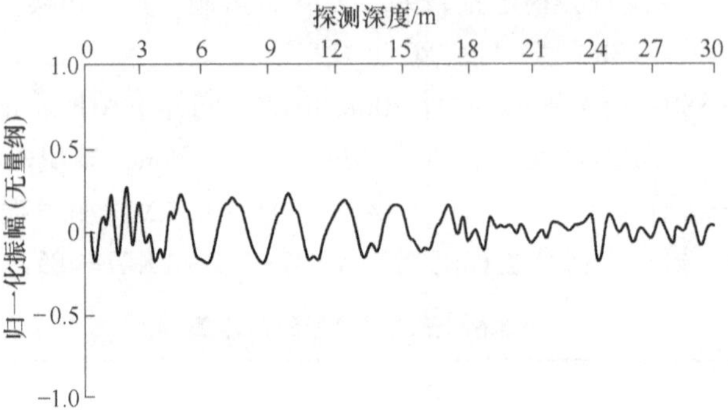

图 3-10　雷达测试图

本次探测结果如表 3-7 所示。

表 3-7　第一次探测结果

内容	结 果 描 述
掌子面地质素描	掌子面围岩主要为微风化灰岩，岩体呈块状整体结构，且受地质构造影响轻微，掌子面局部发育有少量次生矿物，整体稳定性较好
探测结果	围岩特征主要为中风化灰岩，中-厚层状构造，层理较明显，局部节理、裂隙较发育，岩体以块状结构为主

b　第二次探测 YK47+545-YK47+520 段

（1）掌子面地质素描。本次探测时掌子面里程为 YK47+545，探测距离为 25m，掌子面围岩主要为中风化灰岩，岩体呈块状结构，层理明显，中-薄层状构造，节理、裂隙较发育，掌子面上局部有夹泥，方解石较发育，整体稳定性一般。掌子面情况如图 3-11 所示。

图 3-11 YK47+545 掌子面

（2）探测结果。经过探测后认为，本段 25m 范围内围岩主要为中风化灰岩，局部强风化，呈块碎状结构，围岩节理、裂隙较发育，有弱夹层和溶穴，整体稳定性较差。雷达测试如图 3-12 所示。

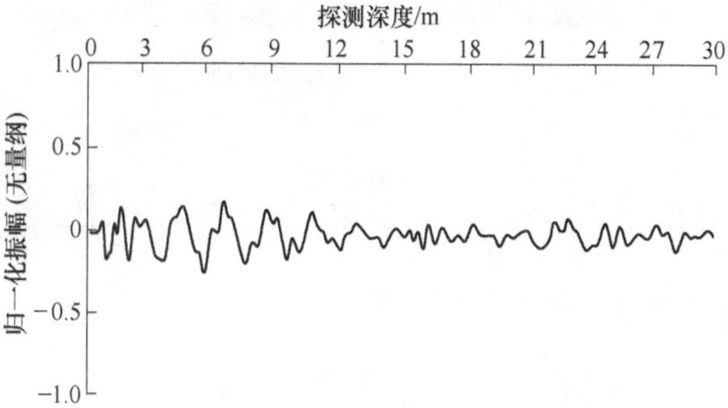

图 3-12 雷达测试图

本次探测结果如表 3-8 所示。

表 3-8 第二次探测结果

内容	结果描述
掌子面地质素描	掌子面围岩主要为中风化灰岩，岩体呈块状结构，层理明显，中-薄层状构造，节理、裂隙较发育，掌子面上局部有夹泥，方解石较发育，整体稳定性一般
探测结果	围岩主要为中风化灰岩，局部强风化，呈块碎状结构，围岩节理、裂隙较发育，有弱夹层和溶穴，整体稳定性较差

c 第三次探测 YK47+510～YK47+485 段

（1）掌子面地质素描。本段探测掌子面里程为 YK47+510，探测距离为

25m，掌子面围岩为灰岩，中风化，岩体主要呈块状结构，层理明显，以中-薄层状构造为主，掌子面上局部方解石较发育，整体稳定性一般。掌子面情况如图3-13所示。

（2）探测结果。经过探测后认为，该段25m范围内围岩主要为中风化灰岩，岩体呈块状结构，局部块碎状，中-薄层状构造，围岩节理、裂隙较发育，夹有软弱黏性土和次生矿物，整体稳定性一般。雷达测试如图3-14所示。

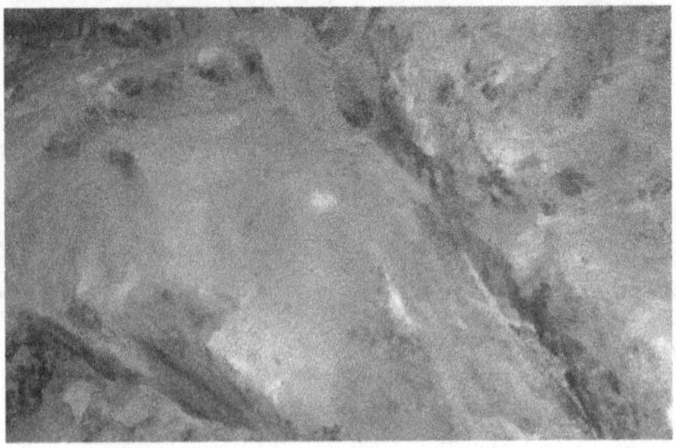

图3-13　YK47+510掌子面

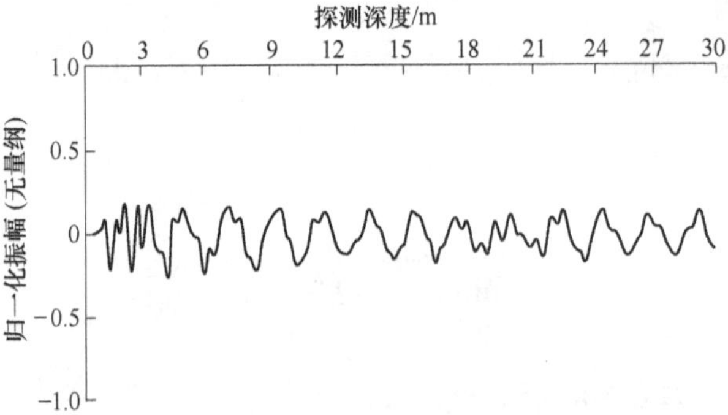

图3-14　雷达测试图

本次探测结果如表3-9所示。

表3-9　第三次探测结果

内容	结果描述
掌子面地质素描	掌子面围岩为灰岩，中风化，岩体主要呈块状结构，层理明显，以中-薄层状构造为主，掌子面上局部方解石较发育，整体稳定性一般
探测结果	围岩主要为中风化灰岩，岩体呈块状结构，局部块碎状，中-薄层状构造，围岩节理、裂隙较发育，夹有软弱黏性土和次生矿物，整体稳定性一般

综合以上三次探测结果表明：本段围岩稳定性较好，局部围岩节理、裂隙较发育，有弱夹层。由此可见，本段的风险源是围岩节理、裂隙较发育，有弱夹层。

C 下行线 ZK48+120~ZK48+230 段

针对本段 ZK48+120~ZK48+230 共计 110m 范围内共进行两次探测，探测距离均为 30m，累积探测距离为 60m。第一次探测里程范围为 ZK48+230~ZK48+200，第二次探测里程范围为 ZK48+190~ZK48+160。如表 3-10 所示。

表 3-10 两次探测里程及距离

次数	里程范围	距离/m
1	ZK48+230~ZK48+200	30
2	ZK48+190~ZK48+160	30
合计	—	60

a 第一次探测 ZK48+230~ZK48+200 段

（1）掌子面地质素描。本段探测掌子面里程为 ZK48+230，探测距离为 30m，掌子面围岩主要为强-全风化灰岩，岩体以块碎状结构为主，节理、裂隙发育，层间黏结性较差，易掉块，整体稳定性较差。掌子面情况如图 3-15 所示。

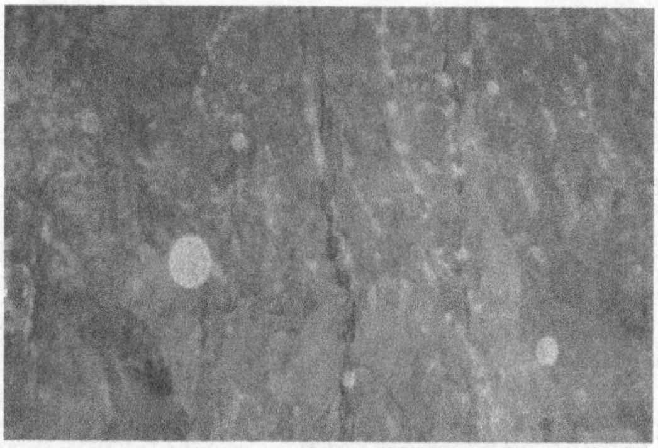

图 3-15 ZK48+230 掌子面

（2）探测结果。探测后认为该段 30m 范围内围岩以强-中风化灰岩为主，岩体主要呈块碎状结构，节理、裂隙较发育，夹次生矿物，局部有弱夹层和溶穴。特别认为，在 ZK48+212~ZK48+202 段有溶洞。雷达测试图显示反射强烈，如图 3-16 所示。

本次探测结果如表 3-11 所示。

表 3-11　第一次探测结果

阶段	结果描述
掌子面	掌子面围岩主要为强-风化灰岩，岩体以块碎状结构为主，节理、裂隙发育，层间黏结性较差，易掉块，整体稳定性较差
探测	围岩以强-中风化灰岩为主，岩体主要呈块碎状结构，节理、裂隙较发育，夹次生矿物，局部有弱夹层，在 ZK48+212～ZK48+202 段有溶洞

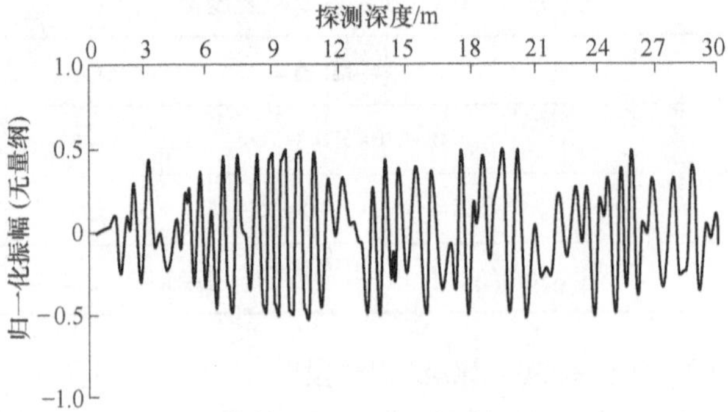

图 3-16　雷达测试图

b　第二次探测 ZK48+190-ZK48+160 段

（1）掌子面地质素描。本段探测掌子面里程为 ZK48+190，探测距离为 30m，目前掌子面围岩主要为强风化灰岩，中-薄层状构造，围岩节理、裂隙较发育，有次生矿物和软弱黏性土充填，层间黏结性差，掌子面渗水，整体稳定性较差。掌子面情况如图 3-17 所示。

图 3-17　ZK48+190 掌子面

（2）探测结果。经过探测后认为，该段 30m 范围内围岩风化程度以强-中风化为主，岩体主要呈块碎状结构，中-薄层状构造，节理、裂隙较发育，夹次生矿物和黏性土，渗水。雷达测试图显示反射强烈，如图 3-18 所示。

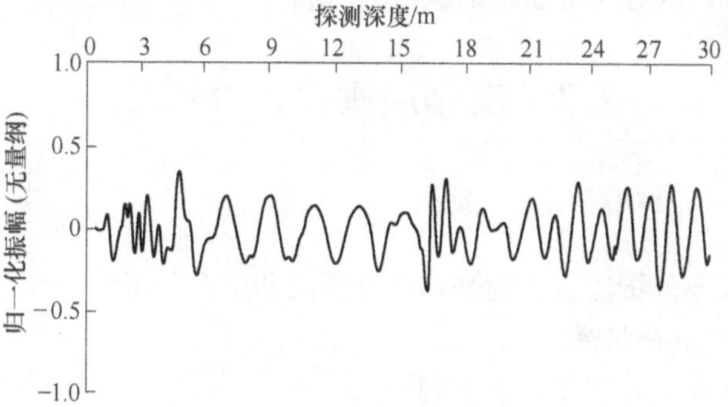

图 3-18 雷达测试图

本次探测结果如表 3-12 所示。

表 3-12 第二次探测结果

内容	结果描述
掌子面地质素描	掌子面围岩主要为强风化灰岩，中-薄层状构造，围岩节理、裂隙较发育，有次生矿物和软弱黏性土充填，层间黏结性差，掌子面渗水，整体稳定性较差
探测结果	本段围岩风化程度以强-中风化为主，岩体主要呈块碎状结构，中-薄层状构造，节理、裂隙较发育，夹次生矿物和黏性土，渗水，有溶穴

综合以上两次探测结果表明：本段围岩节理、裂隙较发育，稳定性较差，围岩破碎，弱夹层发育，认为在 ZK48+212～ZK48+202 段有溶洞。因此，本段围岩节理和裂隙较发育、稳定性较差、围岩破碎、弱夹层发育是风险源。

3.2.4 风险源识别结果

针对瑶寨隧道上、下行线共三个施工区段，在地质调查的基础上，利用地质雷达探测识别出三个施工区段所存在的风险源，从而为后续进行风险评估提供依据。探测分析结果表明：

（1）上行线 YK46+980～YK47+080 段，围岩节理、裂隙较发育，围岩破碎，弱夹层发育，围岩稳定性较差。在 YK46+995～YK47+005 段发育有弱夹层和溶隙、溶蚀性空洞，引起塌方或突泥的可能性较大。

（2）上行线 YK47+380～YK47+580 段，围岩稳定性较好，局部围岩节理、裂隙较发育，有弱夹层，局部有溶穴，引起塌方、突泥等风险的可能性较小。

（3）下行线 ZK48+120～ZK48+230 段，围岩节理、裂隙较发育，围岩破碎，软弱夹层发育，围岩稳定性较差。在 ZK48+212～ZK48+202 段发育有填充型溶洞，易引起塌方、突泥等风险。

针对瑶寨隧道上述施工区段及其风险，根据已经识别出的风险源，采用综合评估法中的模糊层次综合分析法对其进行分析。

3.3 模糊层次综合分析法

3.3.1 概述

模糊层次综合分析法，指的是模糊分析法和层次分析法的综合运用。

3.3.1.1 模糊分析法

模糊分析法的主要工作如表 3-13 所示。

表 3-13 模糊分析法的主要工作

步骤	内容
1	建立因素集合 U_0
2	建立评价集合 V_0
3	建立权重集合 A_0
4	进行单因素模糊评判
5	进行模糊综合评判

所谓因素集合 U_0，指的是引起风险的各种潜在因素的集合，即把引起风险的各种潜在因素罗列在一起，从而组成一个集合。评价集合 V_0 指的是风险的评价结果会有多种情况，多种评价情况将组成一个评价集合。建立评价集合 V_0 的目的就是通过综合考虑评判对象的所有影响因素，从而从评价集合中获得一个最佳的评判结果。

权重集合 A_0 指的是不同的因素对于同一个风险所产生的贡献不一致，也就是说不同的因素对同一个风险的影响程度存在差异。因此，可以建立一个权重集合来表示各个因素对一个风险的影响程度。

进行单因素模糊评判指的是单独对一个因素进行评判工作。进行模糊综合评判的过程实际上就是把各个单因素评判的结果通过各自的权重综合起来的过程，可以用表达式 $B = A * R$ 来表示，符号 $*$ 代表的是模糊运算；A 代表的是因素权重集；R 代表的是单因素评判集。

3.3.1.2 层次分析法

层次分析法的主要工作如表 3-14 所示。

所谓建立层次结构模型，指的是将有关联的各个因素按照不同的属性自上而下地分解成若干层。同一层的各个因素从属于上一层的因素或对上层因素有影响，同时又支配下一层的因素或受到下层因素的作用。最上层为目标层，一般只有一个因素；中间可以有一个或者几个层次，通常为准则或指标层；最下层通常为方案或对象层。

表 3-14 层次分析法的主要工作

步骤	内 容
1	建立层次结构模型
2	构造对比矩阵
3	计算出权重向量
4	作一致性检验
5	进行综合评判

3.3.1.3 模糊层次综合分析法

模糊数学理论认为，模糊决策可以用表示式 $\boldsymbol{B} = \boldsymbol{WR}$ 来描述，$\boldsymbol{W}$ 表示的是各个影响因素的权重集合或者叫权重向量；$\boldsymbol{R}$ 表示模糊矩阵，又称为模糊转换器。假定有 m 个因素，且风险评价级别数取 n，则模糊矩阵 $\boldsymbol{R}$ 是一个具有 m 行 n 列的矩阵，即 $m \times n$ 矩阵；$\boldsymbol{B}$ 则代表评价结果。

模糊层次综合评估模型一般包含有 3 个基本的要素单元：风险集合、评价（等级）集合和权重集合。

3.3.2 基本原理与步骤

3.3.2.1 建立风险集合

建立施工期将会发生的潜在风险的集合 U，把集合中的每一个可能发生的风险记为 U_1，U_2，U_3，U_4，…，$U_n(n = 1, 2, 3, \cdots)$。同时该集合必须满足以下两个条件：

$$\begin{cases} \bigcup\limits_{i=1}^{n} U_i = U \\ U_i \cap U_j = \varnothing (i \neq j) \end{cases} \tag{3-5}$$

第一个条件指的是每一个可能发生的风险组成了一个完整的集合；第二个条件指的是风险与风险之间不得重复。

3.3.2.2 建立评价集合

评价集合指风险的评价结果会有多种情况，因此多种评价情况将组成一个评价集合。可以记为：$V = \{v_1, v_2, v_3, \cdots\}$。

3.3.2.3 确定风险事件的权重

模糊层次综合分析法中，对风险事件权重的确定采用层次分析法进行计算。层次分析法的核心步骤是将风险事件进行两两对比，根据风险事件的重要性大小从而在一个标度表（采用“1-9”标度原则（表3-15））中进行仿数量化。根据该标度原则，各个因素的数值将构成一个“判断矩阵”。然后对该判断矩阵进行一致性检验，检验通过后就可以求出矩阵的最大特征值向量，这个最大特征值向量实际上是一个权重向量，代表的是各个因素的影响权重。权重向量的表达式如式（3-6）所示。

$$\boldsymbol{W} = [w_1,\ w_2,\ \cdots,\ w_n] \tag{3-6}$$

表3-15 “1-9”标度两两比较原则

标度	两两风险事件重要性大小比较结果
1	i风险事件与j风险事件相比重要性完全一致，或i与i、j与j自身比较
3	i风险事件与j风险事件相比重要性稍微大一点
5	i风险事件与j风险事件相比明显重要
7	i风险事件与j风险事件相比要重要得多
9	i风险事件与j风险事件相比极为重要
2，4，6，8	两两风险事件重要性比较介于上述标度两值之间
倒数	与上述描述刚好相反，即j风险事件比i风险事件重要

对“判断矩阵”进行一致性检验的步骤如下。

A 计算该判断矩阵$\boldsymbol{A}$的最大特征根$\boldsymbol{\lambda}_{\max}$

$$\boldsymbol{\lambda}_{\max} = \frac{1}{n}\sum_{i=1}^{n}\frac{(\boldsymbol{AW})_i}{\boldsymbol{W}_i} \tag{3-7}$$

式中，λ_{max}、$\boldsymbol{W}$和n分别为矩阵的最大特征根、特征向量和行数。

B 进行一致性检验

进行一致性检验时首先利用式（3-8）计算随机一致性比率CR值。

$$\begin{cases} CR = \dfrac{CI}{RI} \\ CI = \dfrac{(\boldsymbol{\lambda}_{\max} - n)}{n - 1} \end{cases} \tag{3-8}$$

式中，CI为一致性检验指标；RI为平均随机一致性指标（如表3-16所示）。当CR≤1.0时，认为判断矩阵具有较满意的一致性；若不满足，则应该对矩阵进行调整。

表3-16 平均随机一致性指标*RI*的取值

n	2	3	4	5	6	7	8	9
RI	0.00	0.58	0.90	1.12	1.24	1.32	1.41	1.45

3.3.2.4 确定风险事件的隶属度

风险事件的隶属度，指风险事件对于风险水平的隶属关系，即该风险事件属于何种风险水平。在计算该隶属度时，一般先根据专家进行打分，从而确定出各个风险事件的影响后果 C 的估值以及发生概率 P 的估值；然后将 P 和 C 相乘，并将相乘结果代入到隶属函数中去，从而可以得到风险事件关于风险水平的隶属度。影响后果 C 的估值、发生概率 P 的估值、隶属函数的确定以及隶属度值的确定过程如下。

A 确定风险事件影响后果 C

风险事件影响后果 C 的估算方法如表 3-17 所示。

表 3-17 C 的估算方法

程度	估值	说 明 描 述
轻微	1	风险的产生不会导致明显损失
中等	2	风险的产生会导致少量的损失（≤10 万元）
严重	3	风险的产生会导致可补偿性损失（≤100 万元）
重大	4	风险的产生会导致相当大但可补偿性损失（≤1000 万元）
灾难性	5	风险的产生会导致不可补偿性损失（>1000 万元）

B 确定风险事件发生概率 P

风险事件发生概率 P 的估值方法如表 3-18 所示。

表 3-18 发生概率 P 的估值

概率	估值	发生概率	说明
罕见	1	<0.0003	极难发生
偶见	2	0.0003~0.003	不大发生
可能	3	0.003~0.03	可能发生
预期	4	0.03~0.3	不止一次发生
频繁	5	>0.3	频繁发生

C 确定隶属函数

典型的隶属函数形态有三角形分布、梯形分布等。按照梯形分布，则应该对施工风险进行分级，依次为“极低风险”“低风险”“中度风险”“高风险”“极高风险”。梯形分布函数的取值根据隶属函数中未知数的取值区间不同而不同，如式（3-9）所示。

$$r_{ij}(x)=\begin{cases}0 & x\leqslant a \text{ 或 } x\geqslant b\\ L(x) & a<x<m\\ R(x) & m\leqslant x<b\end{cases} \tag{3-9}$$

式中，a、b 都取正值。该分段函数的表达式如表 3-19 所示。

表 3-19 隶属函数分段表达式

风险水平	隶属函数
极低风险	$r_{i1}=\begin{cases}1 & 0<x\leqslant 4\\ 5-x & 4<x\leqslant 5\\ 0 & x>5\end{cases}$
低风险	$r_{i2}=\begin{cases}x-4 & 4\leqslant x<5\\ 1 & 5\leqslant x\leqslant 9\\ 10-x & 9<x\leqslant 10\\ 0 & x<4\text{或}x>10\end{cases}$
中度风险	$r_{i3}=\begin{cases}x-9 & 9\leqslant x<10\\ 1 & 10\leqslant x\leqslant 15\\ 16-x & 15<x\leqslant 16\\ 0 & x<9\text{或}x>16\end{cases}$
高度风险	$r_{i4}=\begin{cases}x-15 & 15\leqslant x<16\\ 1 & 16\leqslant x\leqslant 20\\ 21-x & 20<x\leqslant 21\\ 0 & x<15\text{或}x>21\end{cases}$
极高风险	$r_{i5}=\begin{cases}x-20 & 20\leqslant x<21\\ 1 & 21\leqslant x\leqslant 25\\ 0 & x<20\end{cases}$

D 隶属度取值的确定

确定隶属度值的时候，将风险事件影响后果 C 的估计值与发生概率 P 的估计值相乘，然后将相乘后的值代入到隶属函数中，从而得出相应的隶属度值，最终形成一个施工风险的评判矩阵。将该矩阵记为 $\boldsymbol{R}$，如式（3-10）所示。

$$\boldsymbol{R}=\begin{bmatrix} r_{11} & r_{12} & \cdots & r_{15}\\ r_{21} & r_{22} & \cdots & r_{25}\\ \vdots & \vdots & \ddots & \vdots\\ r_{n1} & r_{n2} & \cdots & r_{nn}\end{bmatrix} \tag{3-10}$$

3.3.2.5 模糊综合评价

通过上述步骤首先可求出权重向量 $\boldsymbol{W}$ 和评判矩阵 $\boldsymbol{R}$，则可以进一步求出综合评价结果 $\boldsymbol{B}$。综合评价结果 $\boldsymbol{B}$ 求出来以后，根据最大隶属度原则，就可以确定出风险所处的等级，该等级从风险评价集中找出。

3.4 施工区段风险评估

3.4.1 风险因素分析

根据前述工程地质与水文地质条件、地质构造、不良地质等情况，可知瑶寨隧道的施工风险主要来源于如下因素。

(1) 大气降水。隧道所处地区为南亚热带季风气候区与中亚热带谷地气候区的过渡带，更接近亚热带季风气候区，雨量丰富。此外，区域内岩溶发育，有众多裂隙、溶隙发育带和围岩破碎带，仅大型的溶洞、溶洞群就近百处，可见地表浅部溶蚀洼地、落水洞和漏斗。大气降水引起的地表径流很大一部分会通过溶隙发育带、落水洞和漏斗而流入到围岩地层中，从而对岩溶的发育、塌方、突泥涌水造成影响。

(2) 地表水。如上所述，地表水主要来源于距离隧道下行线里程 ZK47+054 处洞顶水平距离约 100m 处的水库，水库下游常有渗漏现象。经过勘察观测，日均最小流量约为 $15m^3/d$。此外，在大气降雨季节，沟谷内有地表水径流，地表水量受大气降雨量大小影响较大。

(3) 地震。隧道所在区域的地震动峰值加速度小于 $0.05g$，相应地震基本烈度<Ⅵ度。因此，隧道所处地区不属于高烈度区，地震属于小概率事件，一般很少发生，但若发生则危害很大。

(4) 围岩等级。在瑶寨隧道下行线，Ⅳ级围岩将近 400m，Ⅴ级围岩有 406m；在隧道上行线中，Ⅳ围岩有 400m，Ⅴ级围岩 365m。因此Ⅳ级围岩和Ⅴ级围岩所占的里程一共将近 1.6km。

(5) 岩性。瑶寨溶盆谷底中基岩为上第三系，其余基岩均为二叠系栖霞组硅质灰岩、白云质灰岩、可溶碳酸盐岩、强风化白云质灰岩。鉴于瑶寨隧道四季雨量丰富且地下水过水通道发达，因而灰岩岩性是一个很重要的因素。

(6) 埋深。瑶寨隧道最大埋深为 270m。在深埋段内，岩石抗压强度较高，属于低应力状态，出现岩爆的可能性不大。

(7) 地下水。地下水类型主要为松散层含水层、基岩裂隙含水层。松散层含水层主要接受大气降水的渗入补给，降水小部分沿地表流向沟谷，大部分垂直渗入下伏基岩层面，其中小部分受其阻隔，沿层面流向沟谷，以暂时性渗水或泉水的形式排泄出来，受降水影响明显，动态变化大，多为暂时性泉水；另外大部分孔隙水继续下渗到基岩风化裂隙和构造裂隙中，转化为基岩裂隙水。

基岩裂隙和地表溶槽、溶沟较发育，有利于地下水垂直下渗，局部沿倾向沟谷的层面斜向流动，在部分地表沟谷处以渗水或泉水形式排泄出来。

(8) 断层破碎带。经勘察发现，隧道周围断层发育，主要断层有 3 组：NNW 向、NW 向、NE 向。其中，NE 方向的断层（瑶寨断层）与隧道走向斜交角度达到 70°左右，且沿着该断层带发育有一连串的溶盆。因此，断层破碎带是一个重要的风险因素。

(9) 勘察与设计水平。勘察工作本身存在很多缺点，比如勘测点的选择具有离散性、钻孔存在深度限制、勘测方法本身存在局限性等。另外，设计时所选取的泊松比、模量等材料（含岩土体材料、支护材料）参数未必是适合的。因此，勘察设计失误是一个非常重要的因素。

(10) 施工方法与技术水平。施工方法对施工风险的影响是很大的。统计表明，有相当一部分施工风险的产生都是由于施工方法不当。施工技术水平主要体现在支护、爆破水平、防排水措施等方面。

综合以上分析和对比，发现瑶寨隧道施工期的风险影响因素有以下几种（如表 3-20 所示）。

表 3-20　瑶寨隧道施工风险主要影响因素

因素	编　号							
	1	2	3	4	5	6	7	8
影响因素	岩性	围岩级别	断层	地下水	开挖方法	施工技术水平	大气降水	地表水

3.4.2　风险清单与风险因素核对

风险清单的建立首先要确定风险。交通运输部在 2011 年颁布的《公路桥梁和隧道工程施工安全风险评估指南》给出了对风险事件可能性的评估计算指标。本书根据该指南给出的计算分值建立风险清单，如表 3-21 所示。

表 3-21　瑶寨隧道施工风险清单

项目阶段	施工方法	目标风险	风 险 事 件
施工阶段	新奥法	人员与机械设备安全、工期、造价、环境等	塌方、岩溶、突泥、涌水

进行风险因素核对的目的是防止出现遗漏。根据瑶寨隧道的地质构造、不良地质等工程与水文地质条件，得出风险因素核对表，如表 3-22 所示。

表 3-22 瑶寨隧道风险核对表

风险因素		风险事件			
		塌方	岩溶	突泥	涌水
地质岩性	岩性	★	★	★	★
	围岩级别	★	★	★	★
地质构造	断层	★	★	★	★
水源	地下水	★	★	★	★
	大气降水	★	★	★	★
	地表水	★	★	★	★
施工	施工方法	★		★	
	技术水平	★		★	

注："★"表示该风险因素对风险事件有影响。

3.4.3 风险评估

根据瑶寨隧道工程地质勘察结果及地质雷达所识别的风险源，选取三个施工区段作为风险评估区域并对其进行专项风险评估。其中上行线取两个段落，下行线取一个段落，如表 3-23 所示。

表 3-23 评估段落选择

上、下行线	施工区段
上行线	YK46+980~YK47+080
	YK47+380~YK47+580
下行线	ZK48+120~ZK48+230

3.4.3.1 上行线 YK46+980~YK47+080 段落

该段落存在一接触破碎带，破碎带宽度为 5~10mm，岩性为黏土夹杂碎石，呈软塑、松散状，局部呈流塑状，有突泥的可能性。基岩为上第三系硅质岩，围岩深度风化，节理、裂隙发育，岩体破碎，围岩无自稳能力，处理不当会产生大坍塌。围岩级别定为Ⅴ级，衬砌类型为 S5-B 型。

该段落洞顶上部刚好为一谷底，地表水常在该谷底汇合成地表径流。鉴于此，分析该段落在施工时可能会遇到塌方、岩溶、突泥及涌水。

A 建立风险集合 U

建立 YK46+980~YK47+080 段风险集合 U，集合中的风险事件记为 U_1，U_2，U_3，U_4，即 $U=\{U_1, U_2, U_3, U_4\}$。其中，U_1 表示施工中可能产生的塌方；

U_2表示施工中可能揭露的溶洞；U_3表示施工中可能产生的突泥；U_4表示施工中可能产生的涌水。

B　建立评价集合 V

针对本段落，将施工风险分为 5 个等级，依次为“极低风险”“低风险”“中度风险”“高风险”“极高风险”。则评价集合 $V=\{v_1, v_2, v_3, v_4, v_5\}$。

C　确定风险事件的权重

根据层次分析法的理论原理和风险两两对比原则形成判断矩阵，见表 3-24。

表 3-24　判断矩阵

风险事件	U_1	U_2	U_3	U_4
U_1	1	1/5	3	5
U_2	5	1	5	7
U_3	1/3	1/5	1	2
U_4	1/5	1/7	1/2	1

对表 3-24 所示的判断矩阵进行运算，从而计算出权重向量并作一致性检验。

a　计算判断矩阵 $\boldsymbol{A}$ 的最大特征值向量 $\boldsymbol{W}$（权重向量）

$$\boldsymbol{A}=\begin{bmatrix}1 & 1/5 & 3 & 5\\ 5 & 1 & 5 & 7\\ 1/3 & 1/5 & 1 & 2\\ 1/5 & 1/7 & 1/2 & 1\end{bmatrix}$$

将矩阵 $\boldsymbol{A}$ 的行列式记为：

$$A=\begin{vmatrix}1 & 1/5 & 3 & 5\\ 5 & 1 & 5 & 7\\ 1/3 & 1/5 & 1 & 2\\ 1/5 & 1/7 & 1/2 & 1\end{vmatrix}$$

将行列式 A 的行元素按行相乘，然后开四次方，得到 w_1、w_2、w_3、w_4，如下所示。

$$w_1=\sqrt[4]{1\times 1/5\times 3\times 5}=1.316$$

$$w_2=\sqrt[4]{5\times 1\times 5\times 7}=3.637$$

$$w_3=\sqrt[4]{1/3\times 1/5\times 1\times 2}=0.604$$

$$w_4=\sqrt[4]{1/5\times 1/7\times 1/2\times 1}=0.346$$

根据公式 $\omega_i=\dfrac{w_i}{\sum_{i=1}^{4} w_i}$ 对 w_1、w_2、w_3、w_4进行正规化处理。

$$\sum_{i=1}^{4} w_i = w_1 + w_2 + w_3 + w_4 = 1.316 + 3.637 + 0.604 + 0.346 = 5.903$$

w_1、w_2、w_3、w_4 正规化后相应地转变为 ω_1、ω_2、ω_3、ω_4。

即 $\omega_1 = 1.316/5.903 = 0.223$

$\omega_2 = 3.637/5.903 = 0.616$

$\omega_3 = 0.604/5.903 = 0.102$

$\omega_4 = 0.346/5.903 = 0.059$

则 ω_1、ω_2、ω_3、ω_4 组成了一个行矩阵，将行矩阵转置一下记为 $\boldsymbol{\omega}$。

$$\boldsymbol{\omega} = [\omega_1,\ \omega_2,\ \omega_3,\ \omega_4]^{\mathrm{T}} = [0.223,\ 0.616,\ 0.102,\ 0.059]^{\mathrm{T}}$$

矩阵 $\boldsymbol{\omega}$ 就是 $\boldsymbol{A}$ 的特征向量，也就是风险因素的权重向量。

b 判断矩阵 $\boldsymbol{A}$ 的最大特征根

$$\boldsymbol{A\omega} = \begin{bmatrix} 1 & 1/5 & 3 & 5 \\ 5 & 1 & 5 & 7 \\ 1/3 & 1/5 & 1 & 2 \\ 1/5 & 1/7 & 1/2 & 1 \end{bmatrix} \begin{bmatrix} 0.223 \\ 0.616 \\ 0.102 \\ 0.059 \end{bmatrix} = \begin{vmatrix} 0.947 \\ 2.654 \\ 0.417 \\ 0.243 \end{vmatrix}$$

根据式（3-7），得：

$$\lambda_{\max} = \frac{1}{4}\left(\frac{0.947}{0.223} + \frac{2.654}{0.616} + \frac{0.417}{0.102} + \frac{0.243}{0.059}\right) = \frac{1}{4}(4.247 + 4.308 + 4.088 + 4.119) = 4.190$$

c 一致性检验

$$CI = \frac{\lambda_{\max} - n}{n - 1} = \frac{4.190 - 4}{4 - 1} = 0.063$$

根据平均随机一致性指标 RI 的取值标准可知，此处 RI 取 0.9，则：

$CR = CI/RI = 0.063/0.9 = 0.07 < 0.1$，一致性检验通过。

D 计算隶属度

该施工区段所揭示的风险源表明，本段围岩节理、裂隙较发育，稳定性较差，发育有溶穴。据此，根据专项风险评估给出的取值办法，取值统计结果如表 3-25 所示。

表 3-25 风险事件发生可能性 P 及后果 C 的取值

指标	风险事件			
	U_1（塌方）	U_2（溶洞）	U_3（突泥）	U_4（涌水）
P	4	4	3	2
C	3	3	2.5	2
$P\times C$	12	12	7.5	4

E 模糊综合运算

在进行模糊综合运算时，首先确定评判矩阵 $\boldsymbol{R}$。

$\boldsymbol{R}=\begin{bmatrix} r_{11} & r_{12} & \cdots & r_{15} \\ r_{21} & r_{22} & \cdots & r_{25} \\ \vdots & \vdots & \ddots & \vdots \\ r_{n1} & r_{n2} & \cdots & r_{nn} \end{bmatrix}$，其中 $n=4$。根据梯形隶属函数，将（$P\times C$）代入到梯形函数中，得到评判矩阵 $\boldsymbol{R}$。

$\boldsymbol{R}=\begin{bmatrix} 0 & 0 & 1 & 0 & 0 \\ 0 & 0 & 1 & 0 & 0 \\ 0 & 1 & 0 & 0 & 0 \\ 1 & 0 & 0 & 0 & 0 \end{bmatrix}$，据此可以得到 $\boldsymbol{B}$ 的取值结果。

$$\boldsymbol{B}=\boldsymbol{\omega}^{\mathrm{T}}\boldsymbol{R}=[0.223,\ 0.616,\ 0.102,\ 0.059]\begin{bmatrix} 0 & 0 & 1 & 0 & 0 \\ 0 & 0 & 1 & 0 & 0 \\ 0 & 1 & 0 & 0 & 0 \\ 1 & 0 & 0 & 0 & 0 \end{bmatrix}=[0.059\quad 0.102\quad 0.839\quad 0\quad 0]$$

F 评价结果分析

根据最大隶属度原则，结合模糊运算结果，可知瑶寨隧道上行线 YK46+980～YK47+080 段落的总体风险为中等风险。其中，涌水风险事件属于极低风险事件；而塌方、溶洞这两种风险属于中等风险事件；突泥风险属于低风险事件。

现场实际开挖情况表明，本段围岩风化程度为强-中风化，中-薄层状构造，局部岩体破碎呈块碎状结构、有弱夹层和溶穴。当开挖至 YK46+996 处时，揭露了一填充型溶洞并引发了塌方，塌方规模较小，未造成人员伤亡等重大损失。综上所述，本段围岩实际风险等级与评估结论吻合，对于塌方风险应采取相应的处治措施，从而将风险降低。YK46+996 处的塌方如图 3-19 所示。

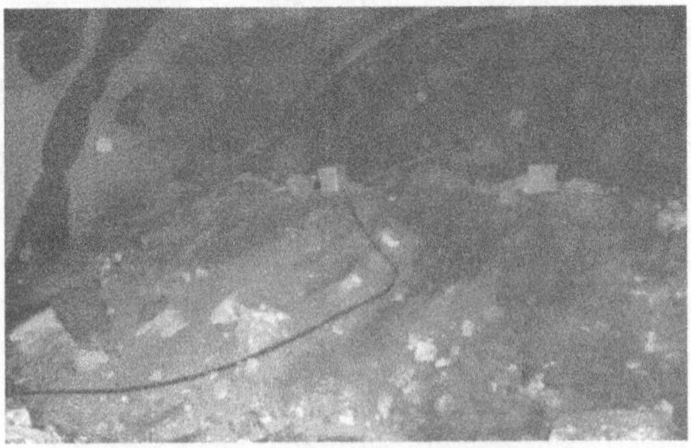

图 3-19 YK46+996 处塌方

3.4.3.2 上行线 YK47+380~YK47+580 段落

该段落围岩为中风化灰岩，夹薄层硅质岩，隐晶质结构，围岩构造为中-厚层状。岩体整体较完整，掘进过程中若无支撑，洞身拱部局部可能产生小坍塌。围岩侧壁基本稳定，爆破振动过大时，局部侧壁可能产生小坍塌。洞顶地形地貌：该段落洞顶上部为山体中部及以上，地表水不易汇集，埋深在 230m 以上。

因此，分析该段落在施工时可能会遇到小型塌方、小型岩溶、局部破碎带。

A 建立风险集合 U

建立 YK47+380~YK47+580 段风险集合 U，集合中的风险事件记为 U_1，U_2，U_3，即 $U=\{U_1, U_2, U_3\}$。其中，U_1表示施工中可能产生的小型塌方；U_2表示施工中揭露的小型岩溶；U_3表示施工中揭露的局部破碎带。

B 建立评价集合 V

针对本段落，将施工风险分为 5 个等级，依次为“极低风险”“低风险”“中度风险”、“高风险”“极高风险”。评价集合 $V=\{v_1, v_2, v_3, v_4, v_5\}$。

C 确定风险事件的权重

根据层次分析法的理论原理和风险两两对比原则形成判断矩阵，如表 3-26 所示。

表 3-26 判断矩阵

风险事件	U_1	U_2	U_3
U_1	1	1/3	5
U_2	3	1	5
U_3	1/5	1/5	1

对判断矩阵进行运算，从而计算出权重向量并作一致性检验。

a 计算判断矩阵 $\boldsymbol{A}$ 的最大特征值向量 $\boldsymbol{W}$（权重向量）

$$\boldsymbol{A}=\begin{bmatrix} 1 & 1/3 & 5 \\ 3 & 1 & 5 \\ 1/5 & 1/5 & 1 \end{bmatrix}$$

将矩阵 $\boldsymbol{A}$ 的行列式记为：

$$A=\begin{vmatrix} 1 & 1/3 & 5 \\ 3 & 1 & 5 \\ 1/5 & 1/5 & 1 \end{vmatrix}$$

将行列式 A 的行元素按行相乘，然后开三次方，得到 w_1、w_2、w_3。

$$w_1 = \sqrt[3]{1 \times 1/3 \times 5} = 1.185$$

$$w_2 = \sqrt[3]{3 \times 1 \times 5} = 2.466$$

$$w_3 = \sqrt[3]{1/5 \times 1/5 \times 1} = 0.342$$

根据公式 $\omega_i = \dfrac{w_i}{\sum_{i=1}^{3} w_i}$ 对 w_1、w_2、w_3 进行正规化处理。

$$\sum_{i=1}^{3} w_i = w_1 + w_2 + w_3 = 1.185 + 2.466 + 0.342 = 3.993$$

w_1、w_2、w_3 正规化后相应地转变为 ω_1、ω_2、ω_3。

即　$\omega_1 = 1.185/3.993 = 0.297$

$\omega_2 = 2.466/3.993 = 0.618$

$\omega_3 = 0.342/3.993 = 0.086$

则 ω_1、ω_2、ω_3 组成了一个行矩阵，将行矩阵转置一下记为 $\boldsymbol{\omega}$ 。

$$\boldsymbol{\omega} = [\omega_1, \omega_2, \omega_3]^{\mathrm{T}} = [0.297, 0.618, 0.086]^{\mathrm{T}}$$

矩阵 $\boldsymbol{\omega}$ 就是 $\boldsymbol{A}$ 的特征向量，也就是风险因素的权重向量。

b　判断矩阵 $\boldsymbol{A}$ 的最大特征根

$$\boldsymbol{A\omega} = \begin{bmatrix} 1 & 1/3 & 5 \\ 3 & 1 & 5 \\ 1/5 & 1/5 & 1 \end{bmatrix} \begin{bmatrix} 0.297 \\ 0.618 \\ 0.086 \end{bmatrix} = \begin{bmatrix} 0.93 \\ 1.93 \\ 0.26 \end{bmatrix}$$

接下来计算矩阵的最大特征根 $\lambda_{\max}$ 。

$$\begin{aligned} \lambda_{\max} &= \frac{1}{3}\left(\frac{0.93}{0.297} + \frac{1.93}{0.618} + \frac{0.26}{0.086}\right) \\ &= \frac{1}{3}(3.13 + 3.12 + 3.02) \\ &= 3.09 \end{aligned}$$

c　一致性检验

$$CI = \frac{\lambda_{\max} - n}{n - 1} = \frac{3.09 - 3}{3 - 1} = 0.045$$

RI 取 0.58，则 $CR = CI/RI = 0.045/0.58 = 0.08 < 0.1$，一致性检验通过。

D　计算隶属度

该施工区段风险源识别结果表明，本段围岩稳定性较好，局部围岩节理、裂隙较发育，有弱夹层，仅仅揭露了小型空腔型溶腔。据此，根据风险事件的发生可能性 P 和后果 C 的取值办法，取值结果如表 3-27 所示。

表 3-27 风险事件发生可能性 P 和后果 C 的取值

指标	风险事件		
	U_1（小塌方）	U_2（小溶洞）	U_3（局部破碎带）
P	3	3	4
C	2	2	1
$P\times C$	6	6	4

E 模糊综合运算

首先确定评判矩阵 $\boldsymbol{R}$。

$$\boldsymbol{R}=\begin{bmatrix} r_{11} & r_{12} & \cdots & r_{15} \\ r_{21} & r_{22} & \cdots & r_{25} \\ \vdots & \vdots & \ddots & \vdots \\ r_{n1} & r_{n2} & \cdots & r_{nn} \end{bmatrix},\ n=3$$

根据梯形隶属函数，将（$P\times C$）代入到梯形函数中去，得到评判矩阵 $\boldsymbol{R}$。

$$\boldsymbol{R}=\begin{bmatrix} 0 & 1 & 0 & 0 & 0 \\ 0 & 1 & 0 & 0 & 0 \\ 1 & 0 & 0 & 0 & 0 \end{bmatrix}，据此可以得到 \boldsymbol{B}。$$

$$\boldsymbol{B}=\boldsymbol{\omega}^{\mathrm{T}}\boldsymbol{R}=[0.297,\ 0.618,\ 0.086]\begin{bmatrix} 0 & 1 & 0 & 0 & 0 \\ 0 & 1 & 0 & 0 & 0 \\ 1 & 0 & 0 & 0 & 0 \end{bmatrix}=[0.086\quad 0.915\quad 0\quad 0\quad 0]$$

F 评价结果分析

根据模糊分析法中的最大隶属度原则，结合模糊运算结果，可知瑶寨隧道上行线 YK47+380～YK47+580 段落的总体风险为低级风险。其中，局部破碎带属于极低风险事件；而小塌方、小溶洞两种风险属于低风险事件。

现场实际开挖情况表明，本段围岩风化程度主要为中风化，局部岩体较破碎，但围岩层理明显，整体稳定性较好。当开挖至 YK47+538 处时，在左侧边墙处发育一小型溶蚀性空洞（如图 3-20 所示），空洞内黏性土填充，空洞呈竖直向发展，溶洞规模较小，对围岩稳定性不构成影响。

综上所述，本段围岩实际风险等级与评估结论吻合，对于该小型溶洞，可以采取简单的处治措施。

3.4.3.3 下行线 ZK48+120～ZK48+230 段落

该段落属于浅埋段，为下行线出口端。围岩裂隙发育，裸露的基岩风化程度较高，为中-强风化，围岩无自稳能力，洞壁可能产生小坍塌，并可引起地表下

图 3-20　YK47+538 处左侧边墙小溶洞

沉，也有可能会产生冒顶事故。距离地表 5~7m 以内为强风化坡积层，透水性大，强度低。

因此，分析该段落在施工时可能会产生塌方、突泥、破碎带、岩溶（通道）。

A　建立风险集合 U

建立 ZK48+120~ZK48+230 段风险集合 U，集合中的风险事件记为 U_1，U_2，U_3，U_4，即 $U=\{U_1, U_2, U_3, U_4\}$。其中，U_1表示施工中可能产生的塌方事故；U_2表示施工中可能产生的突泥事故；U_3表示施工中揭露的破碎带；U_4表示施工中可能揭露的岩溶（通道或管道）。

B　建立评价集合 V

针对本段落，将施工风险划分为 5 个等级，依次为“极低风险”“低风险”“中度风险”“高风险”“极高风险”，则评价集合 $V=\{v_1, v_2, v_3, v_4, v_5\}$。

C　确定风险事件的权重

根据层次分析法的理论原理和风险两两对比原则形成判断矩阵，如表 3-28 所示。

表 3-28　判断矩阵

风险事件	U_1（塌方）	U_2（突泥）	U_3（破碎带）	U_4（岩溶通道）
U_1	1	5	7	5
U_2	1/5	1	5	1
U_3	1/7	1/5	1	1/4
U_4	1/5	1	4	1

对上述判断矩阵进行运算，计算出权重向量并作一致性检验。

a　计算判断矩阵 $\boldsymbol{A}$ 的最大特征值向量 $\boldsymbol{W}$（权重向量）

$$A=\begin{bmatrix}1 & 5 & 7 & 5\\ 1/5 & 1 & 5 & 1\\ 1/7 & 1/5 & 1 & 1/4\\ 1/5 & 1 & 4 & 1\end{bmatrix}$$

将矩阵 **A** 的行列式记为如下形式：

$$A=\begin{vmatrix}1 & 5 & 7 & 5\\ 1/5 & 1 & 5 & 1\\ 1/7 & 1/5 & 1 & 1/4\\ 1/5 & 1 & 4 & 1\end{vmatrix}$$

将行列式 A 的行元素按行相乘，然后开四次方，得到 w_1、w_2、w_3、w_4。

$$w_1=\sqrt[4]{1\times 5\times 7\times 5}=3.637$$
$$w_2=\sqrt[4]{1/5\times 1\times 5\times 1}=1.0$$
$$w_3=\sqrt[4]{1/7\times 1/5\times 1\times 1/4}=0.291$$
$$w_4=\sqrt[4]{1/5\times 1\times 4\times 1}=0.946$$

根据公式 $\omega_i=\dfrac{w_i}{\sum\limits_{i=1}^{4}w_i}$，对 w_1、w_2、w_3、w_4进行正规化处理。

$$\sum_{i=1}^{4}w_i=w_1+w_2+w_3+w_4=3.637+1.0+0.291+0.946=5.874$$

w_1、w_2、w_3、w_4正规化后相应地转变为 ω_1、ω_2、ω_3、ω_4。

即 $\omega_1=3.637/5.874=0.619$

$\omega_2=1.0/5.874=0.170$

$\omega_3=0.291/5.874=0.05$

$\omega_4=0.946/5.874=0.161$

则 ω_1、ω_2、ω_3、ω_4 组成了一个行矩阵，将行矩阵转置一下记为 $\boldsymbol{\omega}$ 。

$$\boldsymbol{\omega}=[\omega_1,\ \omega_2,\ \omega_3,\ \omega_4]^{\mathrm{T}}=[0.619,\ 0.170,\ 0.05,\ 0.161]^{\mathrm{T}}$$

矩阵 $\boldsymbol{\omega}$ 就是 **A** 的特征向量，也就是风险因素的权重向量。

b 计算判断矩阵 **A** 的最大特征根

$$\boldsymbol{A\omega}=\begin{bmatrix}1 & 5 & 7 & 5\\ 1/5 & 1 & 5 & 1\\ 1/7 & 1/5 & 1 & 1/4\\ 1/5 & 1 & 4 & 1\end{bmatrix}\begin{bmatrix}0.619\\ 0.170\\ 0.05\\ 0.161\end{bmatrix}=\begin{bmatrix}2.624\\ 0.705\\ 0.212\\ 0.655\end{bmatrix}$$

接下来计算该判断矩阵的最大特征根 $\boldsymbol{\lambda}_{\max}$

$$\lambda_{max} = \frac{1}{4}\left(\frac{2.624}{0.619} + \frac{0.705}{0.17} + \frac{0.212}{0.05} + \frac{0.655}{0.161}\right)$$
$$= \frac{1}{4}(4.239 + 4.147 + 4.24 + 4.07)$$
$$= 4.174$$

c 一致性检验

$$CI = \frac{\lambda_{max} - n}{n - 1} = \frac{4.174 - 4}{4 - 1} = 0.058$$

RI 取 0.9，则 $CR=CI/RI=0.058/0.9=0.06<0.1$，一致性检验通过。

D 计算隶属度

根据超前地质预报所揭示的该施工区段的风险源实际情况，依据专项风险评估给出的办法确定 P 和 C 的取值统计结果如表 3-29 所示。

表 3-29 风险事件发生可能性 P 和后果 C 的取值

指标	风险事件			
	U_1（塌方）	U_2（突泥）	U_3（破碎带）	U_4（岩溶通道）
P	3	3	4	4
C	4	4	2	3
$P\times C$	12	12	8	12

E 模糊综合运算

首先确定评判矩阵 $\boldsymbol{R}$。

$$\boldsymbol{R} = \begin{bmatrix} r_{11} & r_{12} & \cdots & r_{15} \\ r_{21} & r_{22} & \cdots & r_{25} \\ \vdots & \vdots & \ddots & \vdots \\ r_{n1} & r_{n2} & \cdots & r_{nn} \end{bmatrix},\ n = 4$$

根据梯形隶属函数，将（$P\times C$）代入到梯形函数中，得到评判矩阵 $\boldsymbol{R}$。

$$\boldsymbol{R} = \begin{bmatrix} 0 & 0 & 1 & 0 & 0 \\ 0 & 0 & 1 & 0 & 0 \\ 0 & 1 & 0 & 0 & 0 \\ 0 & 0 & 1 & 0 & 0 \end{bmatrix}$$

$$\boldsymbol{B} = \boldsymbol{\omega}^{\mathrm{T}}\boldsymbol{R} = [0.619,\ 0.170,\ 0.05,\ 0.161]\begin{bmatrix} 0 & 0 & 1 & 0 & 0 \\ 0 & 0 & 1 & 0 & 0 \\ 0 & 1 & 0 & 0 & 0 \\ 0 & 0 & 1 & 0 & 0 \end{bmatrix} = [0\ 0.05\ 0.95\ 0\ 0]$$

F 评价结果分析

根据模糊分析法中的最大隶属度原则，结合模糊运算结果，可知瑶寨隧道下行线 ZK48+120~ZK48+230 段落的总体风险为中等风险。其中，塌方、突泥、岩溶通道均属于中等风险事件；破碎带属于低风险事件。

现场实际开挖情况表明，本段围岩主要呈块碎状结构，强-全风化，中-薄层状构造，围岩破碎，夹次生矿物和黏性土，掌子面含水量较高。当掘进至 ZK48+211 时在右拱腰近拱顶处揭露一溶洞，溶洞填充物落下形成塌方，塌方规模较小(如图 3-21 所示)，未造成重大经济损失、人员伤亡、工期延误等事故。综上所述，本段围岩实际风险等级与评估结论吻合，对于塌方风险应采取相应的处治措施，从而将风险降低。

图 3-21 ZK48+211 处的塌方

综合上述三个施工区段的专项风险评估过程及其结果，可知：

(1) 在地质雷达风险源识别的基础上对模糊层次综合分析法中的指标权重进行赋值，可以良好地避免对指标权重进行赋值时的个体主观性和经验性不利影响。

(2) 上行线 YK46+980~YK47+080 和下行线 ZK48+120~ZK48+230 这两个施工区段的总体风险等级属于中等风险，其中塌方、岩溶、突泥风险属于中等程度风险，对塌方、岩溶、突泥风险应给予足够的重视，并应采取相应的措施使风险水平降至最低。实际开挖结果表明，评估结论与实际情况吻合。

(3) 上行线 YK47+380~YK47+580 施工区段的总体风险等级属于低风险，可采取简单的处治措施。

3.5 施工风险防控措施

对隧道上行线 YK46+980~YK47+080 段进行开挖掘进施工时，在 YK46+996

处遇到了溶洞并引发了塌方；对上行线 YK47+380～YK47+580 进行开挖作业时，在 YK47+538 边墙处遇到了“干、死”型小溶洞；对下行线 ZK48+120～ZK48+230 进行开挖作业时，在 ZK48+211 处遇到了溶洞，并引发了塌方。针对以上风险，采用 $FLAC^{3D}$有限差分软件对防控措施施工工法和支护的可行性进行模拟分析。

3.5.1　概述

各种数值计算方法在大量的工程实践中的成功运用表明，数值计算在工程领域承担着重要的辅助和指导作用。常用的数值计算方法包括有限元法（FEM）、有限差分法（FDM）、边界元法（BEM）和离散元法（DEM）等。常用的有限元分析软件有 ANSYA、ADINA、ABAQUS 等，常用的有限差分分析软件有 $FLAC^{2D}$、$FLAC^{3D}$等。

有限差分法是一种直接将微分问题变为代数问题的近似数值解法，数学概念直观，表达简单，是发展较早且比较成熟的数值方法。$FLAC^{3D}$ 软件由美国 ITASCA 公司开发，能够进行土质、岩石和其他材料的三维结构受力模拟和塑性流动分析，通过调整三维网格中的多面体单元来拟合实际的结构。单元材料可以采用线性或者非线性本构模型，在外力作用下，当材料发生屈服流动后，网格能够适应相应变形和移动（大变形模式）。该软件已经广泛运用于土木工程及交通、水利、采矿工程等相关领域。

当执行 SOLVE 命令时，$FLAC^{3D}$程序将自动发现力的平衡。当模型中所有网格顶点中力的平均量级与其中最大的不平衡力的量级的比率小于 1×10^{-5}时，认为达到了平衡状态。由于比率不存在尺寸标准，因而对于不同单元体系的模型，不平衡力和所加力比率的限制给静力平衡提供了一个精确的限制。

$FLAC^{3D}$程序的本构模型含有 10 种材料模型，包括 1 个开挖模型：Null 模型；3 个弹性模型：各向同性模型、横观各向同性模型、正交各向同性模型；6 个塑性模型：Drucker-Prager 模型、Morh-Coulomb 模型、应变硬化/软化模型、遍布节理模型、双线性应变硬化/软化遍布节理模型、修正的剑桥模型，如表 3-30 所示。

表 3-30　FLAC 程序的本构模型

类型	模型名称
开挖模型（1 个）	Null 模型
弹性模型（3 个）	各向同性模型、横观各向同性模型、正交各向同性模型
塑性模型（6 个）	Drucker-Prager 模型、Morh-Coulomb 模型、应变硬化/软化模型、遍布节理模型、双线性应变硬化/软化遍布节理模型、修正的剑桥模型

3.5.2 风险防控措施模拟分析

3.5.2.1 YK46+996 风险防控措施

对隧道上行线 YK46+980~YK47+080 段进行开挖掘进施工时，在 YK46+996 处遇到了溶洞并引发了塌方，如图 3-19 所示。图 3-22、图 3-23 所示为塌方位置示意图。

该溶洞规模较小，初步估测为 7m×3m×3m（长×宽×高），具有“干、死”的特征。本次塌方规模较小，未对施工和人身安全造成严重影响，堆积体为强风化、全风化灰岩碎石所形成的混合物，其含水量较低。本次塌方未导致围岩出现大变形，掌子面周边的岩体较为稳定，也未损毁衬砌以及其他施工机具。

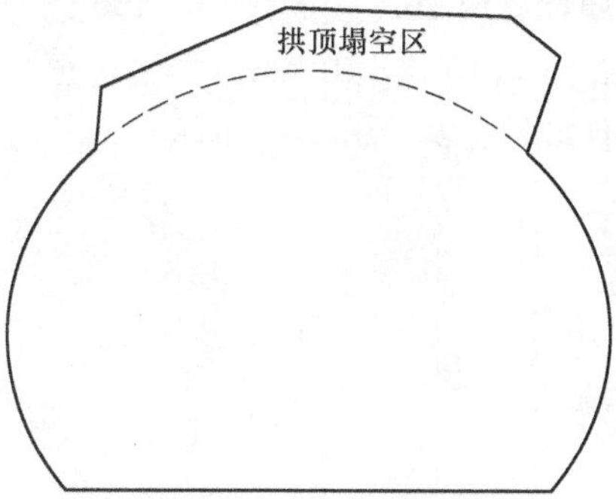

图 3-22 塌方示意图一

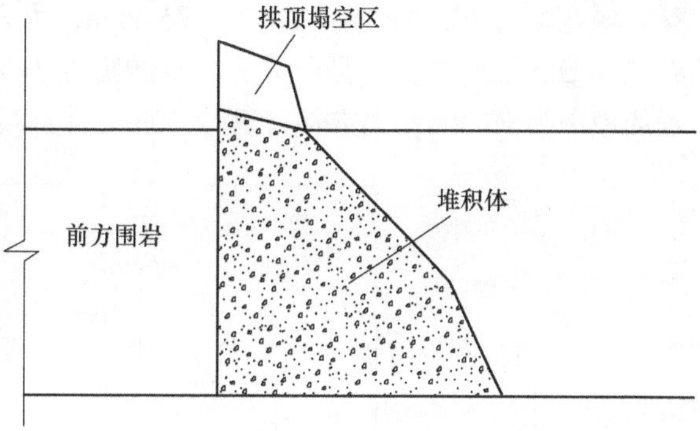

图 3-23 塌方示意图二

A 数值模拟分析

模拟开挖时采用上下台阶分部开挖（弧形导坑）法。

首先采用人工开挖上台阶的弧形导坑，开挖高度为 50cm，每次开挖的进尺为两榀钢拱架间距，即 50cm。围岩采用四边形四节点网格单元进行模拟；初期支护按照壳单元模拟。围岩和初期支护的物理力学参数按现行规范中岩体工程分类标准建议的力学参数确定。初期支护参数、围岩及支护结构物理力学指标如表 3-31、表 3-32 所示。

表 3-31 初期支护参数

围岩等级	初期支护		
	钢筋网/cm×cm	钢拱架（工字钢）	喷射砼
V级	20×20	I18@0.5m	30cm C20

表 3-32　围岩及支护结构物理力学指标

材料名称	密度 /kg·m^{-3}	弹性模量 /GPa	泊松比	内摩擦角 /(°)	凝聚力 /MPa	剪切模量 /GPa	体积模量 /GPa	抗拉强度 /MPa
Ⅴ级围岩	2000	2	0.4	33	0.4	3.635	1.1	0.3
初期支护	2500	21	0.2	—	—	15.25	11.45	—

a　确定屈服准则

围岩采用 M-C 模型进行模拟，初期支护采用弹性模型进行模拟。

b　确定计算模型

根据目前的岩体力学理论，隧道或者硐室周围 3～5 倍洞跨以外的围岩受到开挖的影响很小。因而对于本次计算，左右两侧计算边界取 3 倍跨度，即横向计算区域宽度为 10.75×3×2+10.75=75.25m，为方便计算取 70m；竖向两侧计算边界取 3 倍隧道高度，即竖向计算区域的宽度为 7.2×3×2+7.2=50.4m。由于该里程的埋深为 95.8m，为方便计算取 50m。计算模型如图 3-24 所示。

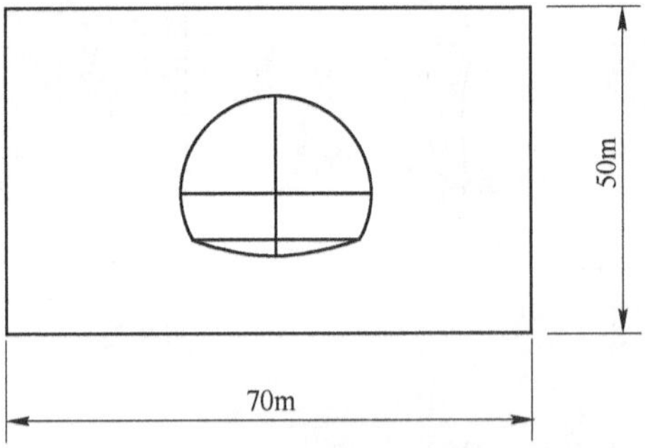

图 3-24　计算模型示意图

c　模拟计算

岩体的初始应力场仅考虑自重应力场的作用。二次衬砌仅作为安全储备，因此本次模拟仅对开挖过程、初期支护进行模拟。需要说明的是，由于土体的开挖在时间和空间上有不同的施工顺序，模拟计算时无法全部示出每开挖一步所引起的围岩竖向位移和竖向应力的变化，因此仅示出开挖某一部分土体后围岩的位移和应力的变化。

计算时通过最大不平衡力比率来控制计算过程，当最大不平衡力与最初施加的节点力的平均值之比小于 1×10^{-5} 时，计算停止。另外，由于位移具有累加效应，为了在后续计算中扣除初始应力场（仅考虑自重应力场）所引起的竖向位移，模拟时采用了对初始位移进行清零的方法。

台阶法开挖过程的数值模拟分析步骤为：建立模型网格→自重应力场模拟分析→开挖上台阶土体计算分析→支护上台阶土体计算分析→开挖下台阶土体计算分析→支护下台阶土体计算分析。

第一步：建立模型网格。

模型的二维平面视图网格如图 3-25 所示。

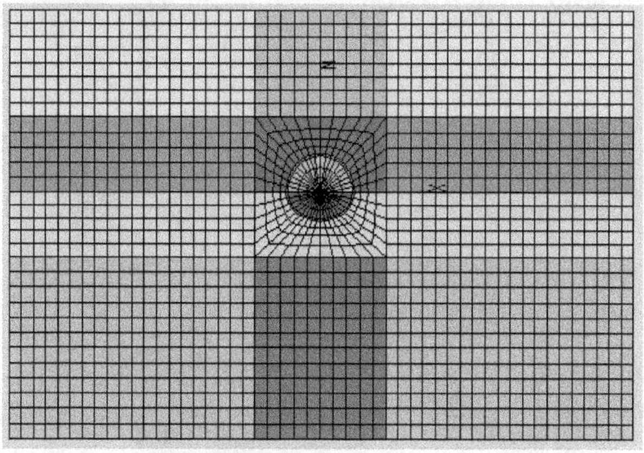

图 3-25　模型网格

第二步：自重应力场模拟分析。

自重应力场模拟是分析围岩在自重应力作用下的竖向位移和竖向应力的大小。围岩在自重应力作用下的竖向位移和竖向应力的变化分布如图 3-26、图 3-27

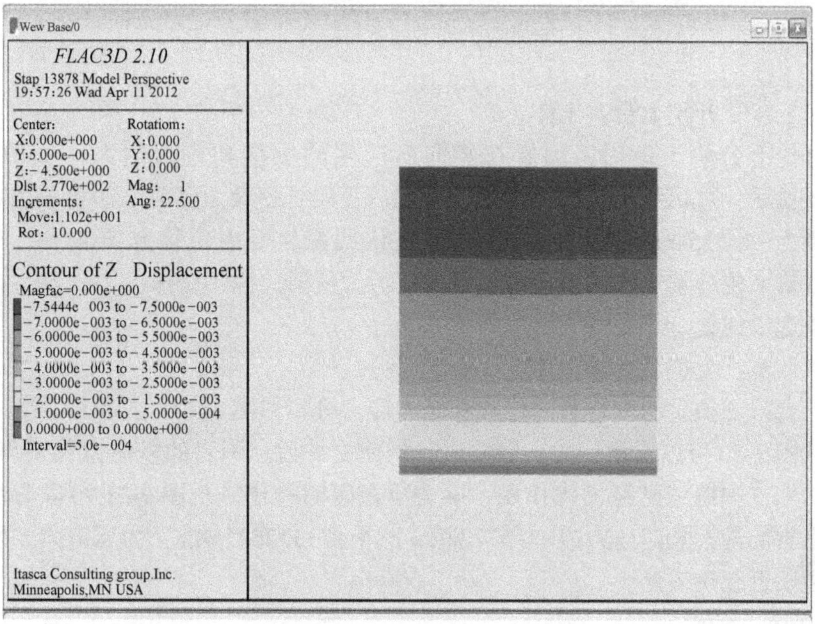

图 3-26　自重应力场下的竖向位移（单位：m）

所示。可以看出，在自重应力场作用下，围岩竖向位移和竖向应力呈水平状分布，最大的竖向位移为-7.5444mm，方向向下，表示下沉；最大的竖向应力为-1.2364MPa，表示压应力。

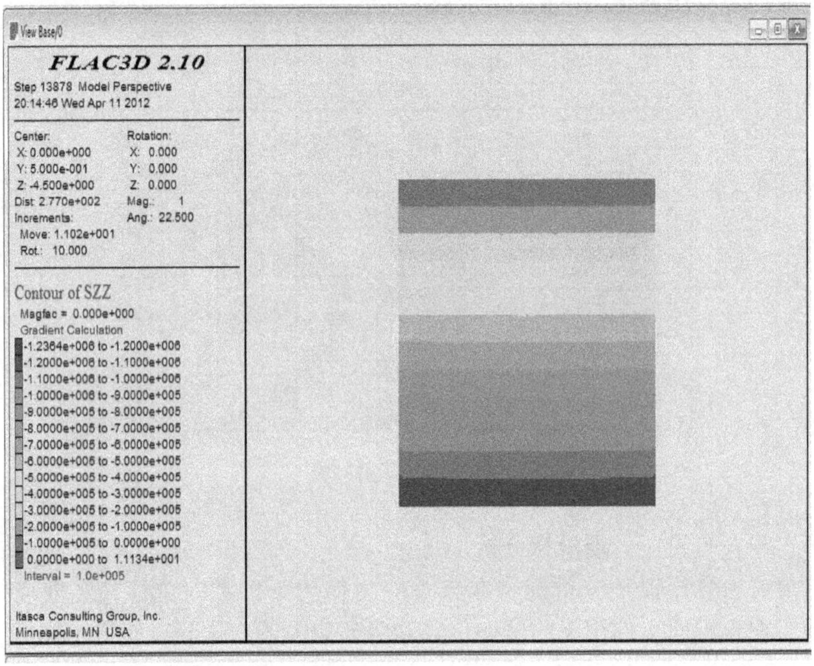

图 3-27　自重应力场下的竖向应力（单位：Pa）

第三步：开挖上台阶土体。

开挖上台阶土体时，围岩在竖向所产生的位移和应力的大小如图 3-28、图 3-29所示。可以看出，当上半断面开挖后，围岩的最大竖向位移和最大竖向应力分别为-1.3254mm 和-1.3727MPa。这说明围岩竖向位移方向向下，发生下沉，且最大位移发生在拱顶；最大竖向应力为负值，说明是压应力，发生在左右边墙近起拱线处。

第四步：支护上台阶土体。

上台阶支护后的围岩竖向位移和竖向应力分布如图 3-30、图 3-31 所示。

从图 3-30 可以看出，对上台阶进行初期支护后，围岩的竖向位移不再增长，说明初期支护措施已经发挥作用，围岩下沉暂时稳定。从图 3-31 可以看出，支护后围岩的最大竖向应力由-1.3727MPa 减小到-1.2623MPa，为压应力，发生在左右边墙近起拱线处。

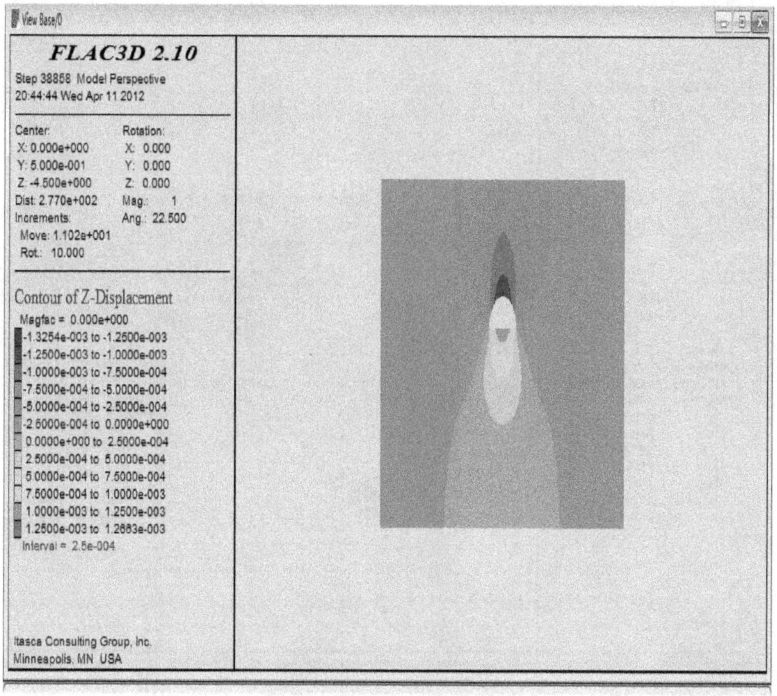

图 3-28 上半断面开挖后的竖向位移（单位：m）

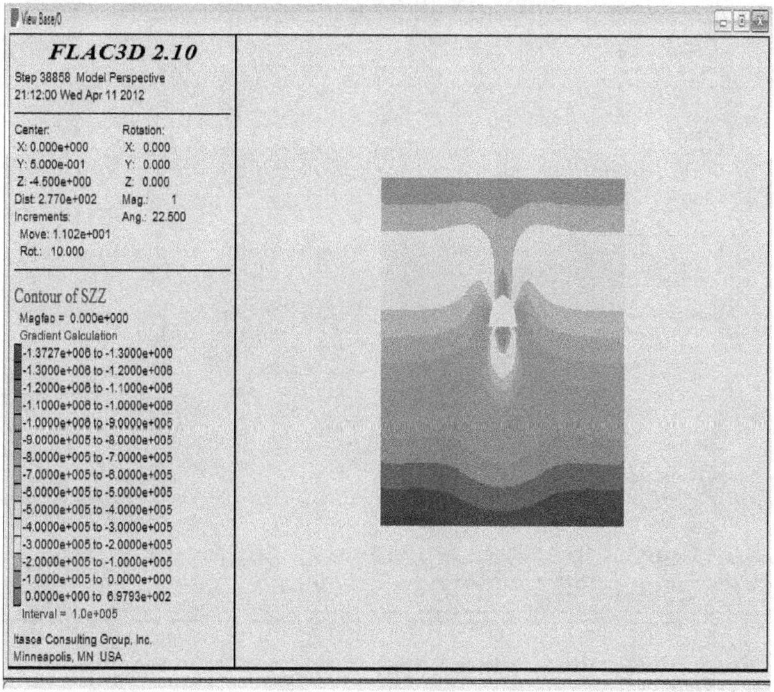

图 3-29 上半断面开挖后的竖向应力（单位：Pa）

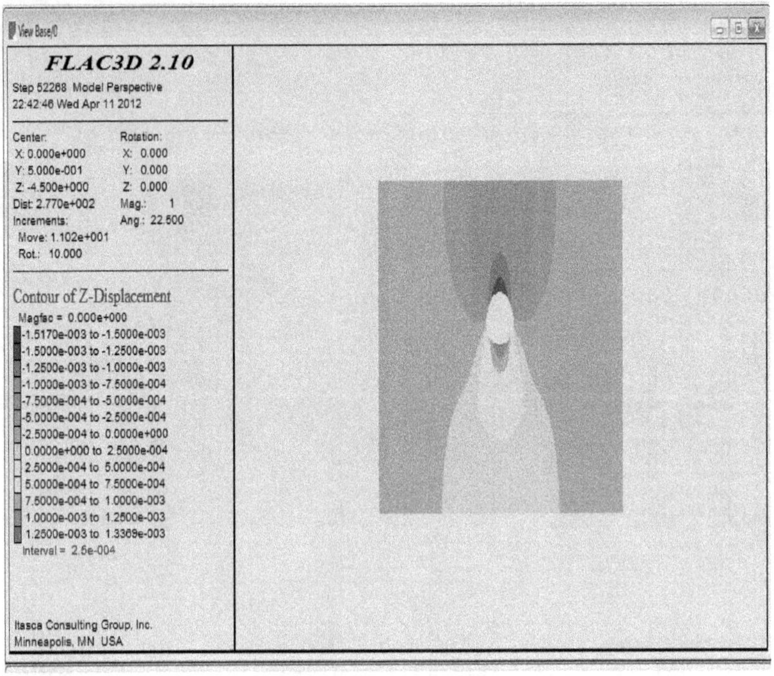

图 3-30　上半断面支护后的竖向位移（单位：m）

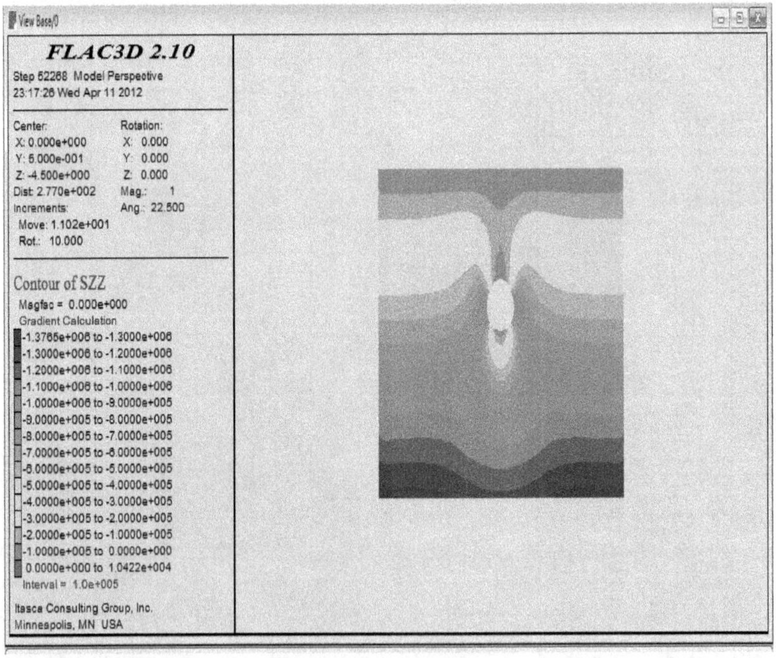

图 3-31　上半断面支护后的竖向应力（单位：Pa）

第五步：开挖下台阶土体。

开挖下台阶土体后围岩竖向位移和竖向应力如图 3-32、图 3-33 所示。可以

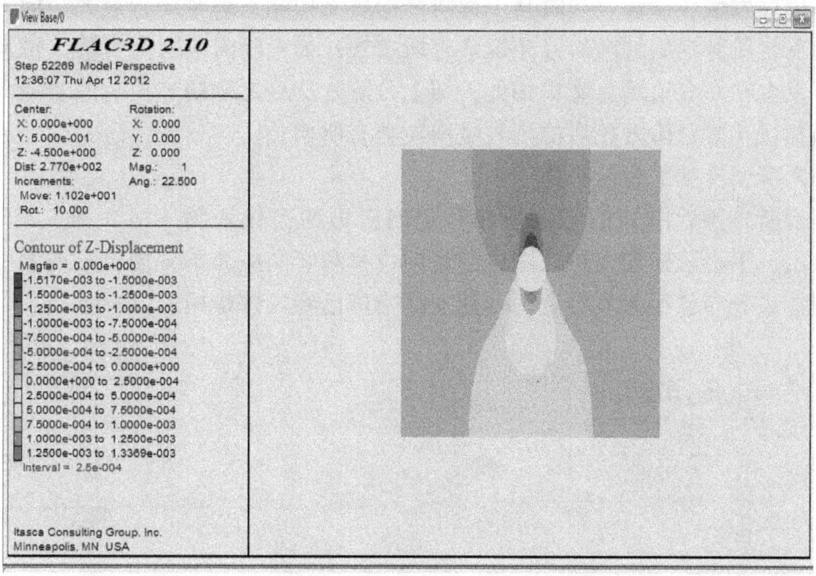

图 3-32 下半断面开挖后的竖向位移（单位：m）

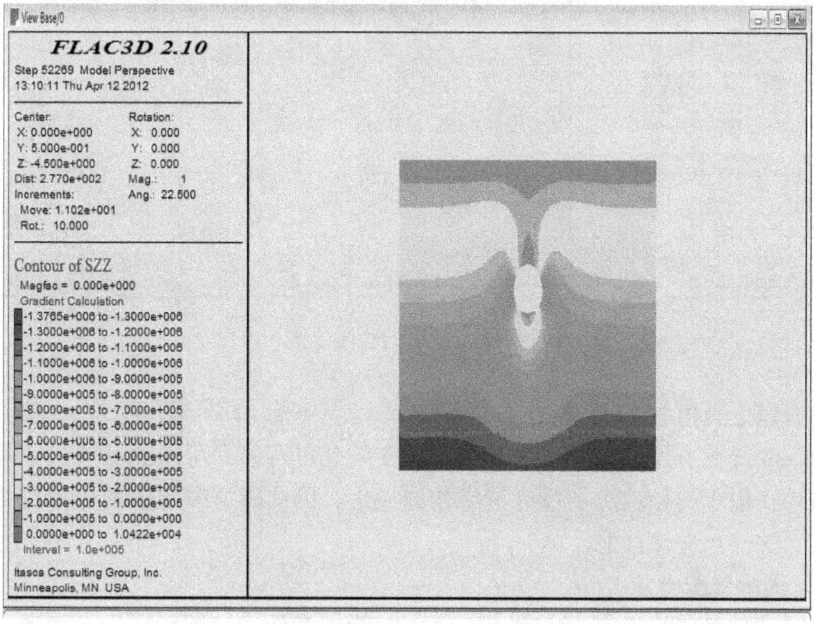

图 3-33 下半断面开挖后的竖向应力（单位：Pa）

看出，当下半断面开挖后，围岩的最大竖向位移和最大竖向应力分别为-1.5170mm和-1.3765MPa。由此可见，围岩最大竖向位移方向向下，发生下沉，且最大位移发生在拱顶，同时与上台阶开挖后无初期支护时围岩最大竖向位移值相比，下台阶开挖后的围岩竖向位移有所增长；最大竖向应力为负值，说明是压应力，发生在左右边墙近起拱线处，与上台阶开挖后无初期支护时围岩最大竖向应力值相比，下台阶开挖后的围岩竖向应力有所增长。

第六步：支护下台阶土体。

下台阶支护后围岩的竖向位移和竖向应力的变化如图 3-34、图 3-35 所示。可以看出，下台阶初期支护后围岩的竖向位移和竖向应力不再增长，说明围岩沉降和应力重分布已经基本稳定，初期支护措施已经发挥作用。

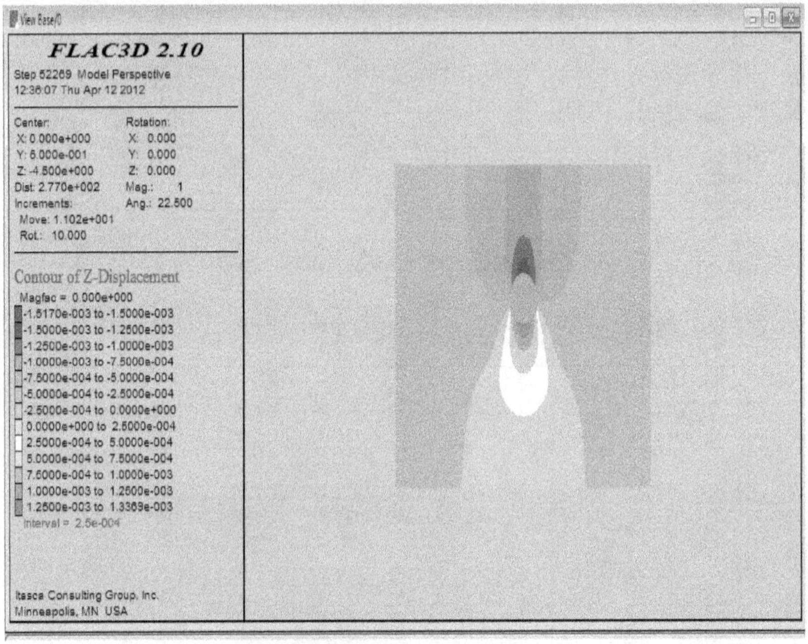

图 3-34 下半断面支护后的竖向位移（单位：m）

综合以上数值模拟计算结果，可知采用上下台阶分部开挖法（弧形导坑法）、50cm 开挖进尺的施工工法和采用的支护是可行的，可以顺利通过该塌方段落。另外，由于初始应力场没有考虑构造应力，因此隧道模型区的应力应该比实际偏小，这一点应该注意。

B 现场防控措施

遵循“防控结合”的指导思想。“防”指的是防止，即对还未产生风险的段落进行处治（如预加固、释放荷载等），从而达到避免风险的目的；“控”指的

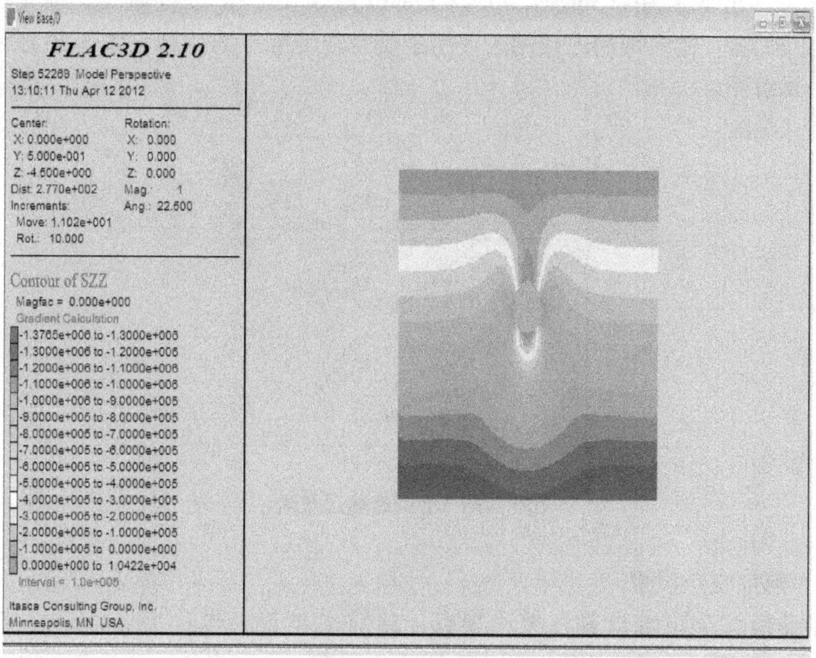

图 3-35 下半断面支护后的竖向应力（单位：Pa）

是控制，即对已经产生的风险进行控制，从而使其不再继续发展或减小其规模，达到消除或减小其造成损失大小的目的。

a 对影响段进行加固

考虑到溶洞及其塌方对掌子面前方（小里程方向）初期支护的影响，故将YK46+995～YK46+985 共 10m 段落定为影响段。对该影响段的加强措施是：在初期支护的基础上，加设纵向间距为 1m 的 I16 临时钢拱架，且加密初期支护锚杆；然后在隧道拱顶至左右边墙起拱线部位采用注浆小导管对围岩进行注浆加固，其中小导管与钢拱架焊接成整体，从而增强其共同受力，以防止塌方继续向小里程方向发展。

b 稳定堆积体

稳定堆积体的方法采用在堆积体表面喷射厚度为 15cm 的 C20 混凝土。由于堆积体体积不大且堆积体较干燥，含水量较小，因而无需采用对堆积体进行注浆稳固的措施。

c 处理拱部塌空溶腔

对拱部塌空溶腔的处理采用封堵的措施。从 YK46+995 开始，在堆积体顶部沿轴向设置长 7.5m 的 I18 工字钢 20 根，工字钢环向间距 30cm，工字钢在横向用 ϕ22mm 钢筋连接；然后在堆积体的顶部预埋泵送管泵送 C20 混凝土对空腔进行填充，填充厚度为 1.5m。1.5m 以上部分用 M10 砂浆进行填充，填充厚度为 1m。用 ϕ22mm 横向钢筋连接的工字钢承受泵送混凝土的荷载。图 3-36 所示为处治措施示意图。

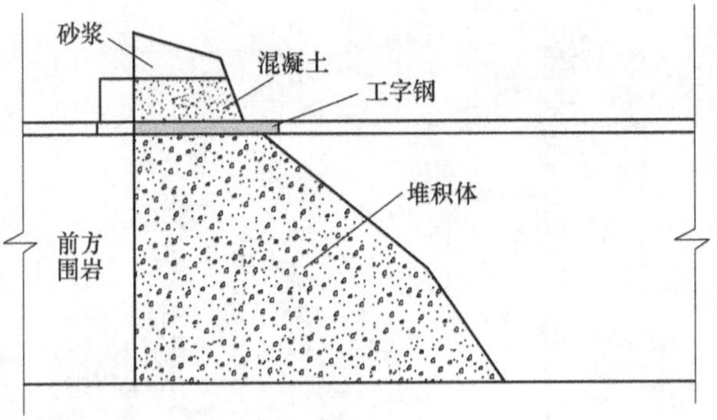

图 3-36　处治措施示意图

d　超前支护设置

沿着拱部及边墙设置注浆小导管，超前小导管的直径为 ϕ42mm，壁厚为 3.5mm，导管长 6m，仰角为 12°，实际施工时采用 15°仰角，小导管的环向间距为 30cm，搭接长度为 1.0m。第一循环时从破坏里程往小里程方向后退 1.0m，沿着支护轮廓线向外以 15°仰角打入，小导管与第一榀钢拱架焊接在一起以形成整体。注浆时水灰比 W/C 为 0.8~1.0，注浆初始压力为 0.5MPa，随后逐渐增大，终压为 1.0~2.0MPa。

e　开挖支护

开挖时采用上下台阶分部开挖（弧形导坑）法。

首先，人工开挖上台阶的弧形导坑，开挖高度为 50cm，每次开挖的进尺为两榀钢拱架间距，为 50cm。弧形导坑开挖出来后，立即安装钢拱架，以 I18 工字钢作为钢拱架，其间距为 50cm。另外，在纵向采用 ϕ22mm 钢筋进行连接，连接钢筋间距为 50cm，加设 ϕ8mm 钢筋网，间距 20cm×20cm。

然后，喷射上台阶初期支护混凝土。当把上台阶开挖完成后，及时着手模筑 C20 混凝土，厚度为 30cm。上台阶完成后即进行下台阶开挖及支护，直至通过该塌方段，如图 3-37 所示（图中的数字表示开挖顺序）。

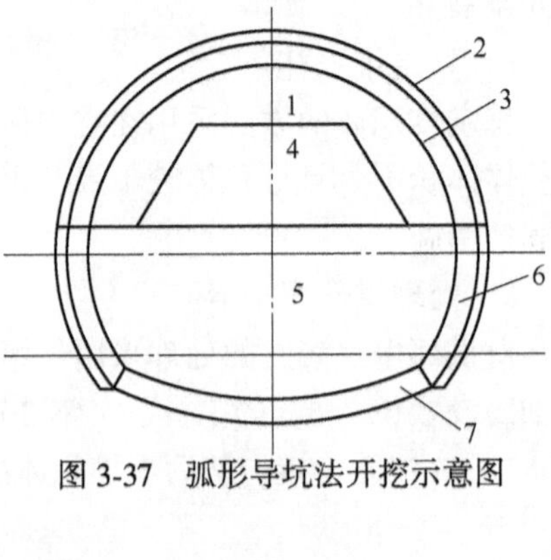

图 3-37　弧形导坑法开挖示意图

3.5.2.2 YK47+538 风险防控措施

由于该溶洞规模较小，对隧道施工安全和隧道整体稳定性不构成威胁，其处理措施较简单，因此针对该溶洞的处理不作数值分析。

在上行线 YK47+380~YK47+580 段中所遇到的溶洞体积较小，且发展方向为竖直方向，对施工安全和隧道整体稳定不构成威胁。风险防控处治时，首先将溶洞内的黏性土、碎石等填充物清除；然后在溶洞四周打入药卷锚杆，从而锁住裂隙。药卷锚杆的间距为 1.0m×1.0m，锚杆直径 ϕ22mm。在溶洞内不良填充物清除完毕、药卷锚杆施作完毕后，再在找平溶洞底部后使用 C20 混凝土铺地，最后回填土石混合料并压实，在距离地表 20cm 时采用地表土回填并压实。

3.5.2.3 ZK48+211 风险防控措施

对下行线 ZK48+230~ZK48+120 段进行开挖掘进时，在里程 ZK48+211 右侧拱腰近拱顶处揭露一溶洞，溶洞内填充物塌下产生塌方（如图 3-21 所示）。溶洞跨径较小，属于“干”型溶洞，目前已经停止发育。该溶洞规模较小，溶洞沿隧道纵向小里程方向的宽度约为 2.5m，溶洞整体以 45°仰角向外发展，如图 3-38 所示。

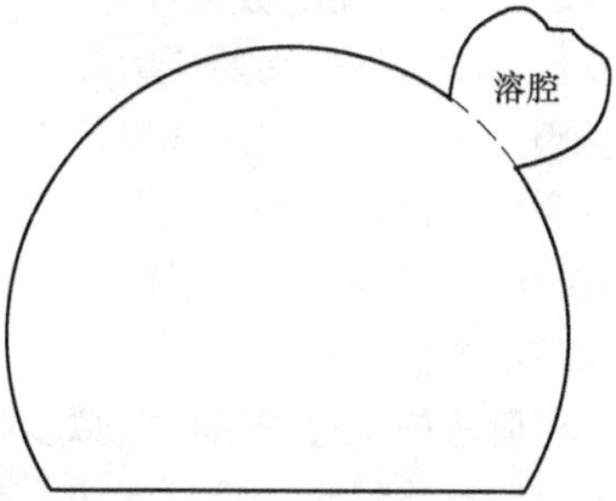

图 3-38 溶洞示意图

本次塌方规模较小，未对施工和人身安全造成严重威胁，堆积体为灰岩碎石混合物，含水量较低。

A 数值模拟分析

模拟开挖时采用上下台阶开挖，每次开挖取 1.5m 进尺。围岩采用四边形四节点网格单元进行模拟；初期支护按照壳单元进行模拟。围岩和初期支护的物理力学参数按现行规范中岩体工程分类标准建议的力学参数确定。初期支护参数、围岩及支护结构物理力学指标如表 3-33、表 3-34 所示。

表 3-33 初期支护参数

围岩等级	初期支护		
	钢筋网/cm×cm	钢拱架（工字钢）	喷射砼
Ⅴ级	20×20	I18@0.6m	30cm C25

表 3-34 围岩及支护结构物理力学指标

材料名称	密度 /kg·m^{-3}	弹性模量 /GPa	泊松比	内摩擦角 /(°)	凝聚力 /MPa	剪切模量 /GPa	体积模量 /GPa	抗拉强度 /MPa
Ⅴ级围岩	2000	2	0.4	33	0.4	3.635	1.1	0.3
初期支护	2500	21	0.2	—	—	15.28	11.50	—

a 确定屈服准则

围岩采用 M-C 模型进行模拟，初期支护采用弹性模型进行模拟。

b 确定计算模型

本段围岩最小埋深为 40.4m，最大埋深为 78m。上行线出口的施工进度滞后于本段围岩的开挖进度，因而不考虑本段围岩的施工对上行线出口的影响。对于本次计算，左右两侧计算边界取 3 倍跨度，即横向计算区域宽度为 $10.75\times3\times2+10.75=75.25$m，为方便计算取 70m；竖向两侧计算边界取 4 倍隧道高度，即竖向计算区域的宽度为 $7.2\times4\times2+7.2=64.8$m，为方便计算取 60m，洞顶以上取 20m。

c 开挖、支护数值计算

计算时岩体的初始应力场仅考虑自重应力场的作用，二次衬砌仅作为安全储备，因此本次模拟仅对开挖过程、初期支护进行模拟。计算时通过最大不平衡力比率来控制计算过程，当最大不平衡力与最初施加的节点力的平均值之比小于 1×10^{-5}时,计算停止。同样，考虑到位移累加效应，模拟时采用了对初始位移进行清零的方法。

台阶法施工过程数值模拟步骤为：建立模型网格→自重应力场模拟分析→开挖上台阶土体计算分析→支护上台阶土体计算分析→开挖下台阶土体计算分析→支护下台阶土体计算分析。

第一步：建立模型网格。

二维视平面模型网格如图 3-39 所示。隧道半径方向、纵向、环向和放射方向的单元比例分别为 1、1、1 和 1.2。

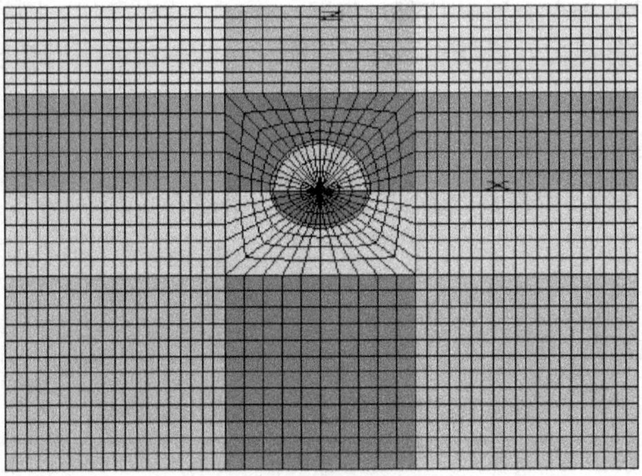

图 3-39 模型网格

第二步：自重应力场模拟分析。

初始应力场仅考虑自重应力场的作用，不考虑构造应力场。自重应力场下围岩的竖向位移和竖向应力如图3-40、图3-41所示。

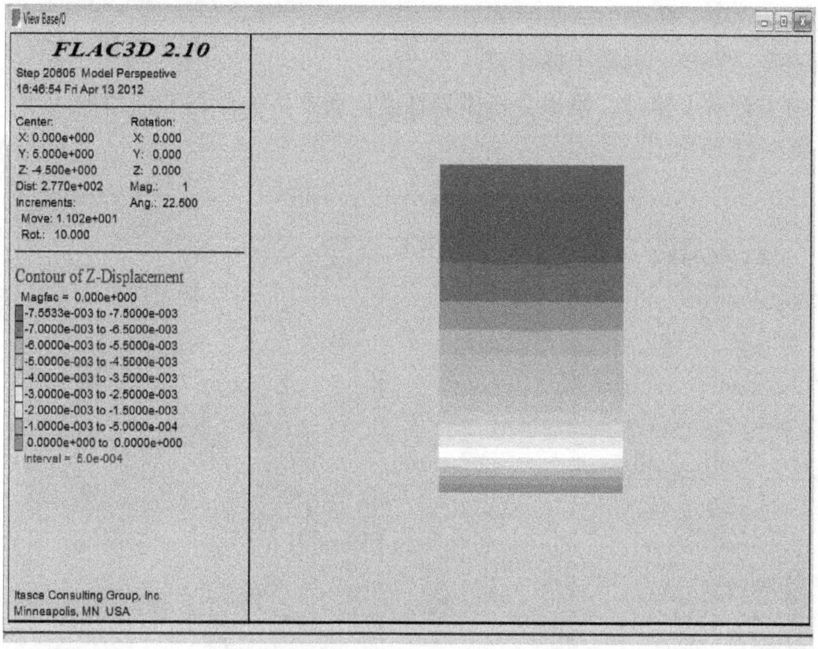

图3-40 自重应力场下的竖向位移（单位：m）

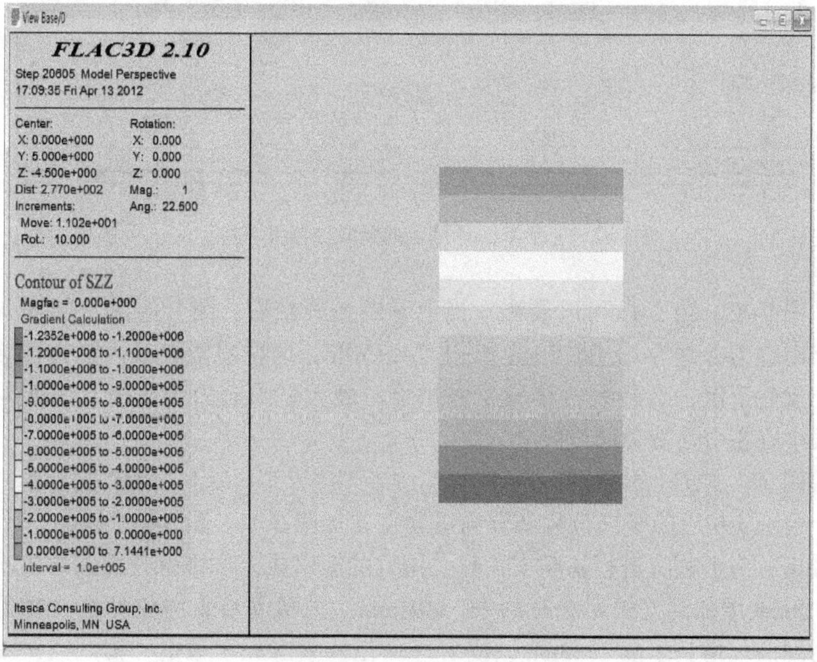

图3-41 自重应力场下的竖向应力（单位：Pa）

可以看出，在自重应力场作用下，围岩竖向位移和竖向应力呈水平状分布，最大的竖向位移为－7.5533mm，方向向下，表示下沉；最大的竖向应力为－1.2352MPa,表示压应力。

第三步：开挖上台阶土体计算。

开挖上台阶土体时，模拟分析围岩在竖向所产生的位移和应力的大小，如图3-42、图3-43所示。

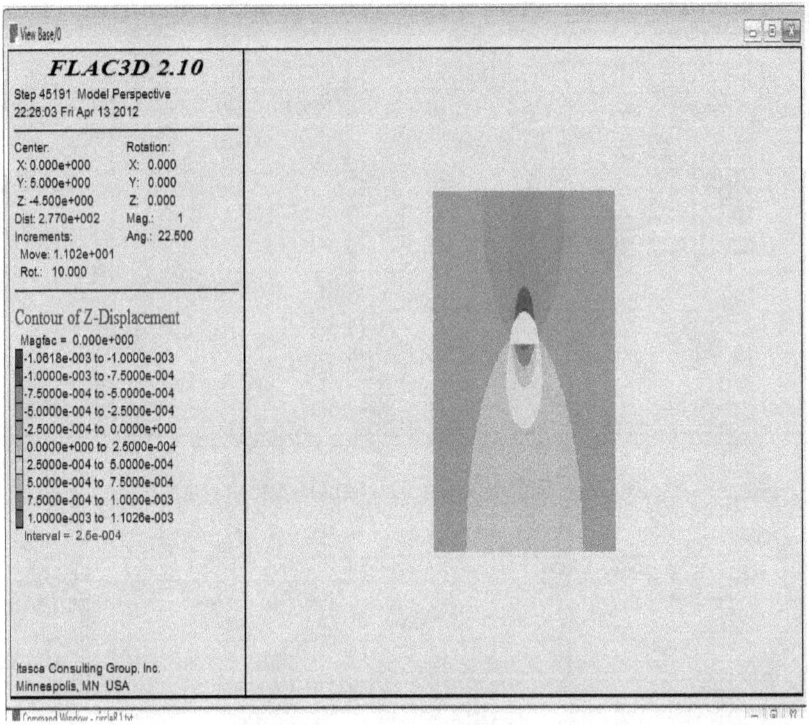

图3-42　上半断面开挖后的竖向位移（单位：m）

从图3-42、图3-43可以看出，当上半断面开挖后，围岩的最大竖向位移和最大竖向应力分别为－1.0618mm和－1.2481MPa。这说明围岩最大竖向位移方向向下，发生下沉，且最大位移发生在拱顶；最大竖向应力为负值，说明是压应力，发生在左右边墙近起拱线处。

第四步：支护上台阶。

上台阶支护后的竖向位移和竖向应力变化如图3-44、图3-45所示。从图3-44可以看出，对上台阶进行初期支护后，围岩的竖向最大位移由开挖而未支护时的－1.0618mm增加到支护完成时的－1.3404mm，说明围岩竖向位移在开挖至支护这段时间内仅增长了0.2768mm，围岩竖向位移基本趋于稳定，初期支护措施已

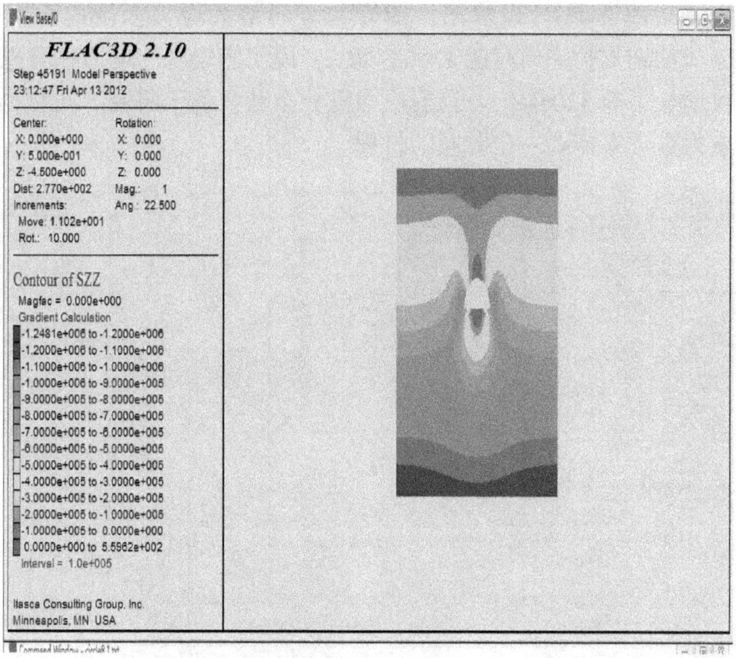

图 3-43 上半断面开挖后的竖向应力（单位：Pa）

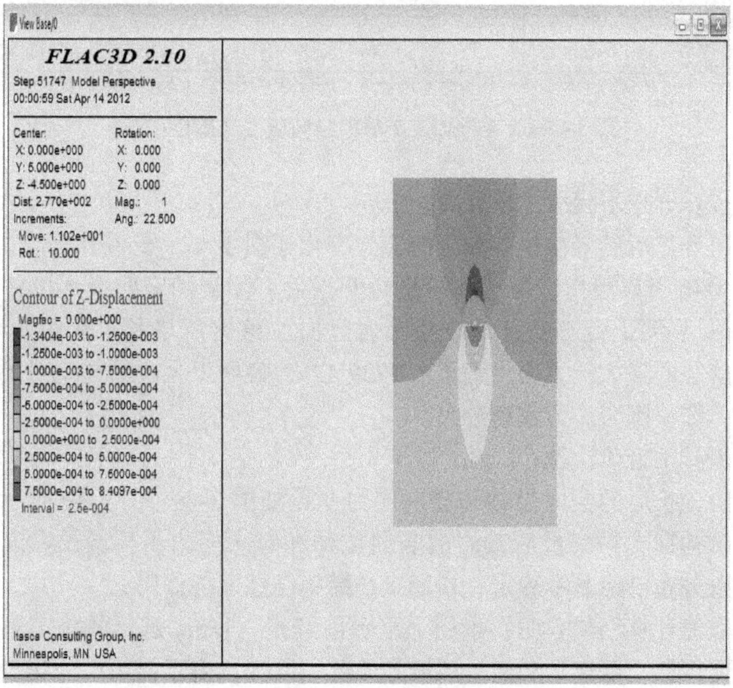

图 3-44 上半断面支护后的竖向位移（单位：m）

经发挥作用。从图 3-45 可以看出，围岩的竖向最大应力由开挖而未支护时的 1. 2481MPa 增加到支护完成时的 1. 5687MPa，说明围岩竖向应力在开挖至支护这段时间内仅增长了 0. 3206MPa，围岩应力重分布基本趋于稳定。同时也说明围岩的沉降和应力重分布需要一个时间的过程。

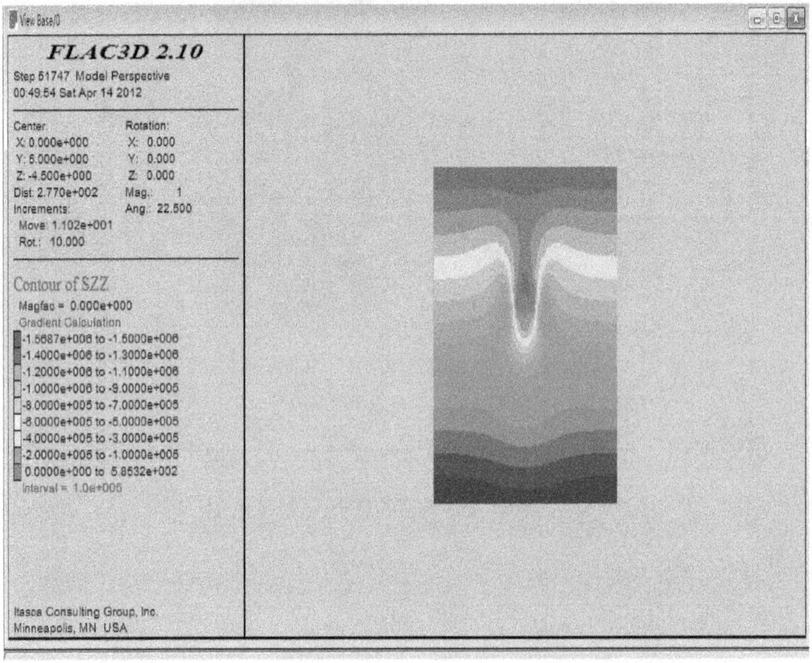

图 3-45　上半断面支护后的竖向应力（单位：Pa）

第五步：开挖下台阶土体计算。

下台阶开挖后的竖向位移和竖向应力变化如图 3-46、图 3-47 所示。

从图 3-46 可以看出，对下台阶进行开挖后，围岩的竖向最大位移增大到了 −1. 3950mm，说明下台阶的开挖致使围岩竖向位移有所增长。从图 3-47 可以看出，围岩的竖向最大应力增大到了 1. 5739MPa，说明下台阶的开挖对围岩再次产生了扰动，致使围岩应力重新分布。

第六步：下台阶支护。

下台阶支护后的竖向位移和竖向应力变化如图 3-48、图 3-49 所示。可以看出，下台阶初期支护完成后围岩的竖向位移和竖向应力不再增长，说明围岩沉降、应力重分布已经基本稳定，初期支护措施已经发挥作用。

以上数值计算结果表明：采用上下台阶开挖、1. 5m 进尺的施工工法和采用的支护是可行的，可以顺利通过该塌方段落。同样，由于初始应力场没有考虑构造应力，因此隧道模型区的应力应该比实际偏小。

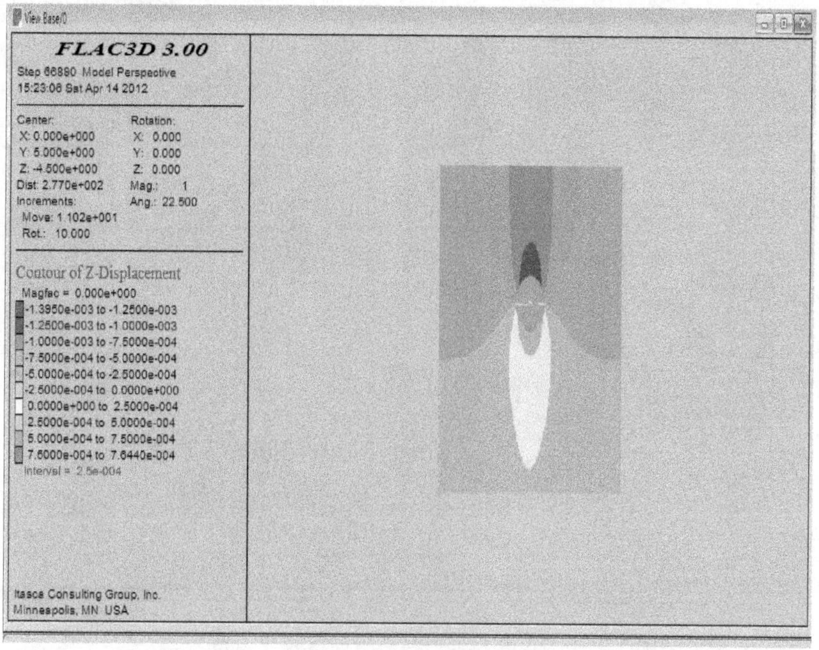

图 3-46 下半断面开挖后的竖向位移（单位：m）

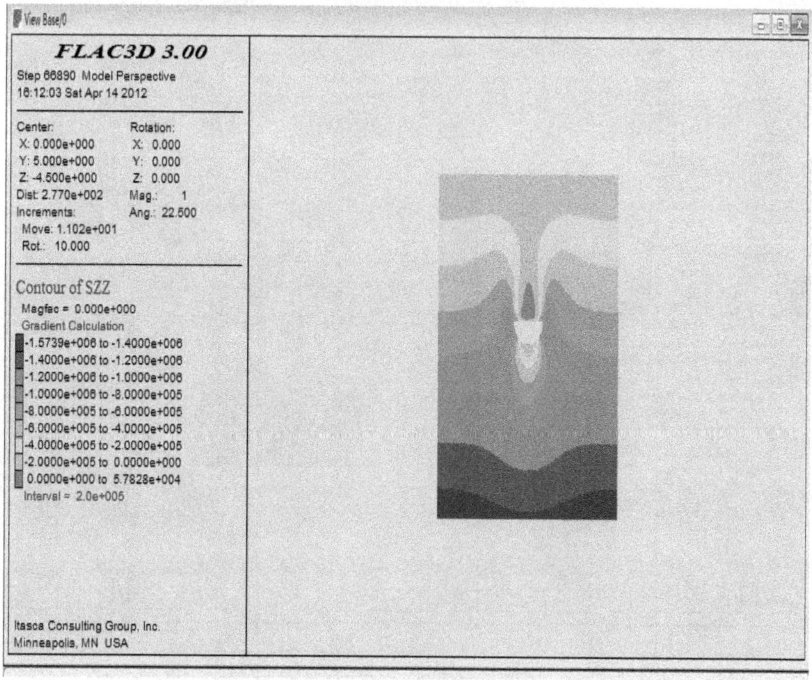

图 3-47 下半断面开挖后的竖向应力（单位：Pa）

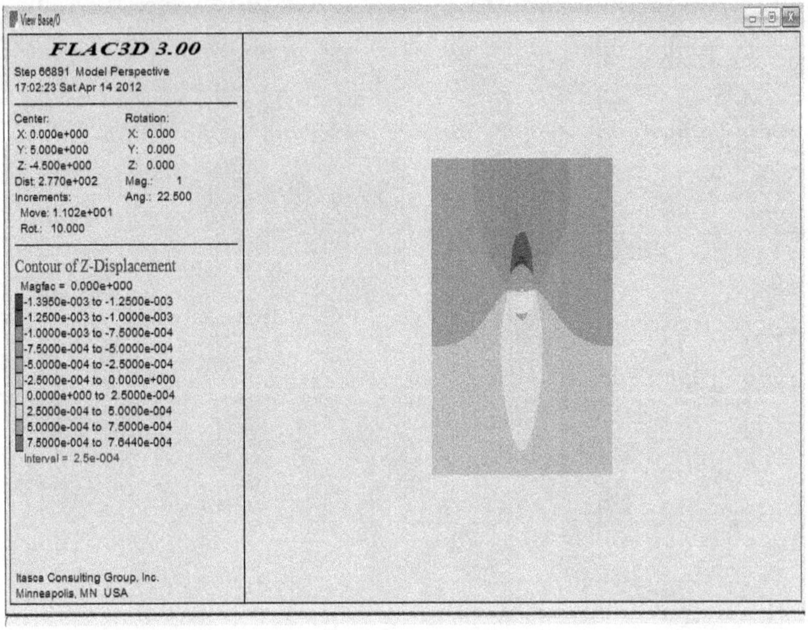

图 3-48　下半断面支护后的竖向位移（单位：m）

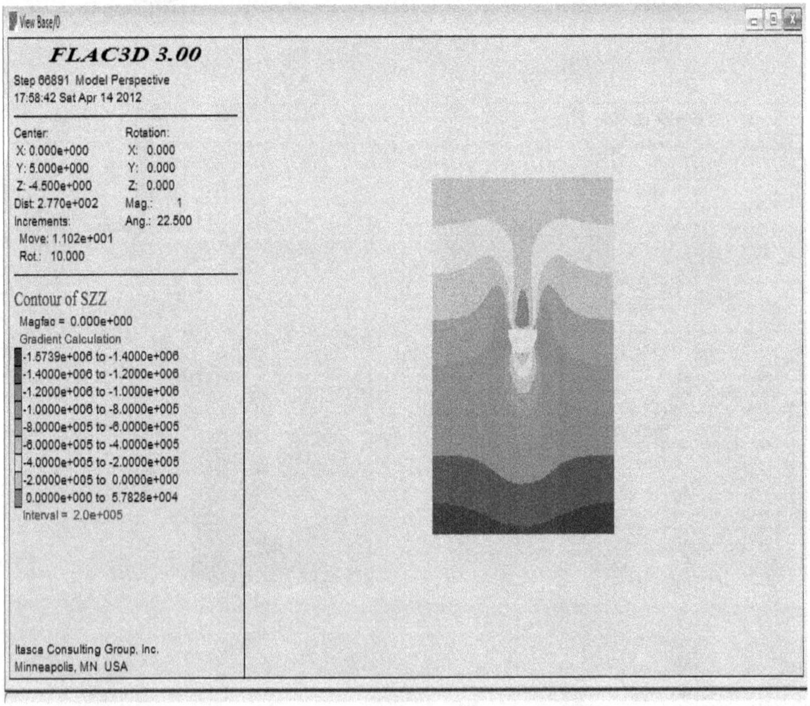

图 3-49　下半断面支护后的竖向应力（单位：Pa）

B 现场防控措施

溶洞洞周及溶腔内壁围岩较破碎，容易失稳。若隧道开挖后支护不及时或支护强度不足，则可能引起围岩失稳产生“二次”坍塌。对此，采取以下措施：

（1）排除危险。将危石、松动围岩和岩块排除；在溶洞内部表面喷射 C25 早强型混凝土，喷射厚度为 10cm。

（2）对影响段进行加固。将 ZK48+217～ZK48+212 共 5m 定为影响段，从起拱线开始环向打入 ϕ22mm 砂浆锚杆，锚杆长 3m，间距 1m×1m。

（3）安装洞周锚杆。溶洞内部沿洞周围岩安设 20MnSi ϕ22mm 药卷锚杆，长度 3m，间距 1m×1m，锚杆锚固端入岩深度大于 1m；同样沿洞周围岩安设 ϕ8mm 钢筋网，间距为 20cm×20cm；然后喷 C25 混凝土，厚度为 20cm。

（4）洞口超前预支护。溶洞洞口采用 ϕ42mm 小导管超前预支护，小导管长度 5m，环向间距 30cm，超前小导管从离掌子面最近的未破坏的第一榀钢拱架腹部穿过，且与钢拱架焊接在一起从而提高其整体稳定性；沿拱腰及侧壁全环设置系统锚杆，系统锚杆采用 ϕ22mm 砂浆锚杆，长度 3m，间距为 1m×1m。

（5）设置钢拱架。钢拱架的规格型号为 I18，间距 50cm；两榀钢拱架之间用 ϕ22mm 钢筋焊接成整体；另外加设 ϕ8mm 钢筋网，间距 20cm×20cm；喷射 C25 混凝土 30cm 加强支护。

（6）回填混凝土。溶腔内部采用泵送混凝土的方法进行回填，标号等级为 C10。开挖时采用上下台阶分部开挖法，开挖进尺为 1.5m，即安放 4 榀钢拱架的距离。处治措施如图 3-50 所示。

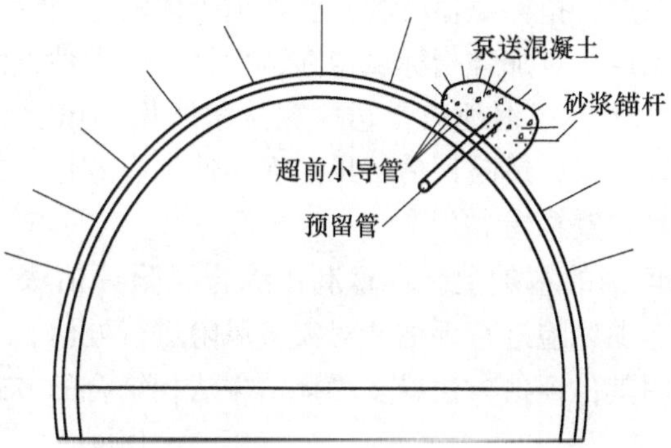

图 3-50 处理措施示意

本章利用 FLAC^{3D} 软件对上行线 YK46+980～YK47+080 段和下行线 ZK48+120～ZK48+230 段施工风险防控措施的施工工法和支护可行性进行了模拟初步分析，结果表明：

（1）对于 YK46+996 处的风险，上台阶初期支护完成后，围岩的竖向位移不再增长，说明初期支护措施已经发挥作用，围岩下沉暂时稳定；支护后围岩的最大竖向应力由-1.3727MPa减小到-1.2623MPa。下台阶初期支护后围岩的竖向位移和竖向应力不再增长，说明围岩沉降和应力重分布已经基本稳定。

（2）对于ZK48+211处的风险，上台阶初期支护完成后，围岩的竖向最大位移由开挖而未支护时的-1.0618mm增加到支护完成时的-1.3404mm，说明围岩竖向位移在开挖至支护这段时间内仅增长了0.2768mm，围岩竖向位移基本趋于稳定；围岩的竖向最大应力由开挖而未支护时的1.2481MPa增加到支护完成时的1.5687MPa，说明围岩竖向应力在开挖至支护这段时间内仅增长了0.3206MPa，围岩应力重分布基本趋于稳定。同时也说明围岩的沉降和应力重分布需要一个时间的过程。

（3）YK46+996和ZK48+211处的防控措施在施工方法和支护上是可行的。

3.6　风险防控建议

上述风险防控以瑶寨灰岩隧道实际施工区段为依托，在地质调查的基础上采用地质雷达超前探测技术对围岩中的不良地质体与风险源进行探测识别，据此采用模糊层次综合分析法对施工区段的施工风险进行评估，并根据评估等级对施工风险进行处治。相关建议如下。

（1）隧道施工风险评估是保障施工安全、科学开展施工技术管理的重要参考对象，目前的评估方法种类较多，但在评估指标选择及赋值方面的研究还很不足，多数评估方法在进行指标赋值时容易受评估个体的主观性和经验性影响，降低了评估结果的可靠性，宜加强指标赋值在科学性、合理性方面的研究。

（2）在评估技术上，根据地质雷达探测技术所识别风险源对施工区段的风险进行评估，可更好地保证风险评估结果的真实性和有效性，能为今后类似的工作提供重要的理论和实践参考。

（3）在风险源识别的基础上，本章利用综合风险评估法中的模糊层次综合分析法对施工期的专项风险进行评估并对灾害风险进行处治，今后可考虑在风险源识别的基础上采用其他评估方法或多种评估方法相结合的方式对施工专项风险进行评估。

4 不良地质体施工安全距离与灾害规模

准确地对不良地质体进行现场探测和后期判读，是隧道施工超前探测中的重要内容，而对不良地质体的安全距离和灾害的规模与等级进行分析判断，也是降低施工风险、保障施工安全的重要举措。

4.1 概　　述

实践表明，不良地质体（溶洞或者破碎带）与隧道之间的岩层往往容易由于开挖掘进而产生失稳、垮塌。隧道的开挖掘进在一定程度上解除了不良地质体周围岩层的变形约束，形成了临空面，并因此在一定范围内对周围岩层产生了影响。

显然，这种影响和不良地质体与隧道之间的距离有关。为了进一步保障施工安全，预防不良地质体及不良地质体与隧道之间的岩层产生失稳垮塌造成塌方等灾害，有必要对不良地质体与隧道之间的安全距离进行研究分析，以便为实际施工提供一定的参考。

在隧道灾害规模与等级方面，当前主要依靠工程类比法、数值模拟分析法、理论计算、室内模型试验等方法对灾害规模和等级大小进行预测，而基于地质雷达超前探测识别进行预测的研究较少，如溶洞和富水破碎带的规模判断、涌水量的估算与对应灾害等级划分等。

据此，本章以Ⅴ级围岩为对象，在地质调查分析的基础上，（1）联合应用地质雷达现场探测和数值模拟分析对 3 种溶洞、6 种破碎带的施工安全距离进行判断；（2）基于地质雷达现场探测的解译结果，对 2 种溶洞、2 种破碎带的规模范围进行判断，对 2 种溶洞的涌水量开展预测，对涌水和塌方灾害的等级实施划分；（3）基于渗流和固结理论，采用地质雷达确定地下水漏斗曲线的动态范围并据此建立土质围岩段的降水沉降分析模型，最终对地表沉降开展分析预测。

4.2 岩层失稳机理

在隧道开挖掘进未对不良地质体及不良地质体与隧道间的岩层造成影响时，不良地质体及岩层处于相对稳定状态，其变形依然受到周围岩层的约束，并因此与周围岩层形成一个共同的稳定体。

隧道的开挖掘进对岩层产生了扰动，形成了临空自由面。临空自由面的产生在一定程度上解除了不良地质体与隧道间岩层的变形约束，改变了岩层的三向受力状态，进而导致岩层产生变形趋势。此时，不良地质体与隧道间岩层的原有稳定状态在开挖扰动等因子的作用下被破坏，不良地质体及岩层将向已经开挖形成的临空自由面产生一定的变形。在外界扰动、外加荷载冲击等作用下，若变形过大，不良地质体或者不良地质体与隧道间的岩层将产生垮塌，进而发生塌方等灾害。

根据以往的工程经验和实际探测成果，不良地质体的空间分布相对于掌子面可以分为三类，第一类位于隧道拱顶上部；第二类位于隧道侧面边墙；第三类位于隧道底部。

对于位于隧道拱顶上部的不良地质体，隧道的开挖解除了不良地质体底部的竖向变形约束，此时在自重作用下，岩层临掌子面一侧将会产生拉应力；对于位于侧面位置的不良地质体，隧道的开挖解除了横向变形约束；对于位于隧道底部的不良地质体，隧道的开挖解除了竖向变形约束，并在岩层临不良地质体顶部一侧产生拉应力，临隧道一侧产生压应力。与抗压性相比，岩层的抗拉性较差，当岩层的强度不足以抵抗形变压力时，岩层将产生变形乃至垮塌。

4.3 安全距离分析方法

目前，不良地质体安全距离分析方法主要有定性分析、定量分析和半定量分析。

定性分析以地质调查为基本原则，综合判定人员的工程经验，对不良地质体的安全距离作出判断，对工程经验具有较大的依赖性；定量分析需要事先进行适当的假定，并在假定条件的基础上建立相应的数学模型或试验模型；半定量分析综合了定量分析和定性分析的特点，需要通过一定的工程经验结合适当的力学或者数学计算对安全距离进行评价。根据依托项目围岩的实际情况，本章采用半定量分析法中的岩层厚跨比法和定量分析法中的数值计算法对不良地质体的安全距离进行分析。

岩层厚跨比理论认为，虽然影响不良地质体安全距离的影响因子较多，但最主要的影响因子仅有 4 个，分别是岩层厚度、岩层跨度、岩层的完整程度与形态。当岩层完整、稳定时，可以进一步认为不良地质体的安全距离主要受岩层厚度 h 与跨度 l 的影响。根据厚度 h 与跨度 l 的取值，认为不良地质体的安全距离与厚度 h 和跨度 l 的比值有关，并提出了控制标准，如式（4-1）所示。

$$x = \frac{h}{l} \tag{4-1}$$

式中，x 为安全距离，m；厚度 h 为不良地质体临隧道一侧至隧道临不良地质体一侧的距离；跨度 l 的取值规定为：当不良地质体位于隧道顶部和底部时，l 为毛洞横向宽度，当不良地质体位于隧道侧面位置时，l 为毛洞的竖向高度。

厚跨比理论认为当 x 的取值不小于 1.0 时，隧道开挖不会对不良地质体的稳定性造成影响。对于该理论的可行性，张梅等人以宜万铁路岩溶隧道为实际依托，经现场验证表明了该理论的可行性。

4.4 溶洞安全距离

不良地质体的空间分布变化不定，但总体可以分为三大类，分别是位于隧道顶部、隧道侧面和隧道底部的不良地质体。因此，分析时按照这三种位置进行模拟计算，并采用三种不同的支护措施，如表 4-1 所示。

表 4-1 三种不同的支护措施

开挖方法	三台阶法
围岩级别	Ⅴ级
支护一	锚喷支护：喷射混凝土厚度 26cm，强度等级 C25，钢拱架型号 I20，间距 50cm，锚杆长 4m，间距 100cm，按梅花形布置 超前支护与加固：4m 长，ϕ42mm 钢花管，环向布置间距 40cm，单排布置，双液注浆
支护二	锚喷支护：喷射混凝土厚度 26cm，强度等级 C25，钢拱架型号 I20，间距 50cm，锚杆长 4m，间距 100cm，按梅花形布置 超前支护与加固：4m 长，ϕ42mm 钢花管，环向布置间距为 40cm，双排布置，排距 40cm，双液注浆
支护三	锚喷支护：喷射混凝土厚度 26cm，强度等级 C25，钢拱架型号 I20，间距 50cm，锚杆长 4m，间距 100cm，按梅花形布置 超前支护与加固：4m 长，ϕ42mm 钢花管，环向布置间距为 40cm，单排布置，不注浆

4.4.1 模拟假定

工程实践表明，不利地质体与隧道间的安全距离跟多种因子有关，如岩层的风化程度、节理裂隙发育程度、隧道埋深、富水性、偏压性以及支护条件等。模拟分析时，将岩层的物理力学指标按Ⅴ级围岩计算，并按深埋隧道进行分析，埋深取 70m，模拟时仅考虑围岩的自重应力，不考虑偏压性。围岩材料按均质的各向同性的弹塑性体来考虑。围岩的物理力学指标如表 4-2 所示。

表 4-2 围岩的物理力学指标

单元	重度/kN·m^{-3}	弹性模量/kPa	泊松比	内摩擦角/(°)	黏聚力/MPa
V级围岩	22	1.2e6	0.35	25	0.15

在描述材料的变形性能方面，FLAC 在模拟分析时不采用弹性模量 E 和泊松比 ν，而是采用体积模量 K 和剪切模量 G，因而计算时需要对模量进行换算，它们之间的换算关系如式（4-2）、式（4-3）所示。

$$K = \frac{E}{3(1 - 2\nu)} \tag{4-2}$$

$$G = \frac{E}{2(1 + \nu)} \tag{4-3}$$

为了更加直观，将溶洞的安全距离定义为 D，并认为 $D = xh$，其中 x 表示安全距离与隧道跨度的倍数关系，其取值为大于 0 的自然数；h 表示隧道毛洞的开挖跨度。由于隧道开挖断面并非圆形，按照以下规定对 h 进行定义：

（1）当溶洞位于隧道顶部和底部位置时，将 h 定义为毛洞的横向开挖宽度。

（2）当溶洞位于隧道侧面位置时，将 h 定义为毛洞的竖向开挖高度。

安全距离 D 的规定为：当溶洞位于隧道顶部时，D 表示溶洞底部至隧道拱顶的距离；当溶洞位于隧道侧面时，D 表示溶洞临隧道一侧至隧道边墙的距离；当溶洞位于隧道底部时，D 表示溶洞顶部至隧道底部的距离。

4.4.2 洞顶溶洞安全距离分析

4.4.2.1 模型建立

以六寨-宜州高速公路依托隧道的设计断面为标准，计算模型左右两侧的计算边界取 4 倍跨度（设计 10.75m，实际取 12m），实际取 100m；隧道底部取 3 倍跨度，取 36m；模型沿隧道轴线方向的距离为 30m；毛洞竖向高度设计为 10.36m，实际取 11m。

由工程实践可知，溶洞的空间形态变化多样，一般不具备典型的圆形、椭圆形或者长方形形态。因此，在实际模拟分析时需要对溶洞的空间形态进行简化。为了使溶洞的模型边缘尽量圆润化，减小边界应力集中，将溶洞的形态简化为圆柱形，直径为 8m，沿隧道轴向的长度为 5m。图 4-1 所示为建立的网格模型，溶洞类型选取填充型。

为了提高计算精度，对隧道内部土体和开挖轮廓线以外 5m 范围内的网格进行加密，重力加速度取-10m/s^2。

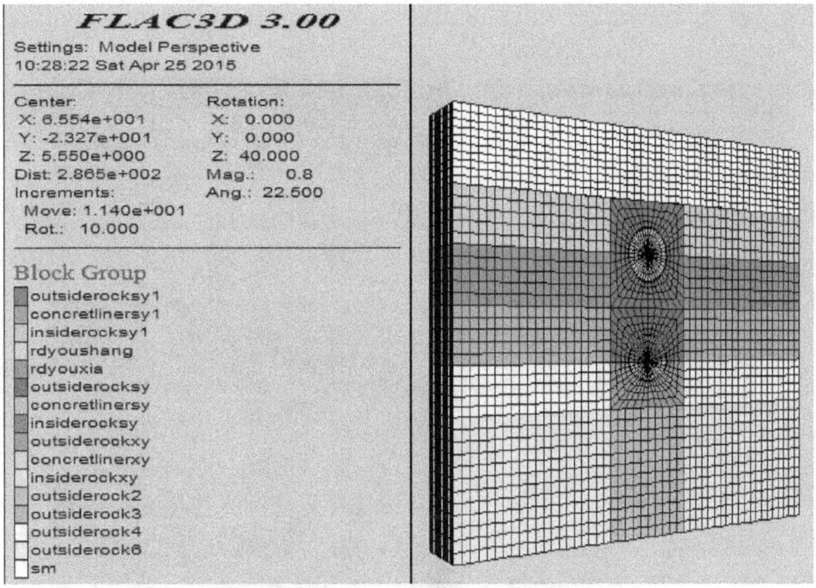

图 4-1 网格模型

4.4.2.2 安全距离评价与分析

溶洞的安全距离与隧道的开挖方式有关，模拟分析时采用三台阶法进行开挖，每次开挖进尺为 1m，台阶三的高度取为 1.5m，初期支护钢筋网 20cm ×20cm。

为了获取安全距离，采用试算的方式，将溶洞与隧道间的距离（用 H 表示）选为不同的值进行模拟分析，以观察隧道开挖掘进对溶洞位移和应力的影响。溶洞与隧道的距离分别取 7.5m、9.5m、12m、14m、16m 和 18m。

A 模拟计算

首先按支护条件一进行模拟计算，分别比较 H 取 7.5m、9.5m、12m、14m、16m 和 18m 时隧道的开挖掘进对溶洞的位移与应力的影响。

a 开挖掘进 1m

图 4-2（a）所示为开挖掘进 1m 时的 1/2 模型网格，图 4-2（b）所示为距离隧道 9.5m 时溶洞的竖向位移云图。可见溶洞的竖向位移最大值为-1.34mm，发生在溶洞洞顶。

b 开挖掘进 5m

图 4-3（a）所示为开挖掘进 5m 时的 1/2 模型网格，图 4-3（b）所示为 H= 9.5m 时溶洞的竖向位移云图。最大竖向位移在溶洞的洞顶位置，位移值为 -2.21mm。对比图 4-2（b），可知随着掘进深度的继续增大，溶洞的竖向位移继续保持增长。

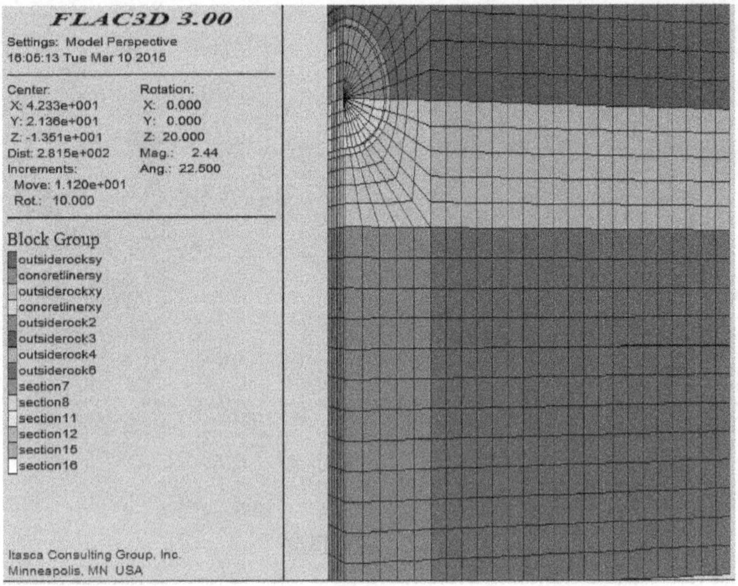

(a)

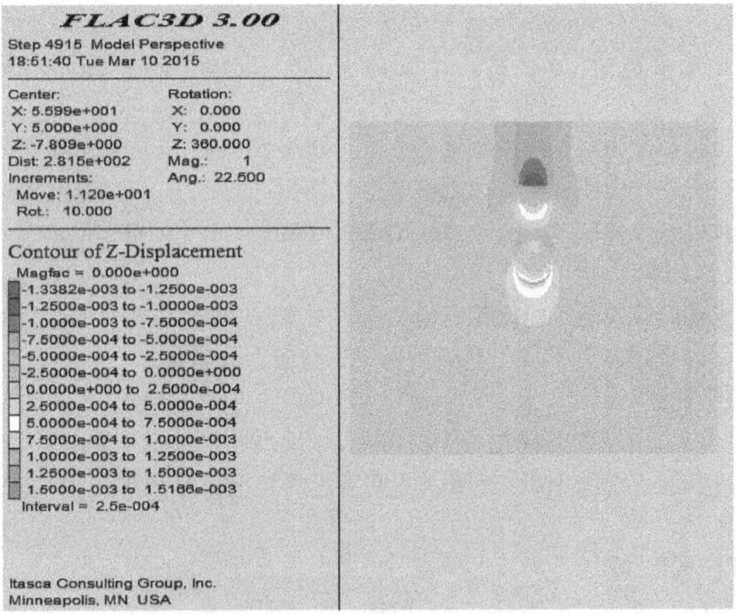

(b)

图 4-2　模型网格和竖向位移（掘进 1m）

（a）1/2 模型网格；（b）H=9.5m

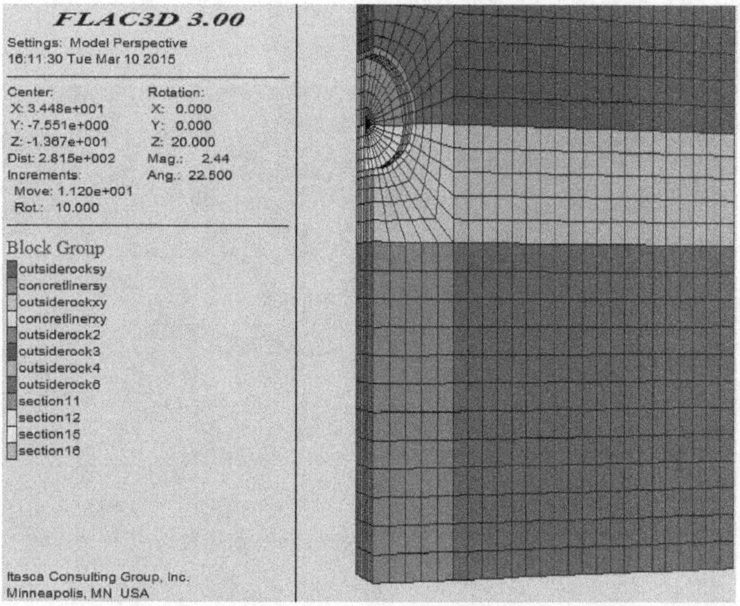

(a)

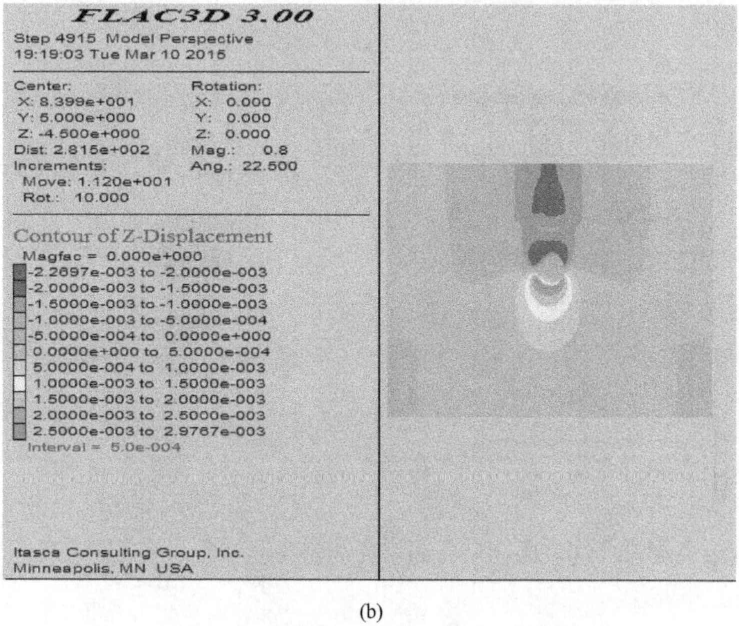

(b)

图 4-3　模型网格和竖向位移（掘进 5m）

（a）1/2 模型网格；（b）H=9.5m

c 开挖掘进 10m

图 4-4（a）所示为开挖掘进 10m 时的 1/2 模型网格，图 4-4（b）、（c）所示

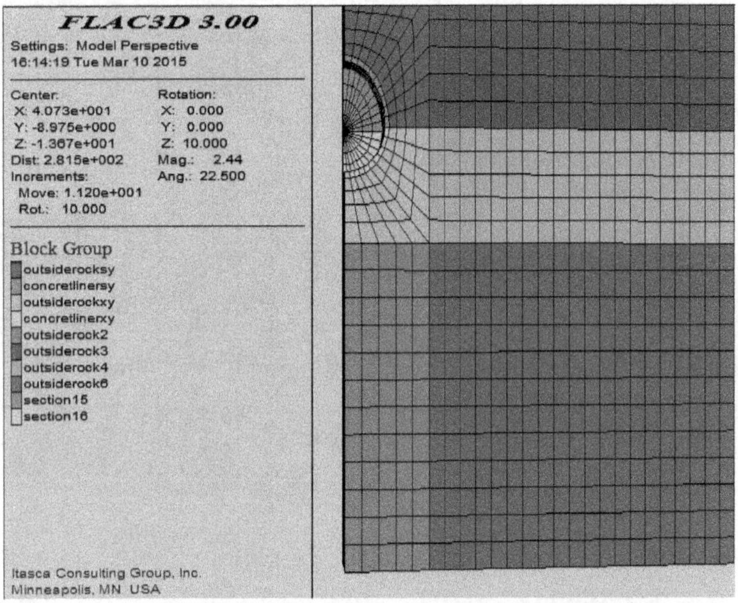

(a)

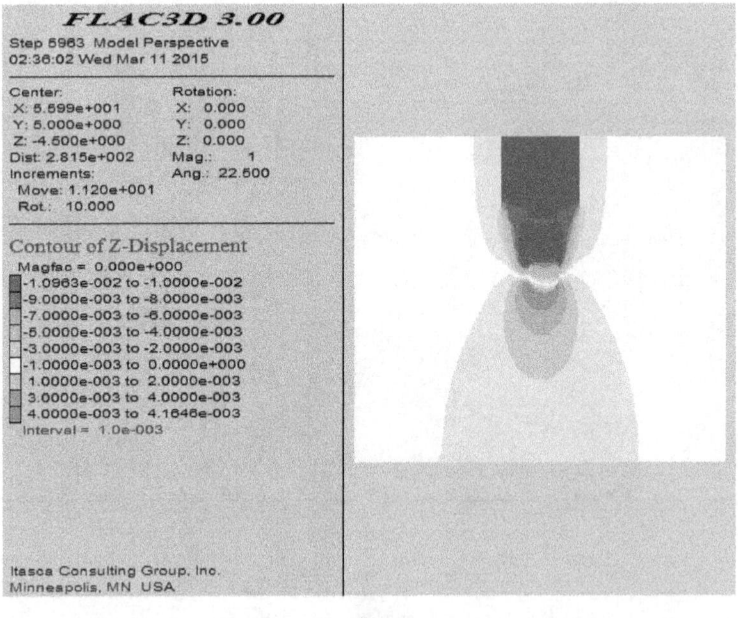

(b)

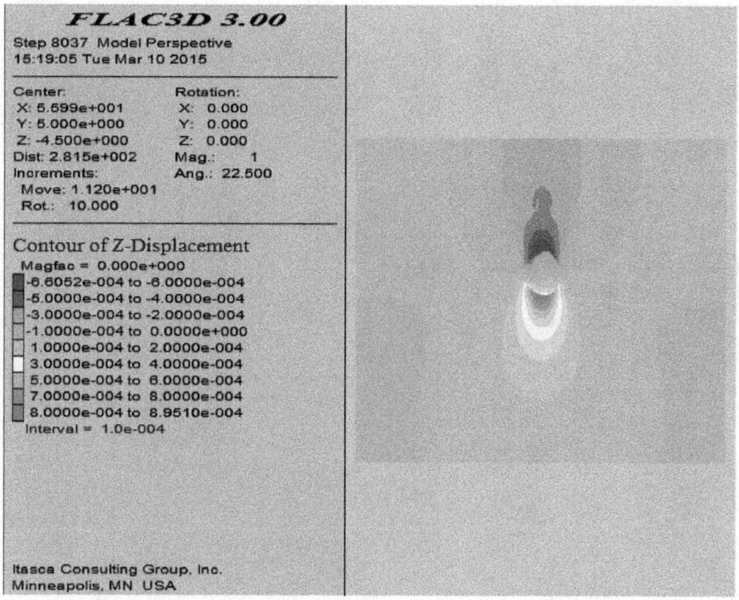

(c)

图 4-4 模型网格和竖向位移（掘进 10m）

（a）1/2 模型网格；（b）H=7.5m；（c）H=12m

为 H=7.5m、12m 时溶洞的竖向位移云图。可见，当 H=7.5m 时溶洞的竖向位移最大，最大值达到-11mm；随着开挖深度的持续增加，两种不同距离下上部溶洞的竖向位移均有所增长，但位移增长量则依然随着 H 的增大而减小，当 H=12m 时的竖向位移增长量仅为 0.1mm；而当 H=7.5m 时，竖向位移的增长量则达到 6.55mm。这表明当 H=7.5m 时，下部隧道的开挖对上部溶洞的影响依然较大，且这种影响随着距离的增大而不断减弱。

d 开挖掘进 30m

图 4-5（a）、（b）所示为 H=7.5m、12m 时溶洞的竖向位移云图。可以看出，与开挖掘进 10m 时相比，在开挖掘进至 30m 时，上部溶洞的竖向位移在 H=7.5m 时产生了较大的增长，最终值达到-19.8mm，增长量达到 8.8mm。

另外，在下部隧道从开挖至开挖结束的全过程中，仅当 H=7.5m 时，溶洞的竖向位移具备随着开挖深度的增加而产生显著增长的特点，这表明随着 H 的增长，下部隧道的开挖扰动对上部溶洞的影响呈减弱趋势。

B 综合比较

将开挖深度分别为 1m、5m、10m 和 30m 时，当 H=7.5m、9.5m、12m、14m、16m 和 18m 时溶洞的竖向位移、水平位移、竖向应力和水平应力列出，如表 4-3 所示。

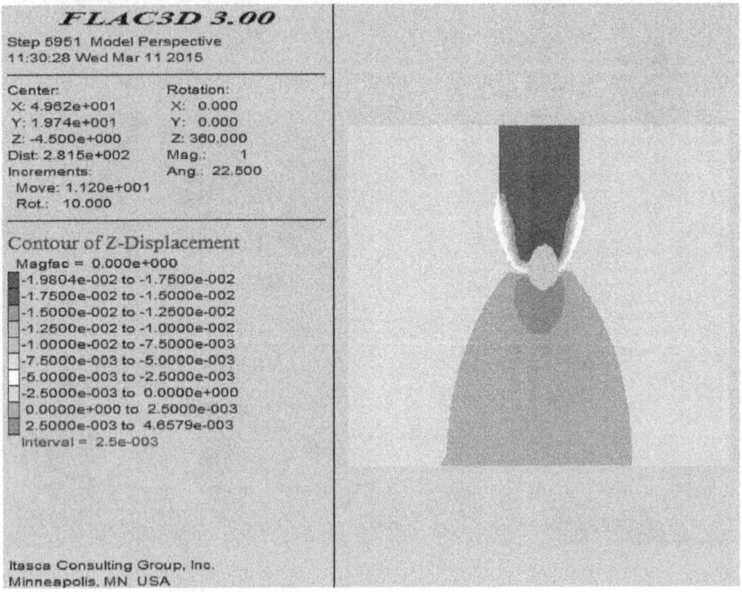

(a)

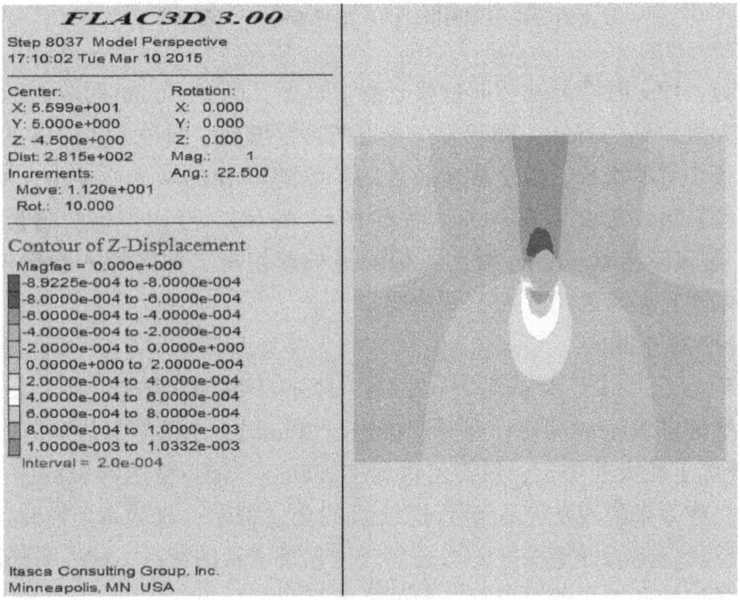

(b)

图 4-5　模型网格和竖向位移（掘进 30m）

（a）H=7.5m；（b）H=12m

表 4-3 位移与应力值

开挖进深/m	1						5					
至隧道距离/m	7.5	9.5	12	14	16	18	7.5	9.5	12	14	16	18
竖向位移/mm	-1.5	-1.34	-0.14	-0.12	-0.1	-0.1	-4.45	-2.27	-0.4	-0.38	-0.33	-0.22
水平位移/mm	-0.5	-0.82	-0.03	-0.02	-0.02	-0.01	-3.87	-1.0	-0.1	-0.07	-0.04	-0.03
竖向应力/MPa	-0.85	-0.3	-0.2	-0.14	-0.14	-0.11	-1.32	-0.3	-0.2	-0.16	-0.15	-0.11
水平应力/MPa	-0.56	-0.1	-0.01	-0.01	-0.01	-0.01	-1.13	-0.2	-0.05	-0.03	-0.03	-0.01
开挖进深/m	10						30					
至隧道距离/m	7.5	9.5	12	14	16	18	7.5	9.5	12	14	16	18
竖向位移/mm	-11	-3.0	-0.5	-0.4	-0.34	-0.2	-19.8	-3.0	-0.6	-0.4	-0.36	-0.22
水平位移/mm	-4.48	-0.4	-0.15	-0.08	-0.09	-0.01	-8.78	-0.5	-0.2	-0.13	-0.1	-0.01
竖向应力/MPa	-2.44	-0.3	-0.2	-0.16	-0.15	-0.11	-4.53	-0.24	-0.3	-0.26	-0.12	-0.1
水平应力/MPa	-2.21	-0.15	-0.05	-0.03	-0.02	-0.01	-4.48	-0.11	-0.05	-0.04	-0.04	-0.02

注：表中应力为负值时表示压应力，位移为负值时表示下沉。

可知 H 的取值虽然不同，但溶洞的位移和应力总体上随着开挖进深的不断增大而增大；然而，随着 H 的增大，由于下部隧道开挖而引起的溶洞位移和应力的增长量具有下降的规律，甚至基本保持不变。在开挖进深相同时，H 越大，溶洞的位移和应力的变化越小。以上分析表明：当 H 的取值达到一定范围时，下部隧道的开挖掘进将不会对上部溶洞造成明显的影响，即认为此时溶洞是安全的。

当 $H=9.5$m 时，无论是溶洞的位移和应力的取值还是增长量，均比 $H=7.5$m 时要明显减小；当 $H\geqslant 12$m 时，溶洞的位移和应力的取值以及增长量都非常小，不足以产生大的变形甚至发生塌方；而当 $H=7.5$m 时，溶洞的位移较大，容易产生塌方。因此，可以认为在支护条件一下，当采用三台阶法对隧道拱顶上部发育有空腔型溶洞的Ⅴ级围岩进行施工时，安全距离 D 的取值范围在 9.5~12m 之间，数值计算的结果与岩层厚跨比法理论所得到的结论较为一致。

采用相同的方法对采用支护条件二和支护条件三时的安全距离进行计算，结果如表 4-4 所示，可见支护措施越强，安全距离越小。

表 4-4 不同支护条件下安全距离计算结果

支护条件	支护一	支护二	支护三
安全距离/m	9.5~12	8~10.5	11~13.5

4.4.3 侧面和隧底溶洞安全距离分析

模型尺寸和溶洞的大小与洞顶溶洞一致，为了提高计算精度，同样对隧道内部土体和开挖轮廓线以外 5m 范围内的网格进行加密，重力加速度 g 取 -10m/s^2。

对于侧面边墙位置溶洞，H 的取值分别为 5m、7m、10m 和 15m；对于隧道底部位置溶洞，H 的取值分别为 7m、10m、13m、15m 和 20m。分别比较 H 在不同取值时隧道开挖掘进对溶洞的影响，结果如表 4-5 所示。

表 4-5 三种支护条件下溶洞安全距离计算结果

项目	安全距离/m		
支护条件	支护一	支护二	支护三
侧面位置	7~10	5~7.5	8.5~11
隧道底部位置	10~13	8~12.5	11~14.5

可见随着支护强度的提高，溶洞的安全距离具有增大趋势。与隧道底部位置溶洞的安全距离相比，侧面位置溶洞的安全距离更小。

4.5 破碎带安全距离

4.5.1 模拟假定

4.5.1.1 总体假定

按深埋隧道进行分析，埋深取 70m，仅考虑围岩的自重应力，围岩材料按均质各向同性的弹塑性体来考虑，围岩的物理力学指标如表 4-2 所示。

安全距离 *D* 的规定为：当破碎带位于隧道顶部时，*D* 表示破碎带底部至隧道拱顶的距离；当破碎带位于隧道侧面时，*D* 表示破碎带临隧道一侧至隧道边墙的距离；当破碎带位于隧道底部时，*D* 表示破碎带顶部至隧道底部的距离。

4.5.1.2 支护措施

如表 4-6 所示，采用三种不同的支护措施，三种支护措施均进行注浆加固。

表 4-6 三种不同的支护措施

开挖方法	三 台 阶 法
围岩级别	Ⅴ级
支护一	锚喷支护：喷射混凝土厚度 26cm，强度等级 C25，钢拱架型号 I20，间距 50cm 锚杆长 4m，间距 100cm，按梅花形布置 超前支护与加固：4m 长，ϕ42mm 钢花管，环向布置间距 40cm，单排布置，双液注浆
支护二	锚喷支护：喷射混凝土厚度 26cm，强度等级 C25，钢拱架型号 I20，间距 50cm，锚杆长 4m，间距 100cm，按梅花形布置 超前支护与加固：4m 长，ϕ42mm 钢花管，环向布置间距为 40cm，双排布置，排距 40cm，双液注浆
支护三	锚喷支护：喷射混凝土厚度 26cm，强度等级 C25，钢拱架型号 I20，间距 70cm，锚杆长 4m，间距 100cm，按梅花形布置 超前支护与加固：4m 长，ϕ42mm 钢花管，环向布置间距为 40cm，单排布置，双液注浆

4.5.1.3 破碎带力学参数假定

实践表明，破碎带并非都具有富水性，因而模拟分析时需要区别对待。富水破碎带由于具有富水性，与非富水破碎带相比，其抗剪强度指标更低。因此，富水破碎带的力学参数应该低于非富水破碎带的力学参数，如表 4-7 所示。

表 4-7 破碎带物理力学指标

单元	重度/kN · m^{-3}	体积模量/GPa	剪切模量/GPa	内摩擦角/（°）	黏聚力/MPa
非富水破碎带	22	1.1	0.44	25	0.15
富水破碎带	20	0.8	0.40	22	0.10

4.5.2 模型建立

计算模型左右两侧的计算边界取 4 倍跨度（设计 10.75m，实际按 12m 计算），实际取 100m；隧道底部取 36m；模型沿隧道轴线方向的距离为 30m。

为了提高计算精度，对隧道内部土体和开挖轮廓线以外 5m 范围内的网格进行加密，重力加速度取$-10m/s^2$。一般而言，破碎带不具备特定的空间形态，且破碎带的三维尺寸往往不一致，因此实际模拟时将破碎带划分为三维的长方体形状，且三个方向的边长均不一致，分别为 10m×6m×8m（横向×竖向×轴向），图 4-6 为建立的整体网格模型。

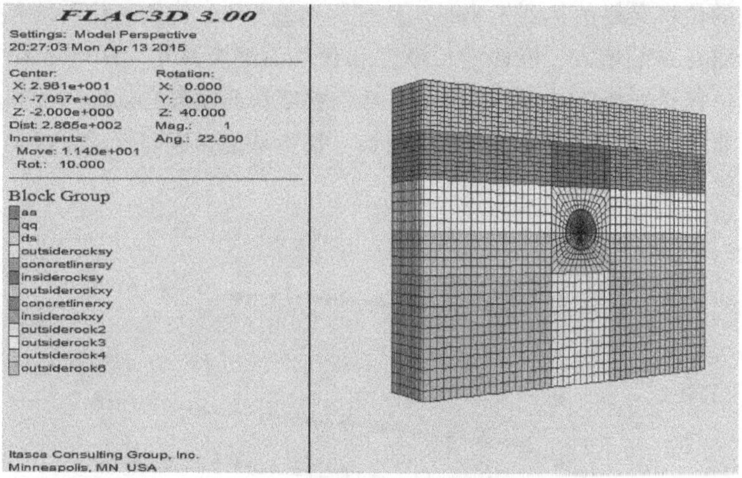

图 4-6 破碎带整体网格

4.5.3 模拟结果分析

首先按支护条件一进行模拟计算。图 4-7 所示为非富水破碎带位于洞顶时的竖向位移变化曲线，可见位移最终取值和增长速度随 H 的增大而减小，H=7m 和

9m 时的位移增长速度较快，最终取值分别达到 2.36cm 和 1.43cm；当 $H=12$m 时，位移的最终取值锐减至 0.5cm，且自 6m 开挖深度后位移基本保持不变；当 $H=14$m 时，位移的最终取值则减小至 0.27cm，位移基本保持不变。由此可见当 H 达到 12m 时，破碎带对隧道施工的影响已经很小，初步认为当破碎带位于洞顶时的安全距离为 12~14m。

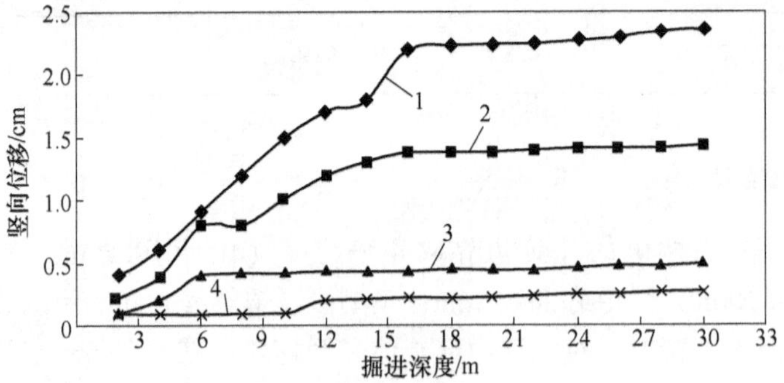

图 4-7　竖向位移变化曲线

1—$H=7$m；2—$H=9$m；3—$H=12$m；4—$H=14$m

图 4-8 所示为非富水破碎带位于侧面边墙时的水平位移变化曲线，可见当 $H=6$m 时的位移最终值达到 1.1cm，且直到掘进至 9m 位置时位移增长速度才趋于平缓；随着 H 的增大，位移增长速度和最终值逐渐减小，$H=9$m 和 12m 时的最终位移值仅达到 0.23cm 和 0.19cm。从位移增长速度来看，$H=9$m 和 12m 时的增长速度非常缓慢，位移仅产生微小增长，初步认为当破碎带位于隧道侧面位置时的安全距离为 9~12m。

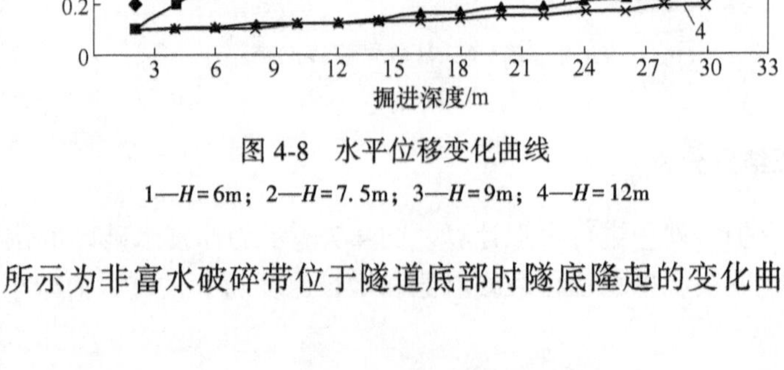

图 4-8　水平位移变化曲线

1—$H=6$m；2—$H=7.5$m；3—$H=9$m；4—$H=12$m

图 4-9 所示为非富水破碎带位于隧道底部时隧底隆起的变化曲线，可见当

H=5m 时的位移最终值达到 3.5cm，且位移始终保持较快的增长速度；随着 H 的增大，位移增长速度和最终值逐渐减小，H=7m 时的位移增长速度在 10m 掘进深度之前较大，随后趋于平缓，最终位移为 1.73cm；H=11m 和 15m 时的最终位移值很小，仅达到 0.3cm 和 0.23cm，位移增长速度非常缓慢，仅产生微小增长，位移基本保持不变，初步认为当破碎带位于隧道侧面位置时的安全为 11~15m。

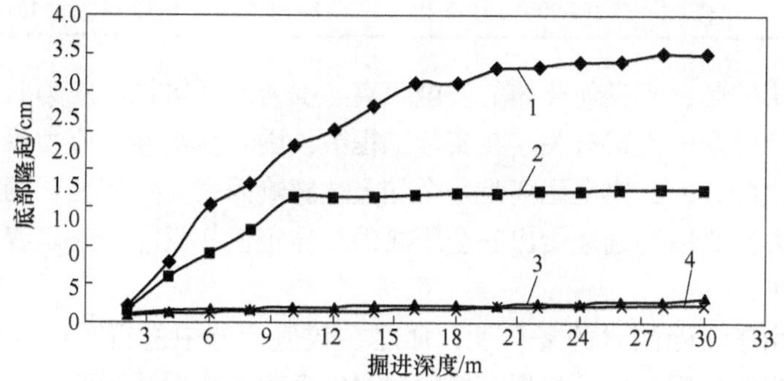

图 4-9 隧道底部隆起位移变化曲线

1—H=5m；2—H=7m；3—H=11m；4—H=15m

采用同样的方法，对采用支护条件二和支护条件三时的安全距离进行计算，结果如表 4-8 所示。

表 4-8 安全距离计算结果

项目	非富水破碎带安全距离/m		
支护条件	支护一	支护二	支护三
侧面位置	9~12	9~11	9.5~11
隧道底部位置	11~15	11~13.5	10~13.5
洞顶位置	12-14	10-13	13-15

表 4-9 为不同支护条件下，富水破碎带位于不同位置时的安全距离。可见安全距离均随支护措施的增强而减小；支护措施相同时，富水破碎带的安全距离大于非富水破碎带，表明在遇到富水破碎带时，更应尽可能减小对围岩产生扰动。

表 4-9 安全距离计算结果

支护条件	富水破碎带位置		
	洞顶	侧面	隧道底部
	安全距离/m		
支护一	15~19	11.5~16	13~16

续表 4-9

支护条件	富水破碎带位置		
	洞顶	侧面	隧道底部
	安全距离/m		
支护二	14~17.5	12~14	15~18
支护三	18~20	11~14.5	15~17.5

需要说明的是，不良地质体的安全距离与围岩的富水性、应力状态、变形特征和支护条件等众多因素有关。在实际工程中，围岩富水性、应力状态等因素往往是动态变化的，因此安全距离是一个随上述影响因素变化而变化的变量，通过数值计算的方法难以明确地给出安全距离的具体定值，只能在一定程度上给出安全距离的范围。

另外，由于实际围岩的复杂性，加之在数值计算中进行了必要的假定和简化，因此在实际工程中应该根据具体情况对安全距离进行适当调整。

4.6 不良地质体规模与灾害等级

本章提出在地质调查分析的基础上，通过地质雷达超前探测和理论分析计算对不良地质体规模与灾害等级进行划分。

以地质调查分析和地质雷达超前探测为基本手段，通过掌子面地质调查和洞内外地质调查对围岩的地质情况进行分析，重点查明岩层产状、典型节理裂隙带的走向和发育规律；利用地质雷达探测原理，根据波形特征对不良地质体的规模进行综合判断；通过建立理论计算模型，对涌水和塌方规模进行估算，对灾害等级进行静态划分。

4.6.1 溶洞规模判断

从物理赋存特点来看，溶洞类似于地下球状物，溶洞在地质雷达剖面上具备典型的双曲线特征，对溶洞的规模进行判断的重点在于溶洞埋深、腔体横向和轴向的大小。

图 4-10 所示为地下球状物的电磁反射示意图，h 表示埋深；r 表示球状物体的半径。地质雷达的发射天线从地表上的 T 点向地下目标球状体发射入射电磁波，并在地表上的 A 点被接收天线所接收。假定 BO、BP 的长度分别为 x、y，则根据直角三角形勾股定理，可以得到：

$$(y + r)^2 = (h + r)^2 + x^2 \tag{4-4}$$

由此可见，式（4-4）就是一双曲线方程，且双曲线的中心点对应于球状体的顶点（最浅埋深位置），球状体边缘的弧度决定了双曲线的曲率大小。因此，可以通过双曲线的特征对溶洞规模进行判断，即双曲线中心点对应的深度为溶洞的埋深。

需要说明的是，由于连续线测剖面是通道序列按照时间顺序进行排列而成的，加之受电磁波速度和压缩存储的影响，双曲线剖面中的横向距离并不直接等于溶洞的横向规模。在实际判断时，需要在后处理阶段通过添加距离-时间坐标标记功能进行判断，如图 4-11 所示。

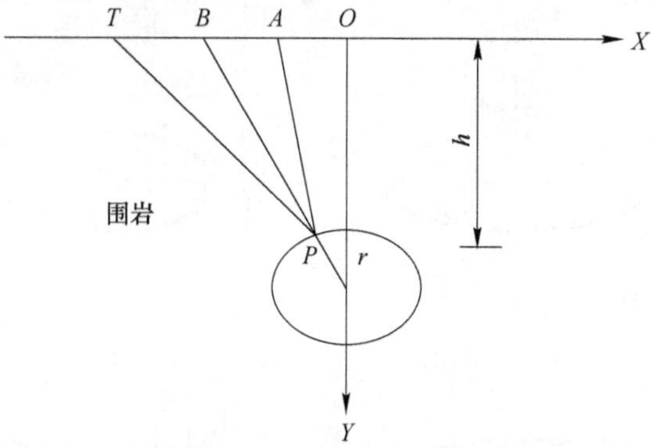

图 4-10　地下球状物体电磁波反射示意

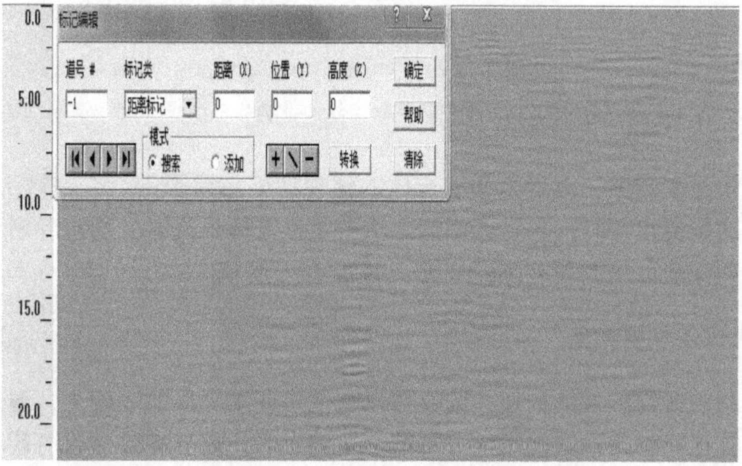

图 4-11　添加距离-时间坐标

溶洞的纵向规模同样利用波形特征进行判断。对于空腔型溶洞，根据电磁波的反射特征可知，电磁波在腔体内传播时将不产生反射或者产生微弱反射，据此可以根据波形中微弱反射段的长度判断空腔型溶洞的纵向长度，如图 4-12 所示（省略坐标）。

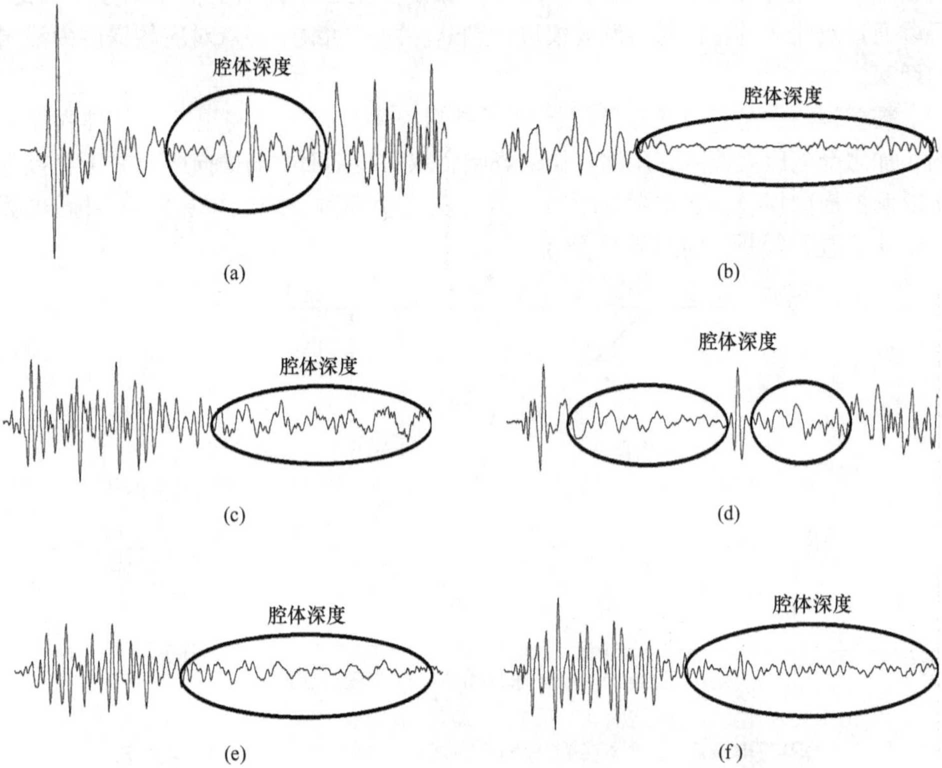

图 4-12　空腔型溶洞轴向深度

(a) 示例波形 1；(b) 示例波形 2；(c) 示例波形 3；(d) 示例波形 4；(e) 示例波形 5；(f) 示例波形 6

对于填充型溶洞，由于内部填充体的物理性质与周围围岩存在较大的差异，因而当电磁能量正常时，在雷达剖面上将产生显著的强反射，通过判断该强反射区域的竖向深度可以判断腔体的规模，如图 4-13 所示。

4.6.2　破碎带规模判断

与溶洞规模判断方法相似，同样可以在地质调查分析的基础上，通过地质雷达的波形特征对破碎带的规模进行判断。实践表明，部分破碎带具有明显的富水性，而有的破碎带不具备富水性。因此，在地质调查分析的基础上，可以利用电磁波的传播特性，从破碎性特征出发对非富水性破碎带的规模进行判断；从破碎性和富水性特征出发，对富水性破碎带的规模进行判断。

4.6.2.1　非富水破碎带规模判断

非富水破碎带由于富水性不明显或者破碎体干燥，其波形特征主要表现为破碎性，具体的波形特征表现为具有强反射区域但不具备低频特征，因此利用这一

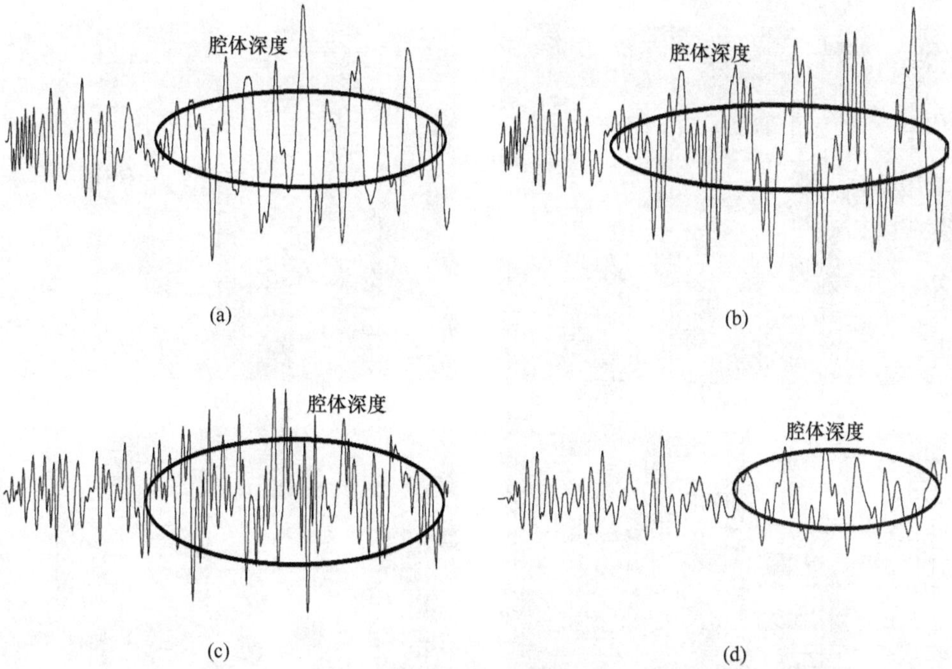

图 4-13 填充型溶洞轴向深度

（a）示例波形 1；（b）示例波形 2；（c）示例波形 3；（d）示例波形 4

特点对非富水破碎带的规模进行判断。图 4-14 所示为典型非富水破碎带的波形剖面，从剖面中可见明显的强反射区。由于地质雷达发射的电磁波是由天线出发向掌子面前方传播的，因此强反射区在竖向的深度可以代表破碎带沿隧道轴线方向的长度。

需要注意的是，填充型溶洞和非富水破碎带的波形都具有明显的区域性强反射特征，但非富水破碎带不具有双曲线特征，在进行波形分析时需要加以区分。此外，地质雷达连续线测图像的纵横坐标分别表示目标体的埋深和天线的移动距离，点测图像的纵横坐标分别表示归一化振幅和深度，但 4. 6. 1 节、4. 6. 2 节中的地质雷达探测图像仅用作对规模判断的原理进行说明举例，不用于具体规模大小的确定，因而一律省略纵横坐标。

4. 6. 2. 2 富水破碎带规模判断

A 判断方案

与非富水性破碎带不同，富水破碎带的特征不仅具有破碎性，还具有富水性。因此，对富水破碎带的规模进行判断时，在地质调查分析的基础上，可以利用电磁波对破碎性和富水性的良好敏感性。

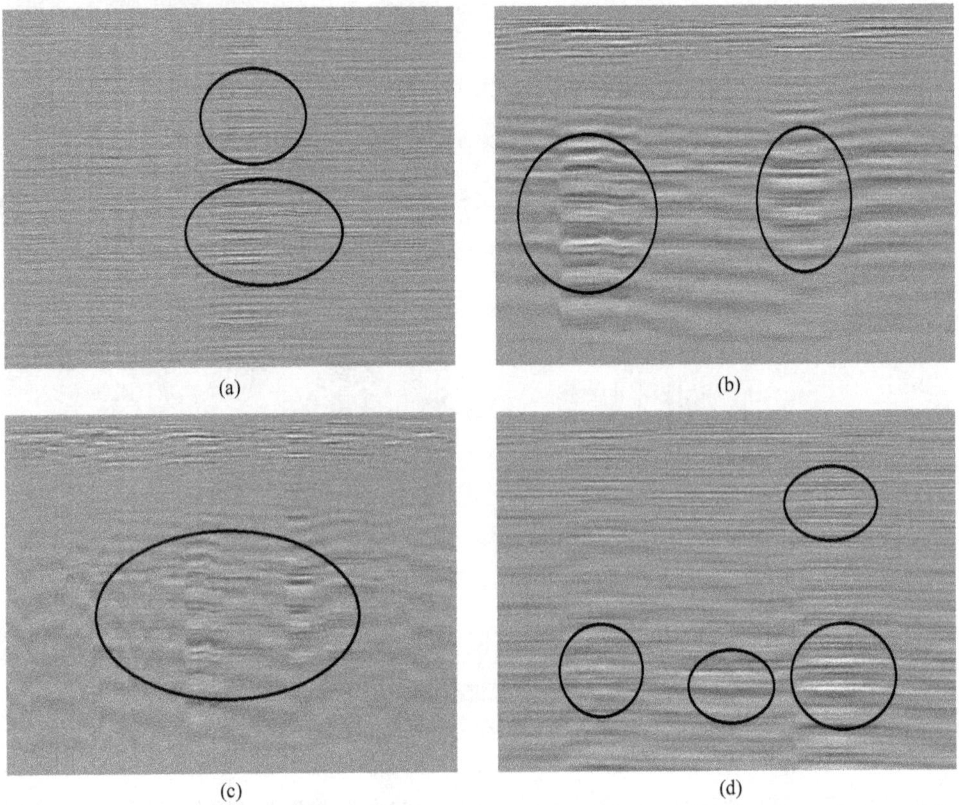

图 4-14 非富水破碎带轴向深度判断示意图

（a）示例波形 1；（b）示例波形 2；（c）示例波形 3；（d）示例波形 4

首先通过地质调查分析，对洞内外地质情况进行调查，大致推断富水破碎带的影响范围。在此基础上，通过地质雷达超前探测，从波形特征出发，对富水破碎带进行超前预测；利用 TOPP 公式对围岩的含水率进行计算，推断围岩含水率的分布情况，从而对富水破碎带的范围进行综合判定，如图 4-15 所示。

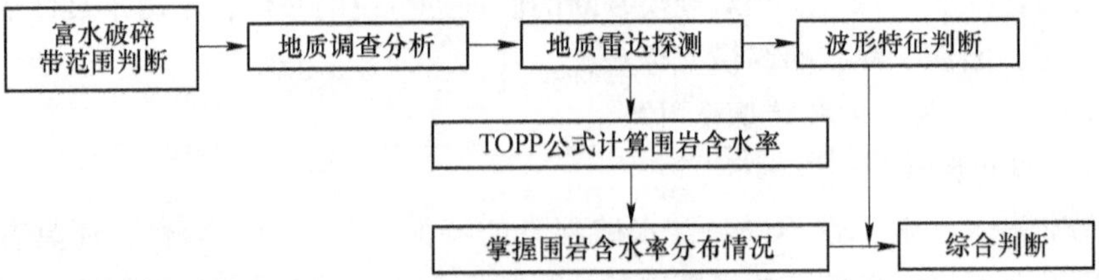

图 4-15 富水破碎带规模判断方案

B 地质调查分析

要求准确地对洞内外地质情况进行调查，查清地层岩性、地表露头、典型节理裂隙带、岩溶管道、地层产状等，以判断隧道前方围岩的变化趋势。

具有倾斜角度的过水通道往往容易成为地下水的水力路径，地下水容易沿着这些路径渗入到围岩中，与地表相通的岩溶管道是水流的主要过水通道，这一类水流将沿着岩溶管道渗入到地下围岩中而形成岩溶水和裂隙水，由于这种原因产生的岩溶水和裂隙水具有受大地降水影响的特征。因此，在进行洞外地质调查时，需要查明是否有与地表相通的岩溶管道及其准确位置，以判断下伏围岩的富水性及其分布。

C 地质雷达探测

a 测线测点布置原则

布置测线测点时，除在掌子面范围内进行常规布置外，还应根据地质调查分析的结论，在边墙或者已开挖段等位置设置测线和测点，从而尽量摸清距离掌子面一定范围内的地质情况。假如隧道内存在泉眼等出水点或者疑似出水点，应对该区域加强探测。

b 波形特征判断

由于显著的电性参数变化，电磁波在富水破碎带中传播时，若电磁能量没有产生严重衰减，则在雷达剖面上会产生明显的强反射区域，通过分析该强反射区域的垂直深度和水平走势，可以大致判断富水破碎带的范围。

雷达天线发射的电磁波是一系列具有不同频率分量的子波的合成，雷达天线接收到的回波是入射子波与围岩产生褶积后的合成波，如图 4-16 所示。

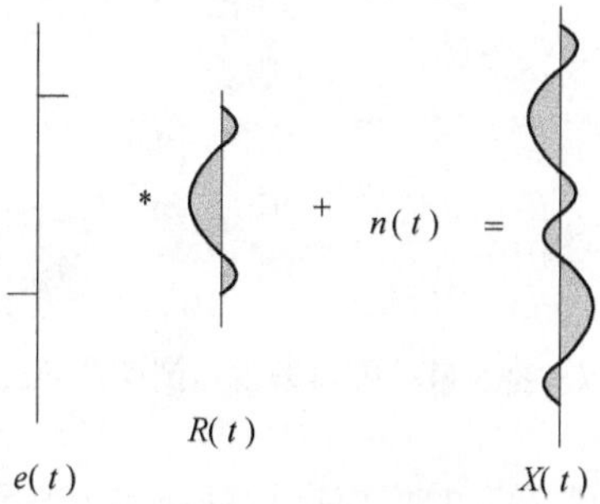

图 4-16 雷达反射子波的合成

围岩中的水一方面增强了电导率和衰减系数；另一方面导致高频子波更易被吸收，从而出现显著的低频特征。因此，对于富水破碎带而言，模糊反射信号、强反射和显著低频三个特征是判断其规模的主要依据，仅仅通过任意两个特征无法准确进行判断，三者缺一不可。

图 4-17（a）所示为瑶寨隧道左线某富水围岩的雷达剖面图，可见 15m 以内具有明显的强反射，而 15～30m 范围内的反射信号开始减弱，存在大量的“雪花”状信号模糊区；图 4-17（b）所示为瑶寨隧道右线出口某富水围岩（实际测量时掌子面弥漫性渗水）的雷达剖面图，可见反射信号整体微弱，仅在 0～5m 范围内可见明显的强反射信号，而 5m 后则反射信号异常微弱，可知该范围内均为富水破碎区；图 4-17（c）、（d）所示为与线测剖面相对应的回波频率，可见低频特征非常显著。

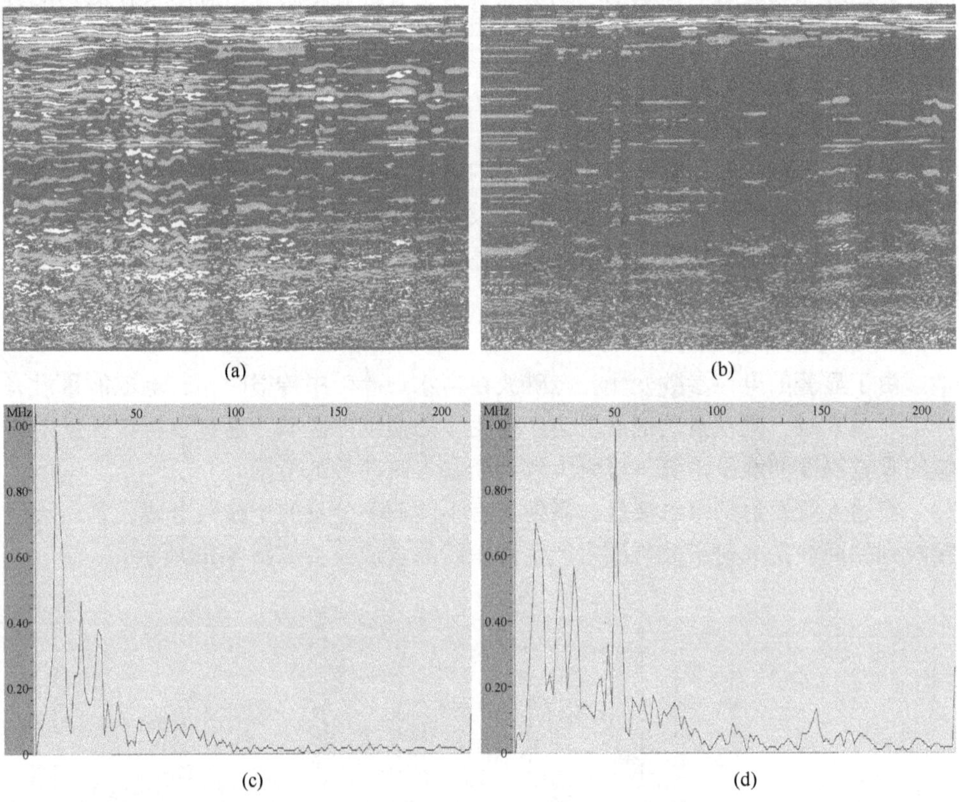

图 4-17　富水破碎带典型雷达剖面及回波频率

通过波形特征对富水破碎带的规模进行判断的方法正是利用了围岩本身的物理性质，这也是从原理上利用地质雷达探测进行判断的实质。

D　采用 TOPP 计算确定含水率分布

通过地质调查与波形特征判读能较好地对富水破碎带的规模进行判断，但无法查明富水破碎带的含水率分布情况。显然，若能进一步查明富水破碎带的含水率分布情况，那么对于更加准确地评判富水破碎带的规模和工程性质是具有重要意义的。

对此，根据TOPP公式（式4-5）的成功应用实践，采用TOPP公式对富水破碎围岩的含水率进行测定，依据测定结果判断含水率的分布情况。

$$\theta_v = 5.3 \times 10^{-2} + 2.92 \times 10^{-2}\varepsilon_r - 5.5 \times 10^{-4}\varepsilon_r^2 + 4.3 \times 10^{-6}\varepsilon_r^3 \quad (4\text{-}5)$$

式中，θ_v 为体积含水率，无量纲。该式为一元三次多项式，式中只有一个未知数 ε_r，已知 ε_r 时就可以方便地计算出含水率。

由于围岩的复杂性，围岩内部不同位置的含水率存在不同程度的差异性，为了提高测定准确度，同时考虑到尽量减小电磁能量的衰减，需要对测线和测点的布置以及探测深度进行调整。

a 测线测点布置

应根据地质调查结果，在掌子面范围内、边墙位置或者已开挖段等位置设置测线和测点，其中应该对掌子面范围内的测线和测点进行加密。根据实践经验，测线宜按照井格型进行布置，测点沿着测线进行布置，如图4-18所示。此外，当掌子面过度凹凸不平时，连续线测所得探测图像中会出现较多的振动干扰波，会影响实际判读的准确性，故在这种情况下可以仅做点测。

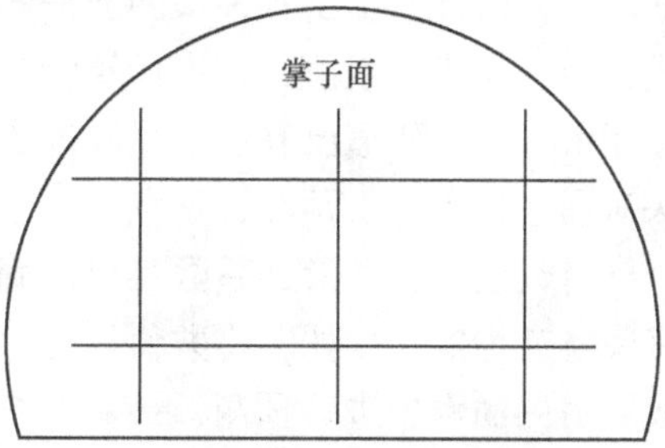

图4-18 测线测点布置示意图

测线之间的间距以足印大小为依据进行设定。根据式（4-6）对足印大小进行计算，其中探测深度 D 取10m，波长 λ 取1.2m。研究表明，灰岩的介电常数取值范围一般为6~8，考虑到富水性，取围岩介电常数为8。经计算后，得到足印大小约为3.63m，取3.6m，测线间距设定为3.6m。

$$L = \frac{\lambda}{4} + \frac{D}{\sqrt{K+1}} \quad (4\text{-}6)$$

式中，D 为开挖深度，m；λ 为电磁波的波长，m；K 为 D 深度范围内围岩介质的相对介电常数平均值，无量纲。

b 探测深度调整

由于电磁波能量的衰减会随着旅行距离的增大而增强，且富水会加大电磁损耗，因此实际探测时应该减小探测深度，但同时也要满足工程实践的需要，综合考虑选择10~15m的探测深度。

通过TOPP公式对富水破碎带的含水率进行测定，能进一步掌握围岩的含水率分布情况，但必须指出的是，这种方法属于估算法，在测定精度等方面还需要进行更加深入的研究。

4.6.3　涌水量预测

涌水是隧道工程施工中的常见灾害，容易威胁施工安全，造成人员伤亡、施工机具损坏等不良后果。当前，隧道涌水量预测的常用方法总体可分为理论分析法、经验估算法和数值计算法，具体有水理统计法、水平衡法、解析法、比拟法、数值分析法、地下径流模数法等。

针对上述预测方法的特点和不足，人们进行了相关的研究并提出了具有针对性的改进与完善措施。

李鹏飞等人从渗透系数、硐室规模、地下水位等角度出发对多种预测方法进行了对比分析，指出了各种预测方法的优势和不足，给出了适用条件。针对理论公式、经验公式和数值计算中计算参数与模数选取中的误差，吴治生以南岭隧道为实际依托，以隧道已有涌水量和地表水量的长期观测资料为依据，采用反演的方法对涌水量进行了预测，重点提出了大泉流量预测法和涌水曲线反演法。

针对数值计算中渗透系数难以准确确定的特点，李术才教授等人以青岛胶州湾海底隧道为实际依托，将数值计算、室内模型试验和现场监控量测相结合，对海底隧道的涌水量进行预测，最后对渗透系数进行修正。

林传年从岩溶蓄水的模式出发对涌水的产生机制进行了分析，指出当前各种涌水量预测方法中的不足之处，并按照不同的地质构造对岩溶进行划分，最后提出了较为合理的涌水量预测方法。

毫无疑问，上述研究对于提高涌水量预测的准确性具有重要意义。但采用上述方法进行涌水量预测时，模数、渗透系数、年降水量、年蒸发量等参数的选取通常是建立在经验类比和宏观假定的基础上得到的，始终难以避免参数选取中的不确定性和模糊性。

为了避免这一缺陷，本节提出基于地质雷达超前探测，以止水岩柱破坏理论为依据，对溶腔规模进行反推，通过判断溶腔规模对涌水量进行预测的方法。

4.6.3.1　基本假定

假定溶腔为三维球状，采用静态方式对涌水量进行预测，不考虑大气降水和渗流对水量的影响，认为在隧道掘进未对溶腔稳定造成影响之前，溶腔内部被水充满，水量保持不变，涌水量等于溶腔内部体积。

A　止水岩柱破坏理论

止水岩柱破坏理论将溶腔与掌子面之间的围岩称为止水岩柱，认为溶腔是否产生涌水取决于止水岩柱是否发生破坏，图 4-19 所示为止水岩柱破坏理论的基本模型。止水岩柱在实际工程中处于复杂的三向应力状态，根据第一强度理论，当止水岩柱的任一主应力超过允许应力时，止水岩柱便发生破坏，其强度条件为：

$$\begin{cases} \sigma_1 \leqslant [\sigma] \\ K = \dfrac{[\sigma]}{\sigma_1} \end{cases} \tag{4-7}$$

式中，σ_1 为止水岩柱最不利位置的最大主应力，MPa；$[\sigma]$ 为容许应力，MPa；K 为安全系数，取值越大，止水岩柱越安全。

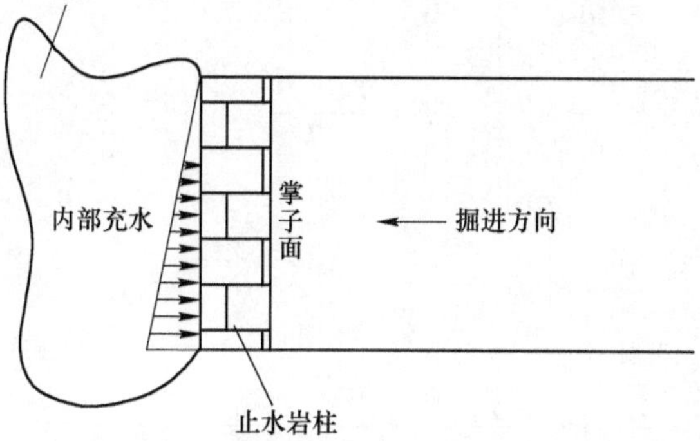

图 4-19 止水岩柱理论基本模型

B 涌水量预测

根据上述基本假定，对涌水量进行预测的关键是对溶腔的规模进行判断，涌水量预测问题则转化为溶腔的规模预测问题。实践表明，溶腔的发育位置变化多样，但总体而言，主要分布在侧面边墙位置、掌子面前方位置和洞顶位置，以此三种不同位置的溶腔为基本参照，建立涌水量预测模型。

a 边墙位置溶腔涌水量估算

图 4-20 所示为边墙位置溶腔涌水量预测模型，溶腔位于掌子面左侧边墙中，直径为 R，止水岩柱的高度为 H，且 $H=R$。

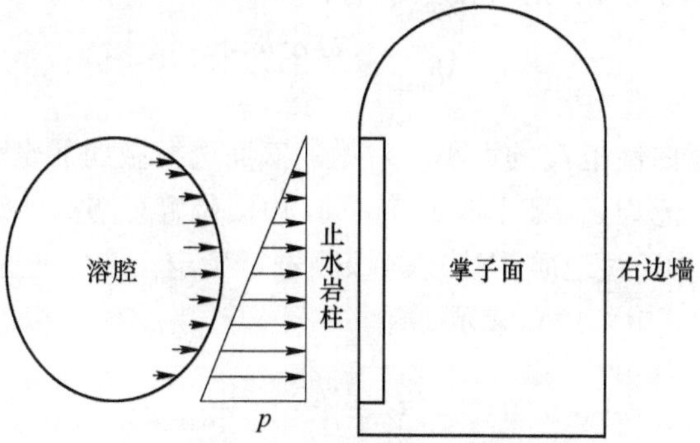

图 4-20 边墙位置溶腔模型

溶腔中的水体作用在右侧止水岩柱上的水压力呈三角形分布，水压力的取值为：

$$p_0 = \gamma_\omega \cdot z \tag{4-8}$$

式中，γ_ω 为水的容重，kN/m^3；Z 为垂直深度，范围为 $0 \sim H$，m。

假定右侧止水岩柱为各向同性的连续均匀介质，此时止水岩柱相当于上下两端固定的梁。将水压力换算成合力 F，如图 4-21 所示，其中 $a = H/3$，F 的取值为：

$$F = \frac{\gamma_\omega \cdot H^2}{2} \tag{4-9}$$

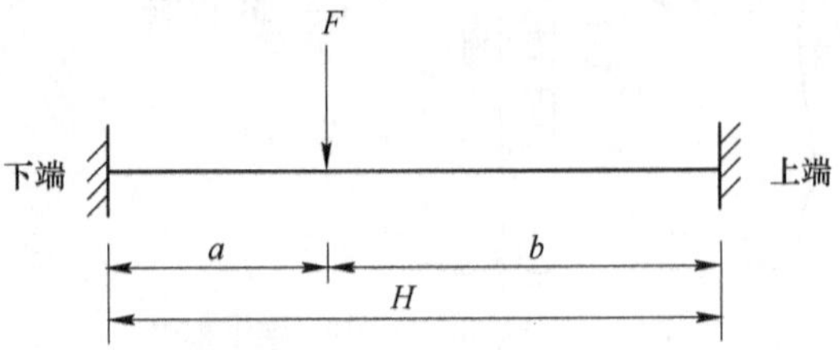

图 4-21　止水岩柱简化梁

为了保证梁不产生破坏，梁的最大正应力不得超过容许应力，其强度准则为：

$$\sigma_{\max} = \frac{M_{\max} \cdot y}{I_Z} \leqslant [\sigma] \tag{4-10}$$

式中，$M_{\max}$ 为梁截面中的最大弯矩，kN · m；I_Z 为截面惯性矩，m^4；$[\sigma]$ 为容许应力，kN/m^2。对于两端固定受到集中荷载作用的梁，截面最大弯矩用式(4-11)表示，其中 l 为梁的高度，对应模型中的 H。

$$M_{\max} = \frac{2Fa^2b^2}{l^3} \tag{4-11}$$

为了计算截面惯性矩 I_Z 的大小，对梁的截面选择做如下规定：沿隧道轴向方向的边长为短边，记为 e，大小取 1.0m；从边墙位置至溶洞外侧洞壁的距离为长边，记为 f，其大小通过地质雷达超前探测进行确定，实际也是止水岩柱的横向长度。I_Z 的大小用式（4-12）表示。

$$I_Z = \frac{ef^3}{12} \tag{4-12}$$

据此，联立式（4-9）~式（4-12），取水的重度为 $10kN/m^3$，求得当止水岩柱不发生破坏时溶腔直径 R 的取值需满足式（4-13）的要求。

$$R^3 \leqslant \frac{27f^2[\sigma]}{80} \tag{4-13}$$

反过来，若产生了涌水，表明此时止水岩柱产生了破坏，则溶腔的直径应该大于式（4-13）的最小估算结果，此时得到了溶腔的最小体积，并得到产生涌水灾害时的最小涌水量为：

$$Q = \frac{9\pi f^2[\sigma]}{160} \tag{4-14}$$

式中，f通过地质雷达超前探测进行确定；$[\sigma]$ 根据灰岩地区岩溶隧道的相关力学指标进行确定。

当溶腔位于掌子面前方时，建立的模型与图 4-20 类似，结果与式（4-14）一致，但式（4-14）中 f 表示的是掌子面与溶腔之间的距离。

b 洞顶位置溶腔涌水量估算

图 4-22 所示为洞顶位置溶腔涌水量预测模型，溶腔位于洞顶，直径为 R；将溶腔底部至隧道顶部的距离定义为止水岩柱的厚度，用 H 表示。溶腔内部充满水，忽略梁的自重，认为涌水完全由水压造成止水岩柱破坏而导致。

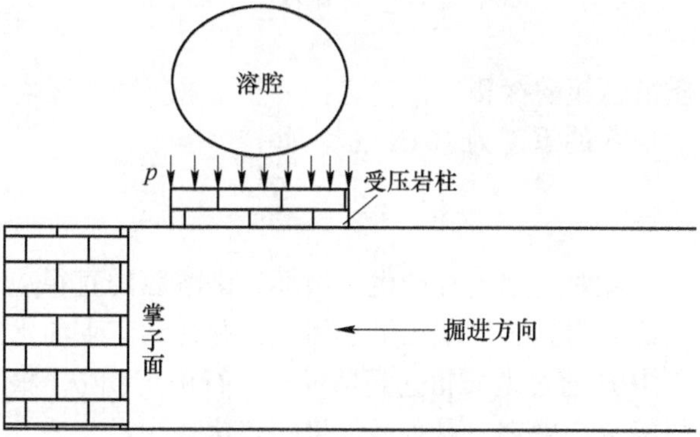

图 4-22 洞顶溶腔简化模型

可见溶洞底部至隧道顶部之间的岩层相当于一两端固定的受压梁，$L=R$，梁上作用有因水压而产生的均布荷载 p_0。假定 F 为水压均布应力的合力，此时梁的受力特征如图 4-23 所示，取梁端头截面的横向边长为 1m。

为了保证梁不产生破坏，梁截面中最大弯矩如式（4-15）所示。

$$M_{\max} = \frac{\gamma_\omega R^3}{8} \tag{4-15}$$

式中，γ_ω 为水的容重，kN/m^3。对梁的截面选择作如下规定：沿隧道竖向的边长为长边，记为 H，大小通过地质雷达超前探测进行确定，实际也是止水岩柱的竖向厚度；沿隧道横向的边长为短边，取 1.0m。I_Z 的大小用式（4-16）表示。

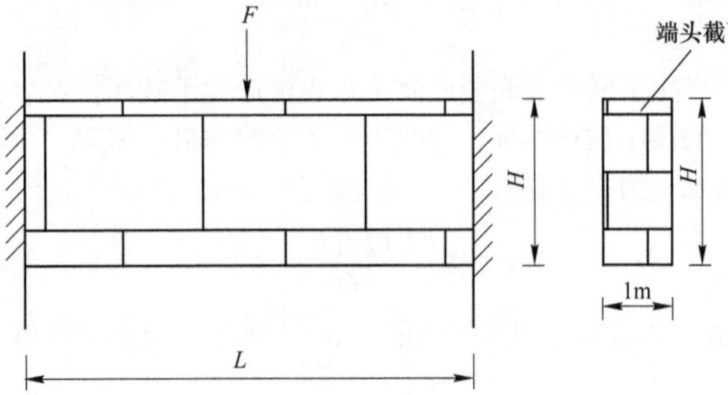

图 4-23　梁受压简化模型

$$I_Z = \frac{H^3}{12} \tag{4-16}$$

联立式（4-14）~式（4-16），求得当止水岩柱不发生破坏时溶腔直径 R 的取值要求如式（4-17）所示。

$$R^3 \leqslant \frac{4[\sigma]H^2}{3\gamma_{\omega}} \tag{4-17}$$

式中，H 通过地质雷达超前探测进行确定；$[\sigma]$ 根据灰岩地区岩溶隧道的相关力学指标进行确定。取水的重度为 10kN/m^3，即：

$$R^3 \leqslant \frac{2[\sigma]H^2}{15} \tag{4-18}$$

若产生涌水，即此时止水岩柱产生了破坏，则溶腔的直径应该满足式(4-18)的最小估算结果，此时得到了溶腔的最小体积，并得到产生涌水灾害时的最小涌水量。式（4-18）中 H 通过地质雷达超前探测进行确定；$[\sigma]$ 根据灰岩地区岩溶隧道的相关力学指标进行确定。最小涌水量的表达式为：

$$Q = \frac{\pi[\sigma]H^2}{45} \tag{4-19}$$

上述计算方法不考虑地下水渗流和地表降水对溶腔涌水的影响，认为溶腔内部全部被水所填充，以止水岩柱破坏理论为基本依据，结合地质雷达超前探测对溶腔的涌水量进行估算，提出了涌水量计算公式。与大气降水入渗和地下水径流等计算方法相比，理论分析简单，避免了计算参数选择中的不确定性和模糊性。

在实际工程中，溶洞的形态变化多样，上述估算对溶洞形态等进行了简化，不考虑地下水渗流影响进行静态估算，因而在实际工程中还应该与地质调查分析等前期工作相结合对涌水量进行适当调整。

4.6.3.2　实测与修正

图 4-24 所示为采用上述估算方法得到的部分溶腔型涌水量的预测结果，可

见预测效果整体较好，但与实测值相比，理论估算值普遍偏大，这与模型计算时假定溶腔内部全部被水充满以及忽略了洞顶溶腔上部止水岩柱本身的自重有关。

为此，需对估算值进行适当的修正，方法是对估算结果乘以一修正折减系数 p。根据现场实测结果的统计规律，对于侧面边墙位置溶腔，修正系数的取值为 0.6~0.78；对于洞顶位置溶腔，修正系数的取值为 0.5~0.66。

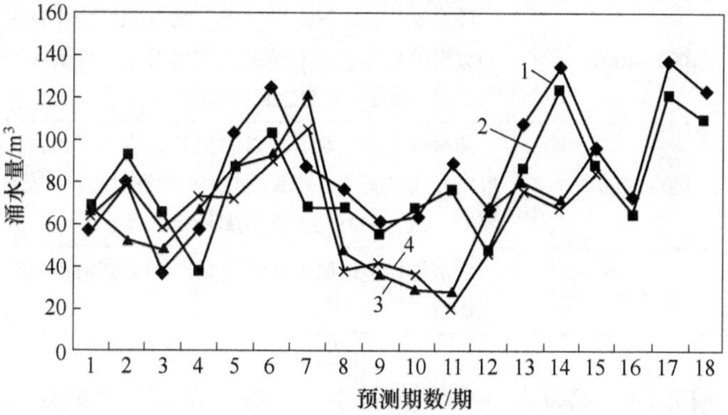

图 4-24 涌水量预测结果

1—侧面溶腔计算值；2—侧面溶腔实测值；3—洞顶溶腔计算值；4—洞顶溶腔实测值

4.6.4 灾害等级划分

对不良地质体进行现场探测和后期解译判读后，需要对灾害的等级进行划分。与施工风险评估不同，本章以灾害规模大小为依据，根据国内相关研究成果和依托工程实践，就灾害规模本身的等级进行划分，不考虑灾害所导致的经济损失、人员伤亡等综合风险。

在涌水量等级划分方面，张梅等人以宜万铁路为实际依托，以涌水量为依据对涌水的等级进行了划分，并将涌水等级划分为四级。在此基础上，参考其他已有研究成果，结合六寨-宜州高速公路实际依托项目工程实践，对涌水记录资料进行分析，根据涌水特征，将涌水等级划分为五级，见表 4-10。

表 4-10 涌水等级划分

涌水等级	涌水量 Q /$m^3 \cdot h^{-1}$	涌水描述
A	≥10000	涌水量大，地下水以“突”的方式喷射流出，具有高压性，一般能达到 0.5MPa，常规的边沟排水等措施不能满足排水要求，严重危及人员安全并导致施工停止，涌水在 10h 以上才能达到稳定或停止

续表 4-10

涌水等级	涌水量 Q /$m^3 \cdot h^{-1}$	涌 水 描 述
B	4000~10000	涌水量大，地下水以“突”的方式流出，具有高压性，常规的边沟排水等措施不能满足排水要求，严重危及人员安全并导致施工停止，涌水在 4~7h 能达到稳定或停止
C	1000~4000	涌水量大，地下水以“突”的方式流出，具有高压性，常规的边沟排水等措施不能满足排水要求，危及人员安全，导致停工，涌水在 2~4h 能达到稳定或停止
D	100~1000	涌水量较大，地下水以“涌”的方式流出，常规的边沟排水等措施基本能满足排水要求，一般不危及人员安全，可能会导致停工，涌水在 1h 左右能达到稳定或停止
E	≤100	涌水量较小，地下水以“涌”的方式流出，对现场施工不产生影响

在塌方规模方面，塌方的规模有大有小，“特大塌方”“大塌方”等表述也很常见。本章在已有研究成果的基础上，依托项目工程实践，对塌方资料进行分析，根据塌方的特征信息，对塌方的等级进行划分，见表 4-11。

表 4-11　塌方等级划分

塌方等级	塌方量/m^3	塌高/m	特 征 描 述
特大塌方	≥200	≥10	塌方范围大，远远超出掌子面范围，在埋深较浅地段可产生冒顶，严重影响围岩稳定性，严重危及人员安全，塌方发生后需较长时间才能恢复施工
大塌方	80~200	7~10	塌方范围大，超出掌子面范围，在埋深较浅地段可产生冒顶，对围岩稳定性产生不利影响，严重危及人员安全，塌方发生后需较长时间才能恢复施工
一般塌方	10~80	3~7	塌方范围较大，但未超出掌子面范围，对掌子面整体稳定性产生不利影响，会危及人员安全
小塌方	≤10	≤3	仅在掌子面局部位置产生塌方，对围岩整体稳定性不产生显著影响，一般不危及人员安全，塌方发生后可较快恢复施工

上述涌水和塌方灾害的等级是在总结国内相关工程经验和研究成果的基础上，结合依托工程项目实践，以灾害规模大小为主要依据进行划分的。

4.7 土质围岩段地表沉降估算

4.7.1 概述

随着我国交通网络的逐渐完善，在岩溶地区修建了大量的隧道。由于岩溶发育的复杂性，岩溶隧道所穿越的地层地质条件通常变化多样，在施工中往往容易遇到空洞、断层、破碎带、强（或全）风化带、岩溶管道等不良地质，且其天然水动力场在通常情况下亦是复杂的。显然，岩溶地层中复杂的天然水动力场使地下过水通道与开挖掘进面相交成为可能，故在岩溶隧道施工中往往容易遇到掌子面渗水的情况。

对于隧道土质围岩段，预测和控制隧道顶部的地表沉降是施工中的重要内容。大量的工程实践表明，在一定的围岩自稳条件下，开挖临空面的形成及围岩应力释放是产生地表沉降的因素之一，而由掌子面渗水引起的围岩地下水位的下降同样可能导致地表沉降的产生。

与岩质围岩段相比，土质围岩段中的围岩主要是由紧密接触的大量土颗粒所组成的。故在这种情况下，如果掌子面渗水降低了地下水位，那么将直接导致围岩中土体单元的自重有效应力增大，也就是使得土颗粒的接触变得更加密实。此外，根据静水压强理论可知，掌子面渗水容易使得围岩内外的静水压强存在差异，根据渗流理论，在静水压强差作用下的渗流还会在竖向给围岩土颗粒施加动水压力并借此获得附加沉降。受益于自重有效应力的增加以及动水压力的产生，土颗粒会变得更加密实而表现为竖向的沉降。显而易见的是，土体单元的应力变化直接关系到土体的沉降，而掌子面渗水则恰好引起围岩中土体的应力发生变化。

当前，隧道顶部地表沉降通常通过现场监控量测所得，而相关的估算预测研究相对不足。对此，本节基于渗流和固结理论，着重研究分析岩溶隧道土质围岩段在掌子面渗水条件下的地表沉降估算方法。分析了降水渗流下的自重有效应力和渗流有效应力的增量变化，得出了土质围岩段在掌子面渗水条件下的地表沉降估算公式。

经与工程实际实测相比较，表明该估算方法具有一定的实用性和有效性，可为岩溶隧道土质围岩段地表沉降估算或岩溶地区类似地下工程的土质围岩段地表沉降估算提供相关参考。

4.7.2 渗水条件下围岩有效应力变化分析

4.7.2.1 应力分析基本假定

为了更好地分析围岩中土体单元的应力变化（即自重有效应力和渗流有效应

力)，首先需要建立围岩渗水的分析模型（如图 4-25 所示)，其基本假定为：沿隧道的线型方向为 Y 方向，则垂直于 Y 方向的开挖断面为 X 方向；在围岩中 h 深度处有一土体单元，其在 X、Y、Z 方向的长度分别为 dx、dy、1；原始地下水位深度为 h_0，顶部地表至隧道底部的竖向距离为 H；位于地下水位范围内的土颗粒及土体单元具有饱和状态，令围岩土体在 h_0 深度范围内的重度为 γ_0，在地下水位以下范围内的重度为 γ'，孔隙水压力为 σ_ω。根据渗流基本理论，在土质围岩中假定围岩中的降水为稳定流是可行的，因而为了便于计算，假定围岩渗流属于稳定流状态。在隧道施工中，认为爆破冲击、机械振动等产生的施工动载对围岩土体初始应力的影响较小，因而予以忽略。

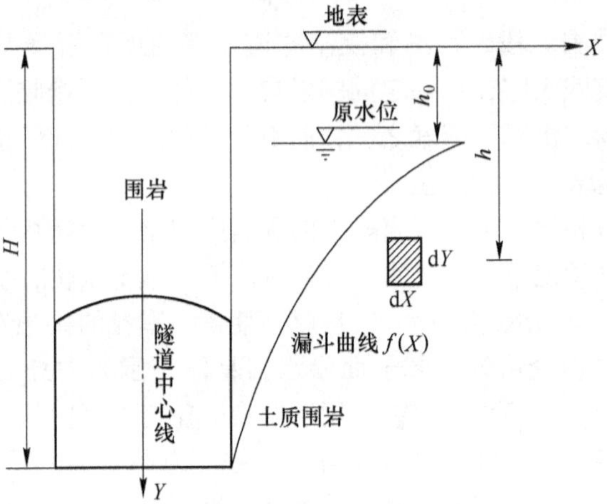

图 4-25　围岩降水漏斗

4.7.2.2　围岩土体自重有效应力变化

围岩土体的自重有效应力在水位发生变动后将产生变化。根据有效应力原理及前述假定，土颗粒和孔隙水压力共同承担了水位以下土体单元的总应力，然而水位下降后，孔隙水压力即消失，这直接导致通过土颗粒接触产生的有效应力得以增长。

在水位没有下降的时候，土体单元的有效应力为 $\sigma' = \sigma - \sigma_\omega$，其中总应力和孔隙水压力 σ_ω 的估算值如式（4-20)、式（4-21）所示。

$$\sigma = h_0\gamma_0 + (h - h_0)\gamma' \tag{4-20}$$

$$\sigma_\omega = (h - h_0)\gamma_\omega \tag{4-21}$$

因此，将式（4-20)、式（4-21）代入可得水位下降前围岩中土体单元的自重有效应力为：

$$\sigma'_{前} = h_0\gamma_0 + (h - h_0)(\gamma_0 - 2\gamma_\omega) \tag{4-22}$$

在式（4-20）~式（4-22）中，h_0 为原始地下水位的天然深度，m；γ_0 为地表至 h_0 深度范围内的土体重度，kN/m³；γ' 地下水位以下土体的重度，kN/m³；σ_ω 为围岩孔隙水压力，kPa。

当围岩水位低于 h 时，h 范围内的土体单元将失去孔隙水压力而仅有自重应力，其有效应力为：

$$\sigma'_{后} = h\gamma_0 \tag{4-23}$$

显然，通过式（4-22）、式（4-23）可得水位下降前后，围岩中 h 深度处土体单元的有效应力的变化为：

$$\Delta\sigma' = \sigma'_{后} - \sigma'_{前} = 2(h - h_0)\gamma_\omega \tag{4-24}$$

由此可见，水下任意土体单元的有效应力增量可以通过式（4-24）得出，而式中的参数通过变换皆为已知的常数变量。

4.7.2.3 围岩土体渗流有效应力变化

掌子面渗水导致渗流作用从而在围岩内外产生静水压强。在静水压强作用下，土颗粒上的动水压力 D_ω 将由于渗流而产生，且动水压力的方向可以是任意的。然而，当动水压力的方向与土颗粒的自重方向一致时，土颗粒将更容易产生下沉，该下沉则恰好产生了竖向沉降。需要注意的是，下沉值是土颗粒下沉的关键，其大小与 D_ω 的大小有关。

正是由于 D_ω 的贡献，土颗粒获得了附加的渗流有效应力。为了求取其值，需要对渗流的方向作出假定，即仅发生竖向渗流。据此，可以将渗流有效应力 σ_D 转化为力与面积的比值，也就是可以通过体积动水力与过水面积的比值进行估算，即：

$$\sigma_D = D_\omega V/A \tag{4-25}$$

式中，体积 V 与过水面积 A 的比值刚好是竖向过水路径，而竖向过水路径可用式（4-26）表示。

$$h_{过} = h - f(X) \tag{4-26}$$

式中，$f(X)$ 为地下水漏斗曲线函数，描述了地下水漏斗的变化过程线，变量为 X，也就是水平方向的距离。到此，只要联立式（4-25）、式（4-26），就可以得到渗流有效应力的计算公式，即：

$$\sigma_D = D_\omega h_{过} \tag{4-27}$$

式中，一个单位体积土体单元上的动水压力值 $D_\omega = i\gamma_\omega$（$i$ 为水力坡降，无量纲）。综合上述分析，最终可得渗流有效应力 σ_D 为：

$$\sigma_D = i\gamma_\omega[h - f(X)] \tag{4-28}$$

可见，围岩中土体单元的渗流有效应力最终将随水力坡降和漏斗曲线的改变而产生改变。

4.7.3　地表沉降估算分析

4.7.3.1　总沉降分析

掌子面渗水降低了围岩中的地下水位，根据前述分析可知，这种变化导致土体单元的自重有效应力与渗流有效应力均产生了变化增量。

不论是自重有效应力，还是渗流有效应力，根据计算模型的假定和分析推导，可知两者的作用方向均向下，因而都会对土体单元产生向下的压缩。由于应力增量作用而产生的土体单元微小竖向压缩可以用式（4-29）表示。

$$\mathrm{d}s = \frac{\Delta p}{\frac{1+e_0}{a}}\mathrm{d}h \tag{4-29}$$

式中，$\mathrm{d}s$ 为土体单元的竖向微小压缩，mm；Δp 为应力增量，kPa；e_0 为土的初始孔隙比，无量纲；a 为压密系数，MPa^{-1}。

e_0 和 a 均是围岩土体单元的物理状态参数，通过现场试验测定即可获得，因而只需将应力增量 Δp 代入即可得到 $\mathrm{d}s$。为此，将有效应力增量代入，可以得到第一个微小压缩，记为 $\mathrm{d}s_1$；再将渗流有效应力增量代入，可以得到第二个微小压缩，记为 $\mathrm{d}s_2$，两者的表达式如式（4-30）、式（4-31）所示。

$$\mathrm{d}s_1 = \frac{\Delta p}{\frac{1+e_0}{a}}\mathrm{d}h = \frac{2a(h-h_0)\gamma_\omega}{1+e_0}\mathrm{d}h \tag{4-30}$$

$$\mathrm{d}s_2 = \frac{\Delta p}{\frac{1+e_0}{a}}\mathrm{d}h = \frac{ia[h-f(X)]\gamma_\omega}{1+e_0}\mathrm{d}h \tag{4-31}$$

将两者相加所得结果，就是围岩土体由于渗流而在竖向产生的微小压缩量，即 $\mathrm{d}s = \mathrm{d}s_1 + \mathrm{d}s_2$。显然，若对围岩中土体单元的这种竖向压缩进行叠加，那么围岩将在竖向产生微小“塌落”，该微小“塌落”的深度即为地表的沉降量。

为了求取该深度，现假设：围岩中没有空洞及明显裂隙，土体中的土颗粒在竖向是相互连续接触的，土颗粒之间没有间断，彼此层层相连，紧密无间；单元体与单元体之间能良好地传递位移和应力。由此可知，任意一个单元体若产生竖向压缩，其相邻的上部单元体也会随之产生向下的压缩，并且会不间断地将这种向下的压缩传递至地表。

根据现有的随机介质理论和大量的工程实践，同时结合计算分析模型的假定，可知围岩中土体单元的竖向压缩若产生了累加，那么就会在地表产生一微小的单元凹面，记为 W_d。W_d 中心的竖向沉降值用式（4-32）估算。

$$W_d = \frac{\tan\beta}{h} e^{-\frac{\pi \tan^2\beta (X-X_0)^2}{h^2}} \tag{4-32}$$

式中，β 为所在围岩地层的影响范围角，是描述围岩地层物理状态的重要参数，一般由土工试验获得；X_0 为单元体边缘中心点至开挖边缘的水平向距离，m。

在地表产生的微小单元凹面 W_d 有无数个，单个 W_d 无法表明地表沉降的大小。因此，必须在降水漏斗曲线范围内，对所有的 W_d 进行计算。根据计算模型，可以在降水漏斗曲线范围内对 W_d 开展 X 轴和 Y 轴构成的二维区域积分运算，就可以得到所有微小凹面 W_d 所产生的最终沉降 W，即：

$$W = \iint_{\Omega} W_d \, ds dx \tag{4-33}$$

4.7.3.2 沉降分类估算分析

实践表明，由于降雨、岩溶管道等影响，围岩中的地下水位是动态变化的，随着水位的不断变化，漏斗曲线将始终处于动态变化状态。然而，不论漏斗曲线如何变化，漏斗曲线以上部分的土体单元将变为疏干状态；而漏斗曲线以下的土体则依然处于渗流状态。对于变为疏干状态的这部分土体，自重有效应力增量将引起沉降；对于依然处于渗流状态的这部分土体，渗流有效应力将引起沉降。

可见，漏斗曲线是土体物理状态的分界线，且该分界线处于动态变化状态。分界线两侧的土体处于不同的物理状态，其应力增量和导致沉降的应力因素亦不同。因此，在估算地表沉降时，一个可行的办法是，以漏斗曲线为分界线，将土体划分为两个区域，即疏干区域和渗流区域（分别称为上区域、下区域）进行二维重积分运算，然后二者求和即得隧道地表的总沉降量，如图 4-26 所示。

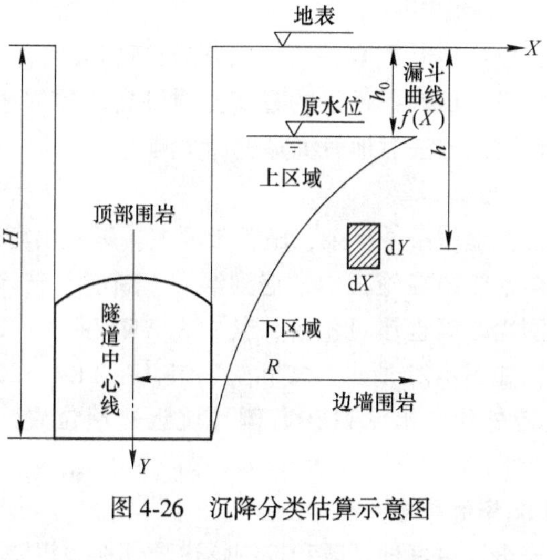

图 4-26 沉降分类估算示意图

首先，对于疏干区域，其二维积分区间为：X 方向是 $0 \sim R$；Y 方向是 $h_0 \sim$

$f(X)$，则此时沉降值的估算如式（4-34）所示。

$$W_1 = \iint_{\Omega} W_d \mathrm{d}s_1 \mathrm{d}x = \int_0^R \int_{h_0}^{f(X)} \frac{\tan\beta}{h} \mathrm{e}^{-\frac{\pi\tan^2\beta(X-X_0)^2}{h^2}} \cdot \frac{2a(h-h_0)\gamma_\omega}{1+e_0} \mathrm{d}h\mathrm{d}x \quad (4\text{-}34)$$

式中，R 为降水影响半径，m，根据苑莲菊先生著的《工程渗流力学及应用》中的经验公式进行计算。然后，对于围岩中漏斗曲线以下这部分下区域土体，其积分区间为：X 方向是 $0 \sim R$；Y 方向是 $f(X) \sim (H-h_0)$，则此时沉降值的估算如式（4-35）所示。

$$W_2 = \iint_{\Omega} W_d \mathrm{d}s_2 \mathrm{d}x = \int_0^R \int_{f(X)}^{H-h_0} \frac{\tan\beta}{h} \mathrm{e}^{-\frac{\pi\tan^2\beta(X-X_0)^2}{h^2}} \cdot \frac{ia[h-f(X)]\gamma_\omega}{1+e_0} \mathrm{d}h\mathrm{d}x \quad (4\text{-}35)$$

为此，将式（4-34）、式（4-35）进行求和就可以得到地表总沉降。上述隧道顶部地表总沉降的估算关键在于确定围岩漏斗曲线的变化方程 $f(X)$。

当前，关于渗流条件下的漏斗曲线变化方程，人们提出了多种具有不同形式和精度误差的求解公式。其中基于 Jules Dupuit 基本公式，燕建龙等人估算了稳定渗流下的漏斗曲线变化方程，其表达式为：

$$f(X) = H - \sqrt{h_w^2 + \frac{[(H-h_0)^2 - h_w^2]\ln^{(X/r_w)}}{\ln^{(R/r_w)}}} \quad (4\text{-}36)$$

式中，h_w 为降水漏斗曲线与隧道边墙线的交点至地表的垂直距离，m；r_w 为隧道开挖横断面的一半宽度，m。将式（4-36）代入到式（4-34）、式（4-35）中，可估算出隧道土质围岩段由于降水渗流导致的地表总沉降值。

4.7.4　估算实例

根据上述分析，以广西壮族自治区六寨-宜州高速公路瑶寨隧道为依托，采用上述估算公式对掌子面渗水条件下的隧道土质围岩段顶部地表沉降进行估算，同时采用现场监控量测的方法对地表沉降进行实测。

4.7.4.1　工程概况

瑶寨隧道沿线工程地质条件复杂，施工难度大。基岩出露，可见漏斗、岩溶管道、落水洞等岩溶地貌。在施工中常遇到溶洞、断层、破碎带等不良地质体，而强风化段、土质围岩段等也屡见不鲜，其中在 YK47+244～214 共 30m 段均为全风化土质围岩段，如图 4-27 所示。实际施工中，在 YK47+238 里程处遇到掌子面渗水，且属于缓慢外渗，出水口在右侧导坑近边墙位置，图 4-28 所示为渗水口。

4.7.4.2　地表沉降估算与实测

为了保证施工安全，更好地预防和控制隧道顶部地表沉降，分别采用上述估算和现场量测的方法对地表沉降进行估算及测量。

图 4-27 YK47+244 里程土质掌子面

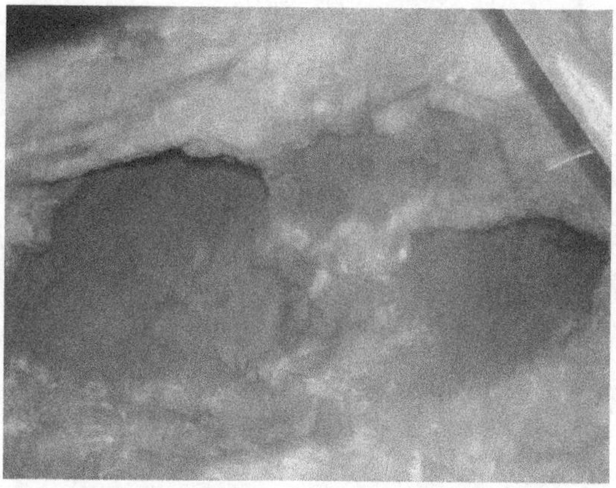

图 4-28 YK47+238 里程掌子面渗水口

根据地质勘查结果以及长安大学与中科院驻地地下水监测组所提供的计算数据，估算计算中所用的相关地层参数如下：压缩系数为 0.41MPa^{-1}，初始孔隙比为 0.62，地层影响角正切值为 1.13，水力坡降值为 0.06，水力影响半径为 86m，密度为 1.68g/cm^3，含水率为 29.8%，颗粒比重为 2.73，渗透系数为 3.8×10^{-4}（单位：cm/s），塑限值为 33.1%，液限值为 44.3%。

从理论上讲，该初始孔隙比达到了 0.62，表明围岩土体已经较为密实，可能渗透性不佳。然而，在现场通过地质雷达超前预报采集到的探测结果表明围岩富水，围岩渗透性较好，图 4-28 所示即为渗水口，在现场可见缓慢出水，属于慢渗性出水。图 4-29（a）、（b）为地质雷达现场实测图像及相应的回波频谱（该实测结果由长安大学提供，在此表示感谢）。

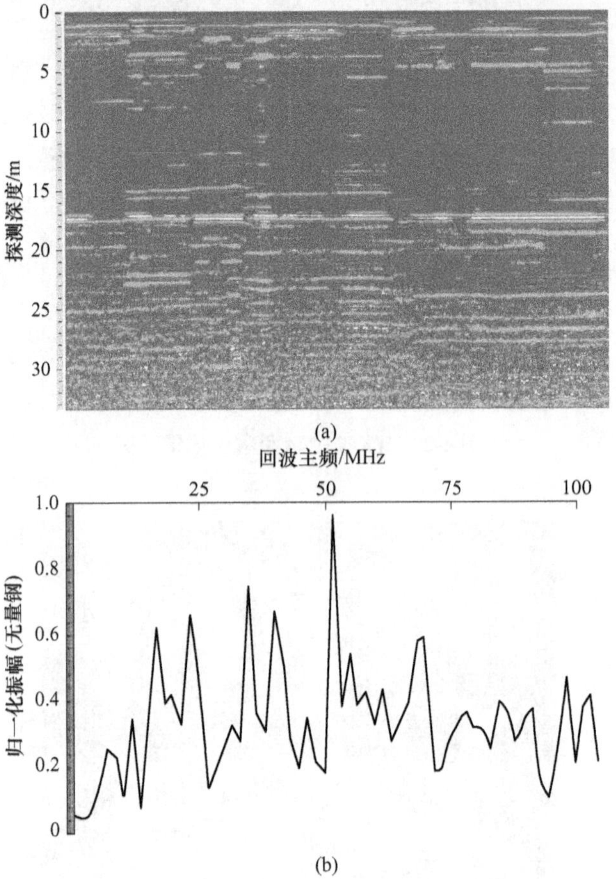

图 4-29　地质雷达实测结果

（a）实测图像；（b）实测频谱

此外，采用地表监控量测的方法对地表沉降值进行量测。量测点全部设置在可能产生沉降的地表范围内，相互之间的间距设置为 1～2m，在 YK47+238 里程上部地表设置了 23 个量测点。为便于直观理解，绘制了量测点与隧道纵断面的位置关系示意图，如图 4-30 所示。

图 4-31 所示为估算结果与实测结果的分布图，图 4-32 所示为估算结果与实测结果的差值双轴图对比（其中：左轴为绝对差值，右轴为相对差值）。

可见，实测值与估算值在整体上较为接近，但部分估算值与实测值之间的差异较大，实测值大于估算值，经返查后发现这些沉降值对应的量测点均位于沿水平径向在距离开挖面 3m 范围内，而其他量测点的估算值与实测值较为接近。

图 4-33 所示为现场拍摄的该段地表沉降。

出现上述结果的原因，可能由于隧道内掌子面渗水导致围岩内部近距离范围

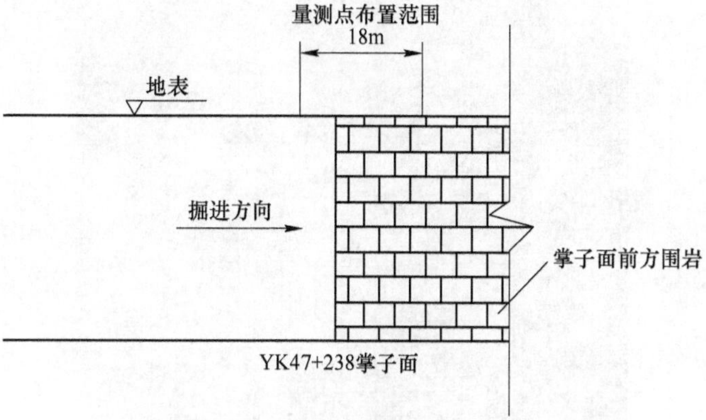

图 4-30　量测点与隧道纵断面的位置关系示意图

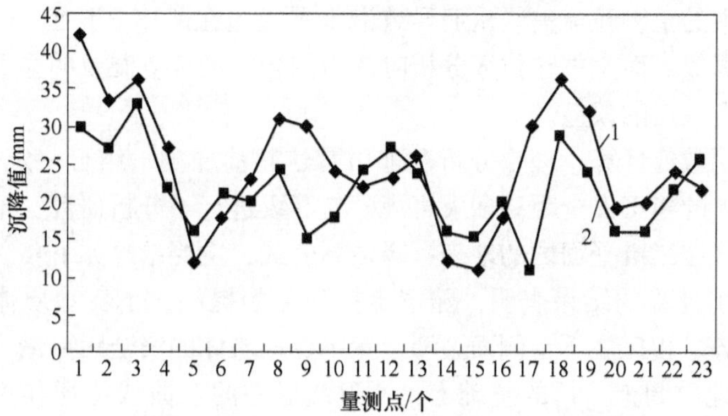

图 4-31　地表沉降结果
1—实测值；2—估算值

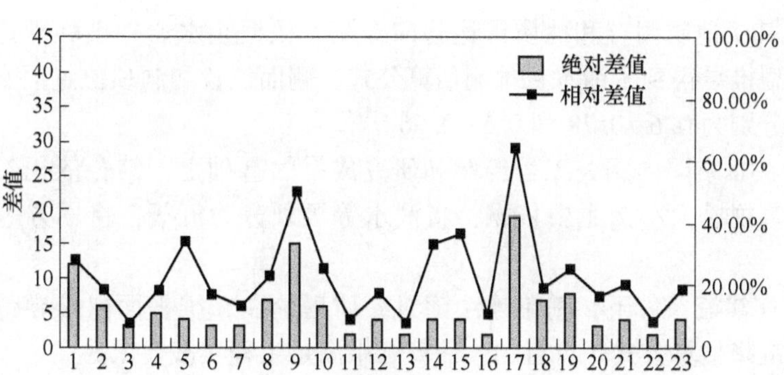

图 4-32　地表沉降结果对比

图 4-33 洞顶地表沉降

内围岩土体中的土颗粒流失，从而导致沿水平径向在距离开挖面 3m 范围内，实测值大于估算值。而本书在估算分析时认为围岩中没有空洞及明显裂隙，是均质的，因而存在一定的误差。

本章采用数值计算、理论分析和地质雷达超前探测，结合一定的工程经验，对不良地质体的施工安全距离和灾害规模与等级进行了分析研究，推导了渗流条件下土质围岩在二维平面内的地表沉降估算公式，主要结论如下：

（1）数值计算的结果表明，随着支护强度的提高，不良地质体的安全距离具有下降趋势。相比之下，侧面边墙位置不良地质体的安全距离最小。

（2）在地质调查分析的基础上，通过波形中的双曲线特征和点测图中的反射特征对溶洞的规模进行判断的方法是可行的；对于富水破碎带，依据线测特征、点测特征、回波频率特征和通过 TOPP 公式对含水率进行预测的规模判断方法是合理有效的。

（3）基于地质调查和地质雷达超前探测，根据止水岩柱破坏理论，通过建立估算模型推导得到了涌水量预测估算公式，侧面位置和洞顶位置涌水量修正系数的范围分别为 0.6~0.78 和 0.5~0.66。

（4）在总结国内相关工程经验和研究成果的基础上，结合依托工程项目实践，以灾害规模大小为主要依据，将涌水等级划分为五级，将塌方等级划分为四级。

（5）在渗流条件下，基于连续随机介质理论在二维平面内推导得到的土质围岩地表沉降估算公式是可行的，估算结果满足工程实践要求。

5 灰岩边坡稳定性分析

考虑到边坡内部地质条件发育特征的时间-空间动态变异性、坡体地表特征与深部特征之间的差异性、不同区块坡体地质特征的差异性，以及按照规范法对边坡进行整体定级和力学参数赋值时难以避免的静态性、笼统性和盲目性缺陷，本章在对边坡地表实施地质分析的基础上，采用地质雷达探测技术对坡体内部的破碎性、富水性等特征实施探测分析，并据此对边坡进行单元划分。考虑不同分块岩体之间的应力传递和动态变异特性，以及当前反分析研究多以单参数分析为主的局限性，借助 BP 神经网络对不同分块单元的力学参数实施迭代反演运算从而获得最优值，并最终应用于实体边坡稳定性分析的有限元计算中；引入 BMP90 位移反分析程序对不同分块单元的力学参数实施反分析，并最终将反分析结果应用于稳定性有限元分析中。

5.1 概　　述

在我国广西、贵州、云南等西南省份（自治区）以及广东、江西等省份的部分地区存在较为广泛的灰岩地层。灰岩是一类可溶解性的碳酸盐类岩石，在流水的作用下易产生溶解、分崩和破碎并逐渐形成溶洞（穴）、岩溶管道和破碎带等溶蚀现象。水流是灰岩产生溶蚀作用的关键因素，与季节性、周期性的地表径流相比，丰富发达且持久的天然地下水动力场是灰岩溶蚀作用的主要贡献者。因此，灰岩地层的地质条件与风化程度在时间和空间上存在显著的变异性，地表的地质条件往往与内部地层之间存在较大的差异，且这种差异性随着时间的推移将变得更加复杂多变。理论研究和工程实践表明，正是由于上述显著的时空变异性导致与花岗岩、大理岩、白云岩等难溶解岩体边坡相比，灰岩边坡在施工扰动、降雨冲刷等因素的影响下更易失稳下滑，导致危及施工安全、阻碍施工进度。对此，在施工阶段对其稳定性进行预测评估成为了灰岩边坡工程设计与施工的重要内容。

目前，理论估算法、现场监测法、土工模型实验以及数值模拟分析法是边坡工程稳定性评估预测的常规方法。在工程实践中，通常会采用多种方法进行预测以实现相互验证及提高预测准确性的目的，如现场监测法常与数值模拟分析法相互配合应用。数值模拟分析法涵盖多种二级方法，如有限元法、有限差分法、离散元法、边界元法和混合元法，其基本思路均需将岩土体进行网格单元化处理并通过力学参数赋值的方式进行抗力设置。因此，在进行数值模拟分析时，需准确掌握岩土体的物理力学参数，这是保障模拟分析结果准确性的关键步骤。

为了保障设计、施工的时效性和力学参数获取的便捷性，通常会依据相关规范或者根据工程类比对岩土体的力学参数进行赋值。不可否认的是，这种做法虽然简单、快速，但有一个难以避免的缺陷，即对技术人员本身的个体主观性和经验性具有极大的依赖性，即便面对相同的岩土体，不同的技术人员也极有可能会选择完全不同的力学参数，导致分析结果离散化甚至完全失效，这显然难以乃至无法为施工过程提供有效的参考信息。此外，天然状态下的真实岩土体，其富水性、破碎性在三维空间里都是不均匀的，地表特征与深部特征之间存在差异且规模越大差异越明显，这在灰岩溶蚀地区尤为典型。在这种条件下，简单笼统地根据地表特征难以准确地对岩土体进行级别归类和参数赋值，也很难保证计算结果的有效性及为工程实践提供指导信息。

为了应对这一不足，一种以岩土体实际位移、应力为原始依据并通过一定的数学模型对力学参数进行反算的方法被提出，也就是反分析法。岩土体的实际位移、应力和数学模型是反分析法的两个关键客观要素，在分析过程中可较好地避免个体主观性和经验性影响，近年来得到了广泛应用，如：凌同华以里岩垄隧道YK11+150断面为实际依托，采用监控量测获取围岩的位移取值并利用一种改进的粒子群算法和BP神经网络建立了待反演参数与实测位移值之间的非线性关系并对围岩的力学参数进行了反演，正交实验的结果表明其相对误差较小；徐中华依托上海长峰大酒店基坑工程，依据基坑的实测变形综合采用UCODE反分析软件和ABAQUS有限元分析在二维平面内对基坑土层的竖向抗力单参数 m 值进行反演，并以上海地区20个基坑工程为实例进行验证，获得了上海地区典型土层的 m 值及其取值范围；Caudal P. 以加拿大温石棉矿东墙的尾矿边坡为实际依托，综合采用遥感与数值模拟技术进行了滑坡预测，并采用改进权重系数与传递函数的方法对集群应力反分析模型实施了优化，同时对尾矿大型岩块的深部应力和三维位移分别实施了反求与模拟预测；张继勋依托某水电站引水隧洞工程，基于遗传算法基本模型编写了改进程序对ABAQUS商业软件进行了二次开发并将其应用于地下洞室的围岩力学参数反分析，发现围岩的反演参数大于设计值，利用反演参数进行计算时位移值小于初始参数的计算值；Mahmoudi M. 为了提高卡拉季（位于伊朗德黑兰以西36km处）地铁隧道围岩参数的估算精度及为隧道维护提供指导，利用FLAC3D软件中的备选单变量反分析程序，基于隧道前期监测获得的位移值对围岩的弹性模量进行反分析，实践表明基于该参数可以将初期喷射混凝土的厚度减少43%；为了根据有限的现场测量数据对初始应力进行反分析，P. Y. Y. 利用多输出决策树回归器（DTR）建立了初始的应力场与其影响因子之间的关系模型，使用系数优化纠正子模型策略建立并计算获得了400个DTR全尺寸有限元模型训练样本，结果表明实测值与反分析值的相关系数 r 达到了0.92，证明了采用DTR及神经网络存储全局初始地应力场的初步可行性；纳启财以姜路岭隧道为依托，采用室内直剪压缩试验获取了围岩的天然密度和含水率，并借助数值反分析的手段获得了围岩的弹性模量及其增量取值。毫无疑问，上述研究对于丰富、完善反分析方法与技术具有重要的理论参考价值和实践意义。

然而，诸如上述等多数反分析研究主要集中于算法模型，如函数改进、迭代简化、算法编制等模型优化，忽视了岩土体本身物理性质的时空变异性，且多以单参数或两参数反求为主，忽视了多参数之间的相互影响。这显然不符合天然岩土体的真实条件，也就限制了研究成果的进一步推广与应用。

为了对上述不足进行完善改进，本章基于理论分析，以实际灰岩边坡工程为依托，综合应用地质雷达技术和反分析模型对灰岩边坡岩体的力学参数进行反求，并在此基础上采用MIDAS-GTS有限元数值模拟软件对边坡的稳定性进行分析，以期为溶蚀区灰岩边坡的力学参数求取与数值模拟计算提供相关参考。

5.2 边坡稳定性影响因素与识别

5.2.1 稳定性影响因素

引起岩质边坡不稳定的因素较多，分为内部因素和外部因素，如结构面（含发育密度、填充度、富水性等）、地下水（含水力梯度、水量和水位）、岩层产状（含倾角、倾向和走向）、爆破及地震等外力作用。

5.2.1.1 结构面

实践表明，许多天然岩体具有显著的陡峭坡脚和高度，有的甚至达到几百米但依然能保持稳定；而有的岩体边坡既无陡峭的坡脚，其高度也不高，但却容易发生破坏。究其原因，在于岩体边坡内部的结构面特征不同，最终导致与结构体组合后产生了不同的力学效应。经长期风化与构造运动后，结构面的类型多种多样，其分类方法亦各不相同，其中与岩体力学行为的相关性最密切的是结构面的发育密度和填充性。

A 发育密度（破碎性）

结构面的发育密度也称为岩体结构的破碎性，表征岩体的完整性或者离散破碎性。岩体越破碎，表明岩体内部的节理、裂隙越发育，岩体内部存在更多的接触面和应力集中点。与完整岩体相比，在外加荷载的作用下，岩体内部的破碎岩块更容易被挤压变形、弯折从而在宏观上出现大变形破坏。

工程实践表明，破碎岩体的抗压和抗拉性能都要远弱于完整岩体，岩体内部的节理、裂隙恰好为岩体变形提供了延伸空间，这相当于解除了破碎岩块的边界变形限制条件。因此，在工程实践中必须充分重视岩体的破碎性。图 5-1 所示为相同竖向荷载作用下完整岩体与破碎岩体的单轴变形曲线，可见在相同大小的荷载作用下破碎岩体的变形量要大得多，初期变形率也要更大。需要注意的是，图中椭圆标记处表示两者的变形量接近，这是因为随着内部节理、裂隙的逐渐闭合压实，破碎岩体瞬时出现了类似于完整岩体的抵抗模量，但随后其变形量再次增大。

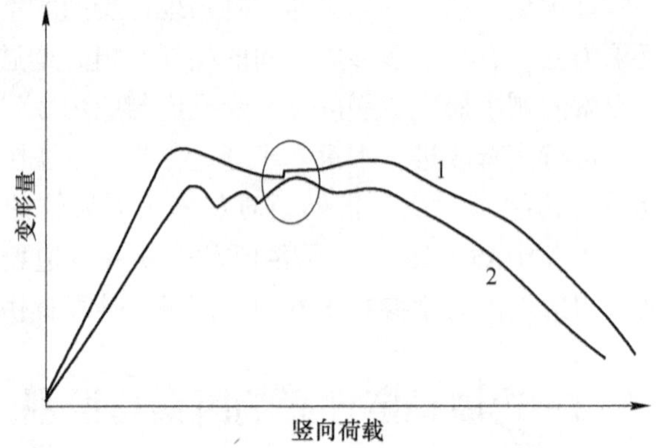

图 5-1　单轴荷载作用下岩体的变形曲线

1—破碎岩体；2—完整岩体

B　填充性

对于一些非封闭性结构面，其内部可能会有填充物，常见的填充物包括次生矿物（如方解石）、全风化泥土、岩石碎屑、枝叶等杂质。填充物会影响结构面的摩擦性能从而影响结构面的力学行为，这种影响性大小随填充物成分的不同而不同。一般来讲，铁质和硅质填充物的强度是最高的，在干燥的条件下甚至可以达到乃至超过岩体本身的强度；对于泥质以及一些易溶盐类（如碳酸盐）、塑性土、绿泥石等填充物，其强度则要弱得多且抗水性也更差，动力水通常可穿透此类填充物进行渗透漫延。

5.2.1.2　地下水

地下水会导致岩体富水，产生富水性。岩体的富水性指的是岩体内部水的多少，亦包括岩体内部水的渗透性。在水的作用下，岩体的物理力学性质会产生一定程度的改变，从而影响岩体边坡的稳定性。工程实践表明，岩体内部的水实际上分为两类，一类是与地下水循环系统相连通的活跃水，此类岩体内部水流参与了地下水的循环渗透，是地下水系统的一部分，容易受到地下水位和大气降水的影响；还有一类岩体内部水流与地下水系统处于隔绝状态，彼此互不相通。因此，在工程实践中，需注意对岩体内部水流进行区分。

为了对岩体内部水流的运动速度进行描述，ROMM 于 1966 年提出了岩体内部水流的速度矢量估算公式，即

$$v = \sum_{i=1}^{n} \frac{e_i}{S_i} u_i \tag{5-1}$$

式中，S 为结构面的固定张开间距，mm；e 为结构面的张开度，mm；u 为平均渗流速度矢量，无量纲。式（5-1）表明：岩体内部水流的渗流速度是各个结构面平均渗流速度的矢量和。

岩体内部水流在长期的作用下会对岩体产生物理化学作用，包括软化和泥化作用、润滑作用、溶蚀作用以及水解作用。

A 软化和泥化作用

主要指的是对结构面和填充物物理性状的改变，一般会由固态向可塑态转变再向流塑态转变直至成为液态。软化和泥化作用会极大地弱化结构面的强度，直接导致岩体的整体内聚力和内摩擦角下降，降低整体抵抗力。对于一些可溶性岩体（如石灰岩），动力水会直接软化结构体本身，降低其坚硬程度。

B 润滑作用

润滑作用一般指水会降低结构面的摩阻力系数从而减小摩擦力。事实上，水膜的存在还会增强结构面的滑动力。显然，当岩体内部的富水性不同时，岩体结构面的整体强度是不同的，干旱季节与降雨季节时尤为明显。

C 溶蚀作用与水解作用

对于可溶性岩体，水还会产生溶蚀与水解作用。溶蚀与水解作用的本质，是在动力水的长期、持续冲刷下，岩体中的可溶性离子产生释放，最终导致岩体出现溶蚀孔隙、裂隙、空隙甚至溶洞，在宏观上改变岩体的结构形态，严重影响结构体和结构面的强度，危及岩体的整体稳定性。对此，在工程实践中需特别注意对岩体内部的水进行探查。

5.2.1.3 *岩层产状*

岩层的产状用走向、倾角和倾向来表示。工程实践表明，在其他环境因素相同的条件下，水平顺层岩层最容易产生下滑运动；逆层岩层最稳定；混合岩层居于二者之间。对于水平顺层岩层，由于层间的黏结力往往不足以抵抗岩层本身的重力，此时在外界扰动作用下更容易产生下滑运动从而出现滑移。调查表明，我国在 1995~2005 年间的顺层岩层的滑移破坏事件的发生数量和比例要远远高于其他岩层，发生率比例达到 2.5 倍。因此，要充分重视岩层产状的实际分布特征。

研究表明，结构面的破坏形式与其本身与最大主应力面的夹角大小有关。假定该夹角为 β，则当 β 为锐角时，岩体将沿着结构面产生滑移；当 β 为 90°时，

将产生劈裂张拉破坏；当 β 为 0°时，横向结构面将产生剪断破坏。

图 5-2 所示为结构面产状对岩体破坏形式的影响示意图，显然岩体结构的强度随着 β 大小的不同而不同。

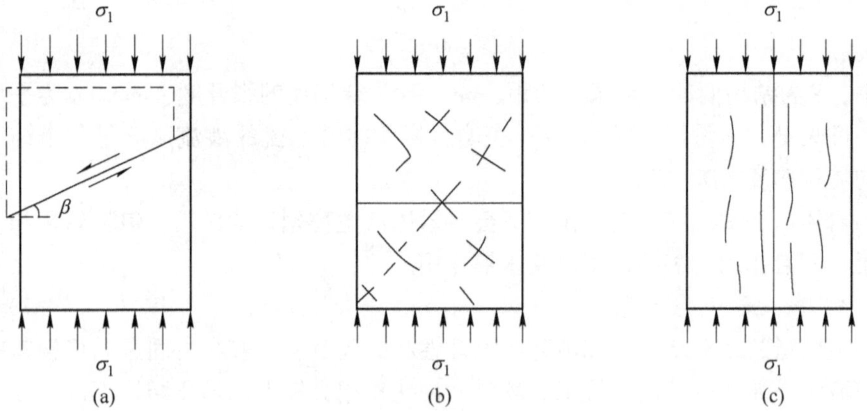

图 5-2　结构面产状对岩体破坏形式的影响示意图

（a）β 为锐角；（b）$\beta=90°$；（c）$\beta=0°$

5.2.1.4　爆破及地震

不论是爆破作用还是地震作用，都会在岩体中产生振动波（体波和面波）而引起岩体质点产生振动，由此间接地给岩体施加动荷载。爆破作业在岩体工程中较为常见，其炸药当量的确定一般由前期设计确定，不会对岩体造成显著的破坏。

地震作用属于小概率事件，一般不会产生，但一旦发生其破坏性较大，会严重影响岩体结构的完整性和稳定性，因而在工程设计阶段一般需考虑地震作用。

5.2.2　影响因素识别

对边坡岩体的不稳定性影响因素进行识别是发现危险源、查清岩体地质条件的关键环节，会直接影响后期设计与施工的有效性与合理性。假如未准确、全面、合理地对这些不稳定性影响因素进行探查，则有可能导致设计与施工失效，致使产生工程变更乃至二次施工与修复，造成人力、物力方面的浪费。因此，在岩体边坡工程地质调查阶段，必须合理、有效地对不稳定性影响因素进行调查识别。当前，常用的调查手段有工程类比法、地区经验法、钻探法和地球物理勘探法等，其中钻探法和地球物理勘探法属于直接调查法。

5.2.2.1　钻探法

钻探法，指的是利用一定的钻入设备在地层中钻孔，通过分析土芯的物理化学性质、转入速度及其难易程度等对土层的物理性质进行判断的一种方法。钻探法能直接获取地下真实的岩土体，因而非常直观清晰，容易判断不同深度处的土层条件（包括潮湿程度、密实度、风化程度、岩性等），在地质调查工作中得到了极其广泛的应用。

实践表明，钻探法同时也存在不可避免的缺陷，即“一孔之见”缺陷。由于现场场地的范围一般较大，实践中不可能在全范围内实施钻探作业，因而通常会选择若干个点开展钻探作业。显然，这种情况下所得到的钻探结果具有典型的离散型特征，当地层条件复杂多变时，钻探结果的代表性和有效性将大大减弱。在这种条件下，钻探结果可能会失效。

针对这一不足，在实践中可以通过增加钻探数量的方法对缺陷予以弥补，且钻探点的选取宜尽量避免集中。然而，这种方法并不能完全杜绝钻探结果具有离散型的缺陷，因而通常会与地球物理勘探法相互配合使用以便提高钻探调查结果的可靠度。

根据钻头的形式以及钻入机理，钻探法可以分为手工钻探、冲击钻探、回旋钻探等，其适用条件具有一定的差别，在使用时应注意。

A 手工钻探

一般用于浅层钻探，可用于土层样品的采集和地层校验。由于采用人工钻入，因此不适合在坚硬地层中使用，也不适合在含有大块碎石的场地使用，通常用于松散的人工堆积体或者其他较为软弱的土层。另外，在机械设备无法进入的场地，手工钻探是一种较为可行的替代方案。

由于采用手工操作，因此钻入深度不会太深，一般小于5m，取决于具体的地层条件，在黏性土和粉土中较为实用。在人工钻入的过程中，可能会有杂质进入到孔中从而对土体样品造成污染，且获取得到的土体样品体积较小。

B 冲击钻探

属于一种高能深孔钻探方法，一般可达到30m，因此可以获得土体污染样本、土工试验样品、水质分析等多类型的土体样品。冲击钻探在钻入过程中无需添加水以及泥浆，可以很好地采集到未受扰动的土体。

除了岩石地层外，冲击钻探还适用于黏性土层、粉土层、砂土层、碎石层以及卵石层，因而具有较好的适用性。

C 回旋钻探

相比于冲击钻探，回旋钻探的钻入深度更大，一般可达40m左右。在钻入过程中，同样不需要泥浆护壁，能较好地避免对原始土体样品造成污染。相比于冲击钻探，回旋钻探不适合在碎石层和卵石层中使用，但同样可以在黏性土层、粉土层和砂土层中使用。

5.2.2.2 地球物理勘探法

地球物理勘探法又称为物探法，是一种近年来快速发展起来的物探探测技术。与传统的钻探法相比，地球物理勘探法属于无损探测，不会对土层以及土工建筑物造成破坏，可以良好地保持被探测对象的原始外貌，因而非常适合用于地质调查。

根据探测原理和设备的不同，地球物理勘探法可以分为多种类型，比如电磁法探测技术、声波法探测技术、直流电法探测技术、红外探测技术等。其中，电磁法探测技术和声波法探测技术的灵敏度最好，适用于对各种形态、大小的目标体进行探测识别。典型的电磁法探测技术有地质雷达法探测技术（GPR），典型的声波法探测技术有地震波反射法（TGP/TSP）。

完整的地质雷达系统包括主机、连接电线和发射天线。主机是整套地质雷达探测系统最重要的关键部件，所有的探测参数均由主机进行设定和控制；连接电线是主机与发射天线的连接部件，负责将主机中的控制信息传递至发射天线；发射天线是雷达系统的电磁波发射装置，该部件会根据主机设定的相关电磁波参数向目标土层发射电磁波，同时也是反射回波的接收装置。根据型号不同，发射天线的功能也不同，但总体可以归纳为收-发单体天线和收-发一体式天线两种功能天线，在实际探测时可以根据不同的需求配备不同类型的发射天线。

图 5-3 所示为市场上常见的 RS-2K/ME 型测量轮式地质雷达系统。

图 5-3 测量轮式地质雷达系统

雷达天线发射出去的电磁波在地层中不断地产生反射、折射后将由于能量的衰减而无法继续旅行。在这一过程中，大部分反射回波被雷达天线的接收端口所接收，然后再由信号转换器转化为图像信息并在雷达主机的显示器上显示出来。

上述岩质边坡稳定性影响因素识别技术具有各自不同的使用条件，在实际工作中需特别注意加以区分，否则可能无法获得有效的探测结果。

5.3 边坡应力分布特征及影响因素

天然边坡岩体经过长期、连续的发育和变迁，其内部位移和应力场会逐步趋于稳定并最终保持平衡状态。当采用人工方式（爆破或者机械开挖）对边坡岩体进行开挖时，本质上干扰了岩体内部的稳定状态。在宏观上，表现为岩体出现开裂、转动甚至开裂、下滑，危及施工安全；在微观上，岩体内部单元质点的三向受力状态被改变，体现为三向受力的大小及其方向产生变化，且质点之间会出现位移趋势或者相对位移乃至挤压，根据均质统一场假定原理可知，大量微观质点的位移和应力场会逐渐累加并表现为宏观现象。

对边坡岩体进行开挖后，相当于实施了卸荷，这导致坡面附近近距离范围内的应力产生重分布，也意味着边坡岩体将处于新的应力状态。为了适应新的内部应力场，岩体将产生新的变形乃至破坏。因此，为了对边坡岩体的稳定性进行预测评估，有必要分析研究边坡岩体的内部应力分布特征。

5.3.1 应力分布特征

真实天然状态下的边坡岩体未必是均质连续的，考虑到位移场和应力场的传递，假定边坡岩体是连续、均质的，其内部不存在明显的断裂、错开或者规模较大的结构面。科茨于 1970 年分别采用弹性有限元法和光弹性试验对均质边坡岩体内部的应力分布进行了求解，结果如图 5-4、图 5-5 所示。图 5-4（a）为边坡岩体的原始重力场分布形态，图 5-4（b）为以水平应力为主的构造应力场分布特征。由此可见：

（1）在天然应力状态下，坡面附近的主应力轨迹线都会产生明显的偏转，这与边坡岩土的岩性或者形态无关，且内部最大主应力几乎平行于边坡的坡面，而最小主应力几乎垂直于边坡的坡面。随着到坡面的距离越大，不论是最大主应力还是最小主应力，均具有逐步恢复至原始应力状态的趋势。

（2）在坡面附近可以清晰地看到应力集中区域，这正是应力重分布所导致的结果。在坡肩附近区域，垂直于坡面的径向应力和坡面顶部的切向应力之间会转化为拉应力，而边坡岩体的抗拉应力强度要显著低于抗压强度，故在坡肩附近区域最容易产生拉裂破坏，且边坡坡面的坡度越大，越容易产生拉裂破坏。在坡脚附近，取值较大的部分切向应力与坡面相互平行，取值较小的部分切向应力与坡面垂直，由此形成了应力差，导致坡脚附近区域最容易产生剪切破坏。

（3）在边坡岩体的坡面区域不存在径向应力，坡面上的各个点均为两向受力状态，否则坡面岩体质点将无法保持稳定。随着深度逐渐加大，质点的受力状态逐渐由两向过渡为三向受力状态。

（4）边坡岩体内部的最大剪应力轨迹将逐渐由类直线形态转变为凹状形态。

大量的工程岩体应力监测表明，科茨的研究结果适用于大部分较为均质完整的岩体边坡，是当前岩体应力分布与理论估算模型的基础，目前应用较为广泛。

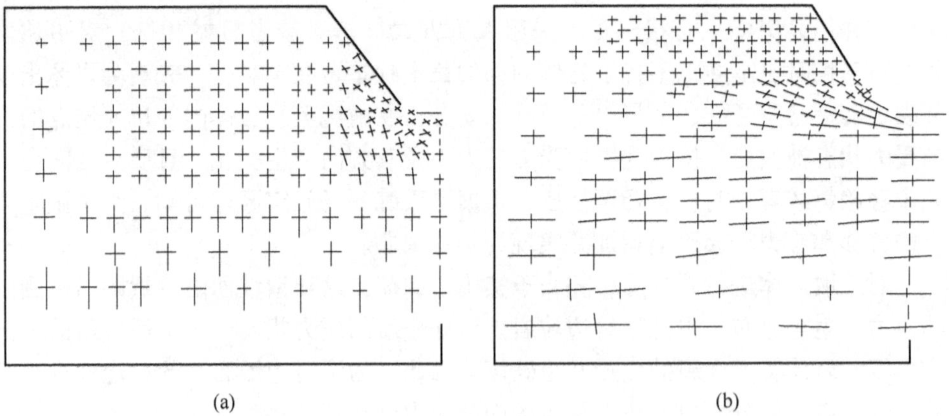

图 5-4 典型斜坡的主应力轨迹特征

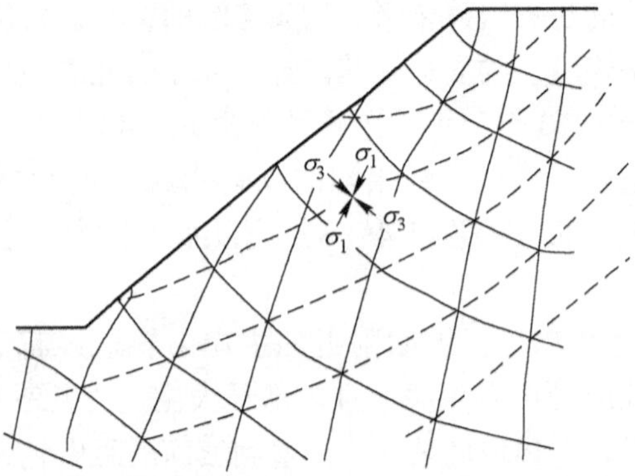

图 5-5 最大剪应力与主应力轨迹线分布

5.3.2 应力分布影响因素

边坡应力分布的最根本影响因素是地球引力，边坡的形态与天然密度会显著地影响边坡岩体的应力分布。经理论研究和工程实践表明，边坡岩体内部应力的影响因素可以概括为三种，即天然应力分布、形态与结构、人为干扰。

5.3.2.1 天然应力分布

天然应力是边坡岩体的原始应力，未受或者仅受微小的人工干扰。天然竖向应力的贡献在于加速岩体的竖向沉降与固结，对岩体拉应力的影响基本可以忽略不计，而天然水平应力则会显著地影响岩体的拉应力水平及其范围。图 5-6 所示为学者斯特西于 1970 年提出的不同水平应力、坡脚条件下的边坡内部拉应力带的分布，图中 σ_h 为构造应力，β 为坡脚，阴影部分为拉应力带，可见随着水平天然应力的增大，拉应力的范围也逐渐增大。

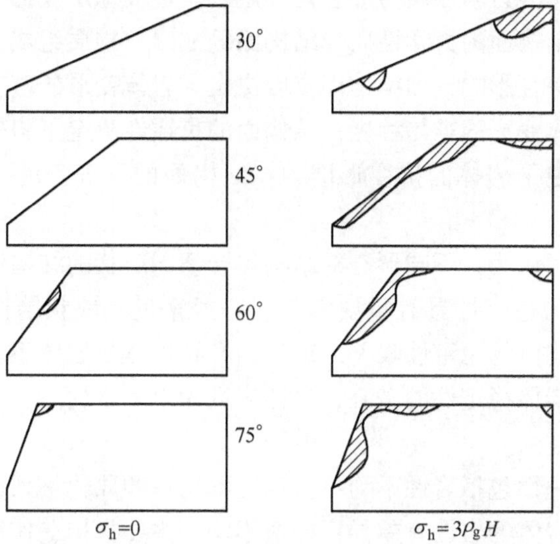

图 5-6 边坡岩体水平应力与内部拉应力带分布

5.3.2.2 形态与结构

A 形态特征

边坡形态一般指的是边坡的高度、坡脚大小和坡底的宽度，这些因素对边坡内部应力的分布均有不同程度的影响。边坡高度的改变，会影响坡体内部主应力的大小，即随着高度的增加，坡体内部的主应力取值会相应地增大；坡脚大小会影响岩体内部拉应力的范围，坡脚越大则拉应力的范围也越大，且会显著地提高坡脚的剪应力大小。

坡底是整个边坡的支撑部分，类似于边坡坡体的底托。研究表明，当坡底宽度与坡高的比值小于 0.6 时，坡脚区域的最大剪应力与坡底宽度的关系是：随着坡底宽度的减小，坡脚区域的最大剪应力将迅速增大；而当该比值达到 0.75~0.8 时，坡脚区域的最大剪应力将几乎保持不变。事实上，在坡底宽度与坡高的比值相同的情况下，一般边坡与圆形边坡坡脚处的最大剪应力取值亦不相同，前者的取值仅为后者的 1/3~1/2。

B 结构特征

岩体的不均一性、不连续性、变异性形象地说明了岩体的特征，这种特征主要体现在形成岩体结构的两个要素，即结构面和结构体。岩体的结构面主要指具有一定的方向性、延伸性的地质分异或不连续界面；岩体的结构体主要指由结构面切割形成的岩石块体。

结构面与结构体之间的组合是岩体稳定性的内在关键，即结构面的性质及其配套组合与结构体的力学性质与形态是决定岩质边坡稳定性的基本因素。大量的工程实践表明，结构面的力学性质受结构面的成因、物质组成、贯通性、平整度和发育密度等的综合影响，即结构面成因决定了岩体变形的基本趋势；结构面物质组成决定了岩体变形的难易程度；结构面的贯通性决定了岩体变形的规模；结构面的平整度决定了岩体的抗变形能力；结构面的发育密度决定了岩体的完整程度。

成永刚等学者认为，不同形态的结构体、不同产状的结构体和不同受力方向的结构体对岩体的稳定性具有重要影响。一般来说，块状结构的岩体稳定性较好，其余形态结构体的稳定性较差。结构面和结构体是岩体不均一、不连续的关键因素，是影响岩体稳定性的基础，具体表现为以下方面。

a　不均一性

岩体的不均一性包括岩性不均一、构造不均一和风化不均一等方面。岩性不均一主要指构成岩体的岩性有差异；构造不均一主要指构造作用下形成的岩体结构差异，如破裂带、碎裂岩、糜棱岩、断层泥等；风化不均一主要指风化造成的岩体力学性质的差异。

b　不连续性

岩体的不连续性表现为岩体应力的不连续和岩体强度的不连续。

岩体应力的不连续主要指结构面的存在造成岩体某些部位应力集中、某些部位应力削弱、某些部位应力轨迹发生偏转和应力值不连续的现象。对于具有软弱夹层的层状岩体，法向应力在软弱夹层区域有部分应力能转化为应变能，使压应力减弱甚至转化为张应力；而切向应力则导致软弱夹层发生剪切变形。

岩体强度的不连续，主要指应力距岩石强度差距较大，但达到岩体结构面的强度时会引起结构面的破坏而导致岩体发生破坏。也就是说，控制岩体强度是结构面强度而非岩石强度，它们之间是不连续的。描述岩体强度的一个重要物理量是泊松比μ，它的大小与岩体的破碎性和富水性特征具有重要关系，图 5-7 为泊松比对岩质边坡拉应力分布的影响示意图（H 表示坡高），可见在边坡的端点容易产生应力集中。

综上所述，岩体的结构面与结构体的性质、特征对岩体的稳定性具有至关重要的作用，是分析岩质边坡稳定性的基本地质资料，在分析判断岩质边坡稳定性时，必须充分、准确地掌握岩体内部的破碎性乃至富水性。

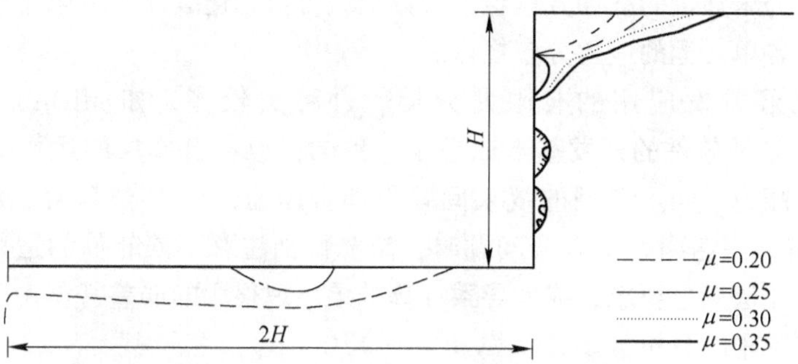

图 5-7 泊松比对岩质边坡拉应力分布的影响

5.3.2.3 人为干扰

人为干扰指的是由于人类活动导致的岩体内部应力的变化，一般分为人工堆载和开挖作业。

人工堆载会持续加大边坡上部荷载，随着年代的累加岩体将持续产生固结沉降，致使岩体内部的应力产生持续改变，这种应力变化一般不会导致岩体产生爆发式大变形乃至破坏，属于缓慢进行性加载过程，但当应力超过强度特征值时，其变形量亦会超过规定范围甚至发生破坏。人工开挖作业则属于直接式破坏，一方面扰动了岩体内部的原始应力场；另一方面又发挥了卸荷作用，岩体在扰动后是否产生滑移破坏取决于新的应力分配。

5.4 边坡稳定性预测方法

当前，岩质边坡的稳定性预测方法有多种，如块体极限平衡法、数值模拟分析法、弹塑性力学分析法、模型实验法以及原位测试法等。不同的分析方法有不同的优缺点，在使用时需要加以区别。本节将对数值模拟分析法中的有限元分析法和原位测试法进行简要概括与总结。

5.4.1 有限元分析法

有限元分析法又称为有限单元分析法（FEA，Finite Element Analysis），是快速发展起来的一种数值模拟分析技术。有限元法是最先应用于航空工程结构的矩阵分析方法，主要用来解决复杂结构中力与位移的关系。

有限元法的基本思想：将具有无限个自由度的连续的求解区域离散为具有有限个自由度、且按一定方式（节点）相互连接在一起的离散体（单元），即将连续体假想划分为数目有限的离散单元，而单元之间只在数目有限的指定点处相互联结，用离散单元的集合体代替原来的连续体。一般情况下，有限元方程是一组以节点位移为未知量的线性方程组，解方程组可得到连续体上有限个节点上的位移，可求得各单元上的应力分布规律。

目前已经开发应用的有限元分析软件种类较多，如 MIDAS、ANASYS、ADINA 等，这些软件的开发基本原理是一致的，但各自模块的运算效率和处理复杂问题的能力不同。典型的复杂问题是耦合问题，如固-热耦合、流-固耦合、气-固耦合等。当遇到处理耦合问题时，需要特别注意不同软件的适用性，否则会导致精度无法满足要求，或者导致计算结果出现很大的误差甚至出现无法归零的结果，严重影响分析效率。

有限元分析的基本步骤通常为：

第一步：前处理。根据实际问题定义求解模型，包括以下几个方面：（1）定义问题的几何区域；（2）定义单元类型；（3）定义单元的材料属性；（4）定义单元的几何属性，如长度、面积等；（5）定义单元的连通性；（6）定义单元的基函数；（7）定义边界条件；（8）定义载荷。

第二步：总装求解。将单元总装成整个离散域的总矩阵方程（联合方程组）。总装是在相邻单元结点进行。联立方程组的求解可用直接法、迭代法。求解结果是单元结点处状态变量的近似值。

第三步：后处理。根据有关准则对所求出的解进行分析和评价。

5.4.2　原位测试法

原位测试法是识别、判断土层工程性质的一类重要方法，属于直接探测法。由于在现场开展测试，因此可以获得土层的原状样品，具有良好的真实性。与室内试验相比，原位测试法具有直观、直接、真实的特点。然而，开展原位测试法通常需要借助一些比较大型的设备，因此原位测试法比较费时、费力。

与室内试验相比，原位测试法得到的是原状土体样品，没有假定和模型化，相关结果更具有代表性。但是，在无法开展原位测试时，依然需要开展室内试验予以替代。因此，在实践中通常会将室内试验与原位测试法相互配合使用。常用的原位测试技术有触探技术（含静力触探、动力触探）、旁压试验、标准贯入试验、载荷试验、十字板剪切试验等。

5.5　GPR-BP 边坡稳定性分析

5.5.1　依托工程概况与研究方案

5.5.1.1　工程概况

赣县-兴国高速公路是连接赣州市区与兴国、会昌等县域的重要通道，设计时速为 100km/h，荷载等级为公路-Ⅰ级。公路沿线为低山丘陵地貌，地表起伏大且植被发育，以乔木、藤类、蕨类、杂草为主。四季分明，降雨量充沛，平均相对湿度达 78%。光照充足，年平均蒸发量为 1635.8mm。沿线地层岩性均匀，表层为第四系全新统残坡积（$Q4^{el+dl}$）粉质黏土，下伏基岩为震旦系（$Z_{Ⅲ}$）千枚岩。基岩出露明显，节理裂隙发育，风化程度不均。地表水系有潋江支流和黄陂河支流，是东江源水系的上游。地下水以基岩裂隙水和松散孔隙水为主，经驻地实验室测定，对钢筋混凝土无腐蚀性。

依托边坡位于江口镇境内，桩号里程为 ZK31+268，属于路堑岩质边坡。边坡沿路线方向的长度为 32m，在纵向采用两台阶放坡。坡顶至坡底的高程为 12.7m，其中台阶 1 的高程为 8.5m。坡面风化程度不均，左侧以中风化为主，岩体较完整，无明显的节理、裂隙，呈块-大块状结构；坡面中部-右侧整体为强风化，局部全风化伴松散碎石堆积体，完整性差。可见，该边坡的整体完整性一般，稳定性较差。设计采用锚索框格梁加固，并于 2017 年 5 月完成加固施工。

2020 年 4 月，当地正处一年一度的春季梅雨季节且 10~19 日连续降雨，空气湿度大，地表湿润。4 月 21 日上午，边坡上台阶右侧、下台阶中部与右侧产生滑塌，导致框格梁破坏损毁，锚索外露。图 5-8 所示为滑坡现场，可见坡体中部、右侧部分的土体湿润，表明含水率较高，所幸坡体左侧岩体虽然潮湿但并未产生明显滑移且岩体较完整。因此，尽快对整个坡体的稳定性进行预测评估是接下来需要完成的重要工作，以便为后续的处治设计提供相关参考。

图 5-8 滑坡现场

5.5.1.2 *研究方案*

上述边坡的完整性、风化程度显著不均，含水率亦存在较大差异，无论将其视为Ⅴ级还是Ⅳ级岩体均不合理。为此，摒弃以往对整体坡体进行定级归类的做法，先将坡体划分为若干个单元再分别实施定级及力学参数赋值，即首先进行坡面地质素描并采用地质雷达对边坡内部的富水性、破碎性进行探测，据此对边坡进行单元划分；其次，依据《工程岩体分级标准》（GB/T 50218—2014）的建议对各个单元的弹性模量、泊松比等参数进行初始赋值。

根据岩体本构关系可知，块体的形变与位移是弹性抗力与效应二者之间的平衡结果，而岩体的抗力又与其本身的抗剪强度指标、泊松比等参数具有直接关系。此外，受环境因素（水、结构面、填充体等）的影响，岩体力学参数之间亦存在相互影响，彼此并非两两独立的未知量，某一个力学参数在发生变化产生增量的同时亦会改变其他的力学参数并依次产生增量。另外，由于块体接触与挤压，彼此之间存在位移和应力的传递，相邻岩块的运动状态会对周边的岩块造成扰动。因此，岩块单元之间不但存在位移和应力的传递，实质上还存在力学参数之间的相互影响，也就是容错性影响。这种容错性影响与 BP 神经网络中的节点连接与权值传递具有高度相似性，且神经网络经迭代运算后总能在误差控制范围内得到最优的解析解，这为采用神经网络对岩块单元的力学参数进行迭代运算并据此求取完整的边坡力学参数提供了方向。

为此，基于前述岩块单元划分与力学参数初始赋值，引入 BP 神经网络，经神经元权值与步长运算控制对完整边坡的力学参数进行反演；然后，再将得到的力学参数应用于有限元数值模拟计算对边坡的稳定性进行分析；最后，采用现场监控量测对模拟分析计算结果进行对比验证。

图 5-9 所示为研究方案。

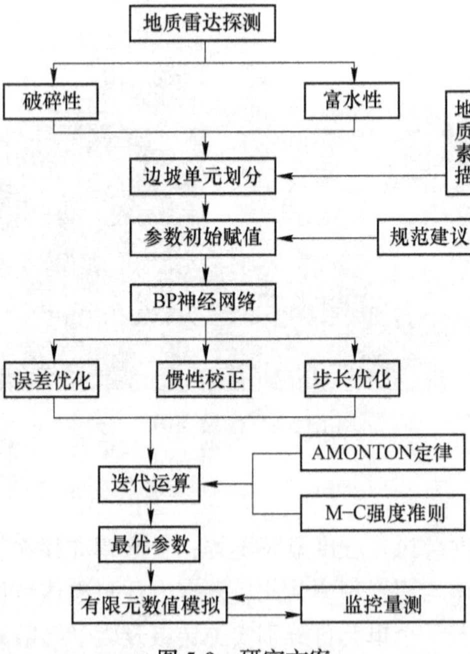

图 5-9　研究方案

5.5.2 基于地质雷达探测的单元划分

5.5.2.1 探测方案

基于前期工程地质勘察资料，采用美国地球物理公司生产的 SIR-3000 型地质雷达配备中心频率为 100MHz 的收-发一体式天线对边坡进行探测。中心频率为 100MHz 的雷达天线，其探测深度可达 20~35m，能完整地对边坡内部的地质情况进行探测，满足深度探查要求。

由于边坡陡峭，若设置竖向测点、测线，则天线在移动过程中极易快速下滑致使无法准确控制移动速度且易脱离岩体表面造成无效探测。因此，一律沿道路中心线方向设置水平测点、测线。测线的起点、终点视场地条件确定，长度为 7~8m，竖向间距为 3m；测点个数视现场操作难易而定，间距为 1~2m。为了完整地对边坡进行探测，除在坡面上布置测点、测线外，还在边坡周围 3~7m 范围内布置测点以扩大探测范围。

表 5-1 所示为地质雷达相关探测参数。

表 5-1 探测参数

内容		设置
中心频率/MHz		100
滤波值/MHz	LP	300
	HP	25
时窗/ns		600
增益方式与点数		自动、5 点
叠加次数		7
相对介电常数/无量纲		5~7

需要特别注意的是，地质雷达属于电磁法勘探技术，雷达天线发射出来的电磁波容易受到外界干扰源的干扰，如外加电磁场、振动、噪声、锚杆（锚索）以及金属网等金属物体。雷达天线的接受系统采用宽频域（为 $3f_0$~$5f_0$，f_0为天线中心频率）接收模式对反射回波进行接收。因此，当干扰信号的频率刚好在这一范围内时，这类干扰信号也同样会与真实反射信号一起被接收端口所接收并转化为判读图像。因此，在实际探测时，需注意避免或者消除干扰源以保证采集信号的真实性。

5.5.2.2 探测结果与单元划分

基于上述分析，为了保证分析信号的真实性和有效性，在探测完毕后还需采用 RADAN7.0 地质雷达分析软件对探测文件进行背景去除、滤波、科希霍夫偏移等处理以消除干扰波、提高真实信号，图 5-10 所示为 RADAN7.0 地质雷达分析软件的操作界面。

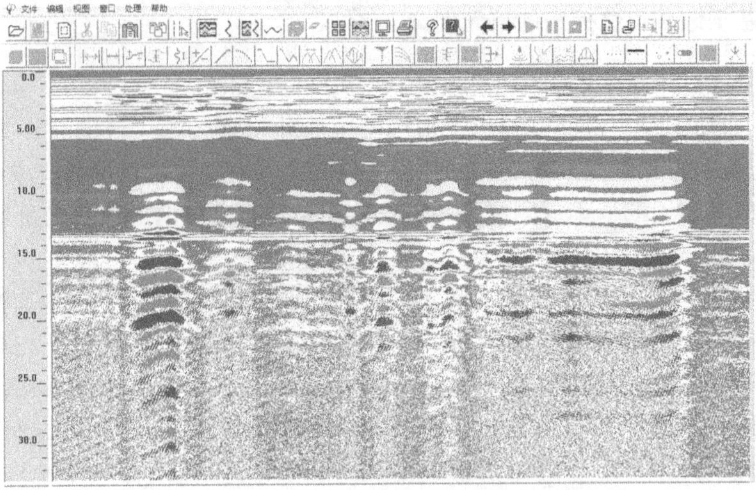

图 5-10 RADAN7.0 地质雷达分析软件操作界面

A 探测图像处理

为了消除干扰信号，在解译分析时必须实施时间域和频率域处理以提高真实信号比。地质雷达后期解译分析常用的处理技术有背景去除、滤波处理、反褶积处理等。

以背景去除处理为例，背景去除处理的功能在于去除雷达图像上的直达波，如图 5-11 所示（省略纵横坐标）。

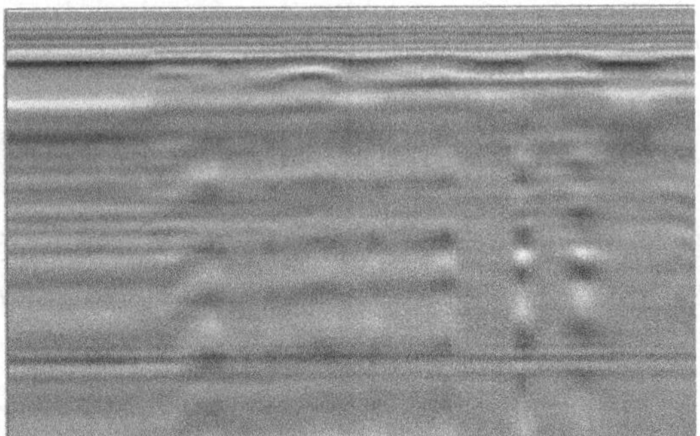

图 5-11 典型水平直达波干扰信号

直达波是未经过地层有效反射而直接被雷达天线接收端口接收到的电磁波，此类电磁波经空气传播后被直接接收。因此，直达波几乎没有能量的消耗，在图像上会表现为完整的、连续的类直线状水平信号。

直达波信号的分层非常明显，易于识别。假如在解译分析时没有去除此类直达波信号，那么对于经验不足的判读人员而言，很容易把此类直达波信号误以为是地层中的水平分界面从而作出错误的判读分析。图 5-12 所示为上述背景处理前后的雷达图像（省略纵横坐标），显然处理后的雷达图像上并没有再出现直达波干扰信号了。

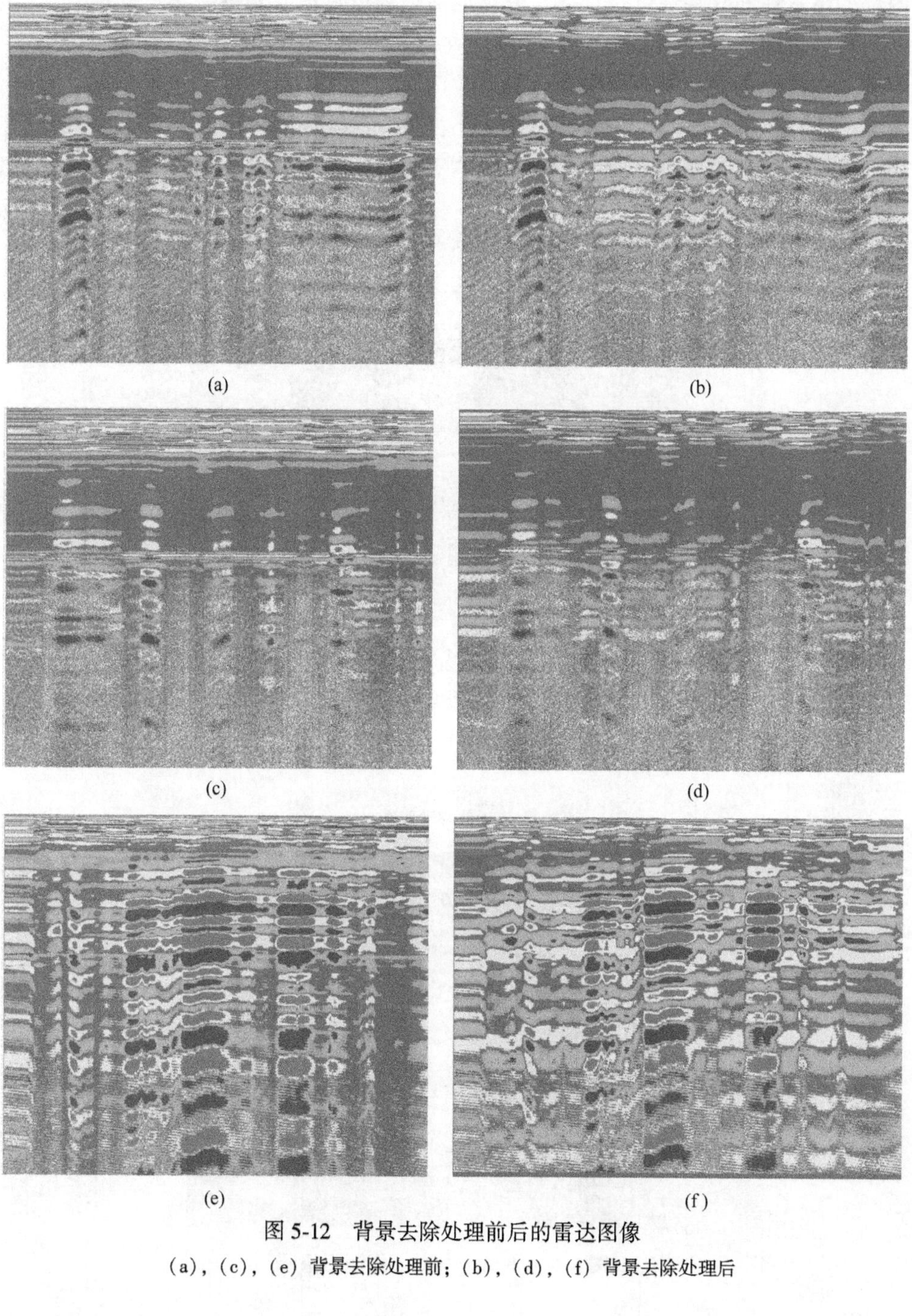

图 5-12 背景去除处理前后的雷达图像

(a)，(c)，(e) 背景去除处理前；(b)，(d)，(f) 背景去除处理后

B　单元划分

经统计，分别获得线测、点测图像共计 38 幅和 45 幅。综合分析前期地质勘察资料和探测图像中的振幅、清晰度、同相轴、波速变化、主频等信息，对边坡内部的富水性和破碎性进行预测，并据此对边坡进行单元划分。

统计表明，共将该边坡划分为 38 个单元块，其中：Ⅴ级单元共 13 个，位于边坡下台阶中部和右侧；Ⅳ级单元共 13 个，位于边坡上台阶中部和右侧；Ⅲ级单元共 12 个，分别位于上、下台阶左侧。至此，边坡单元划分完毕，后续再根据《工程岩体分级标准》（GB/T 50218—2014）的建议对各个单元的力学参数进行初始赋值。

图 5-13～图 5-15 所示为该边坡实际探测所得部分探测图像。

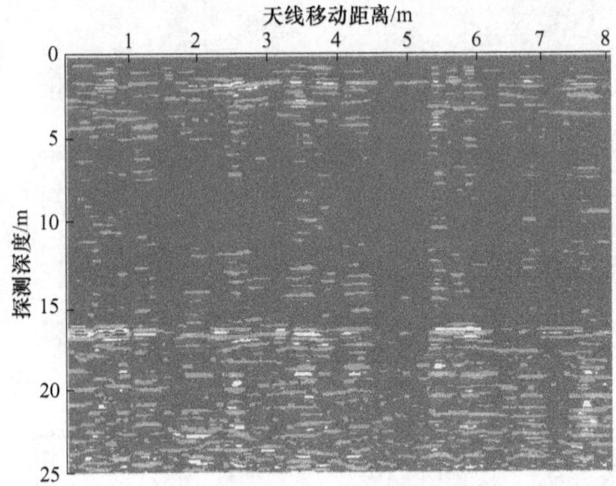

图 5-13　Ⅲ级岩体单元探测图像

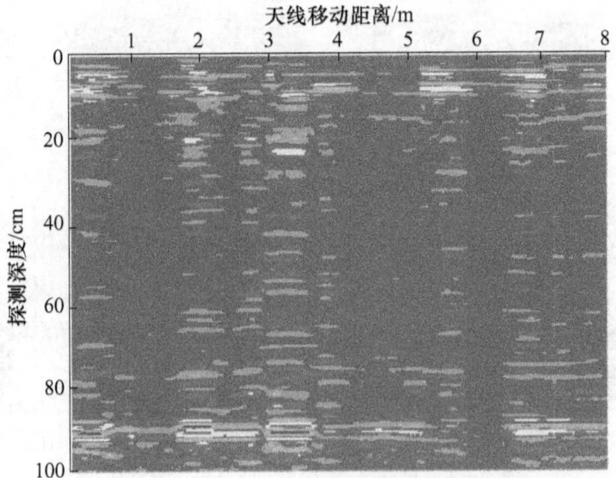

图 5-14　Ⅳ级岩体单元探测图像

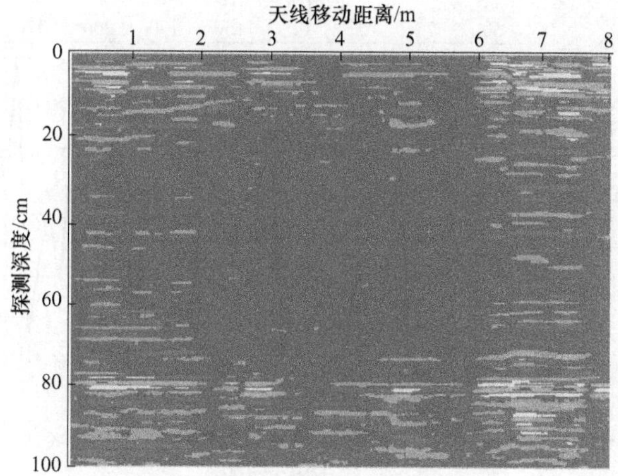

图 5-15 V级岩体单元探测图像

工程实践和研究表明，岩体中的水会导致电磁波能量急剧衰减，致使到达一定深度时将无法继续产生有效的反射回波，此时在图像上将出现斑点状的模糊特征。此外，电磁子波中的高频子波在遇到水的时候，更容易被极化而产生极大的能量损耗，导致这类高频率的子波被优先损耗、吸收从而表现为显著的低频特征。图 5-16、图 5-17 所示为该边坡实际探测所得部分反射回波的频谱图像，可见，富水单元块探测所得回波频谱具有显著的低频特征，（较）干燥单元块的回波频谱特征是正常的。

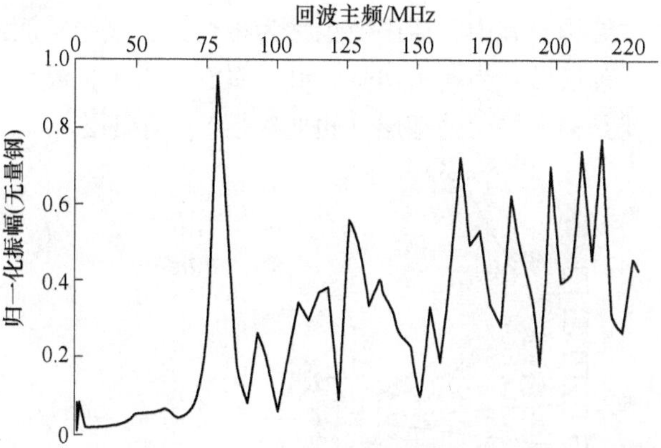

图 5-16 富水单元块频谱图像

5.5.3 人工神经网络与反演分析

神经网络的发展始于 20 世纪 60 年代，最初被应用于模式识别与感知模拟。

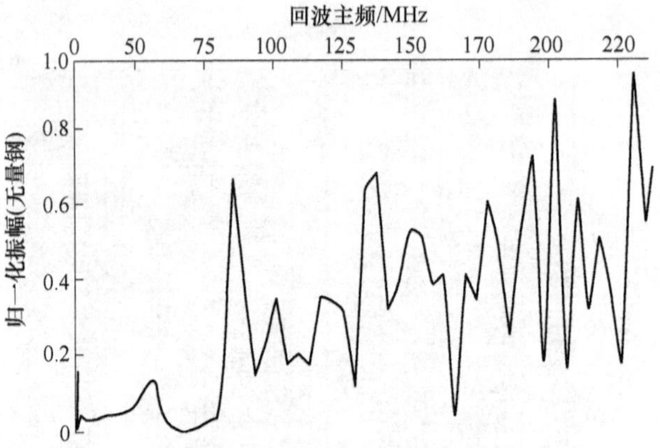

图 5-17　(较)干燥单元块频谱图像

随着计算科学、网络系统科学、电子技术的快速发展与成熟，神经网络目前已经在工程科学、医学、心理学、信息计算科学等领域得到了广泛应用，与神经网络有关的机理、算法、模型分析等研究在国内外广泛开展。时至今日，神经网络已经成为了当今科技领域的重要研究方向和有力的研究工具。

5.5.3.1　人工神经网络基本原理

人工神经网络是一类借鉴人体神经网络的处理复杂信息的算法系统。研究与实践证实，遍布人体全身的神经元相当于信号处理装置，不但可以发送信号也可以接收信号，还可以根据信号的强度大小对肌肉、骨骼的应激反应进行调整。人工神经网络正是基于此而设计开发的一种高效模拟仿真算法。图 5-18 所示为人工神经网络的基本结构，其中激活函数也称为神经元，该结构演示了输入信号经激活函数、权值处理后转变为输出信号。可以看到，人工神经网络结构至少包含三个功能层，也就是输入层、处理层（也叫隐层）、输出层。

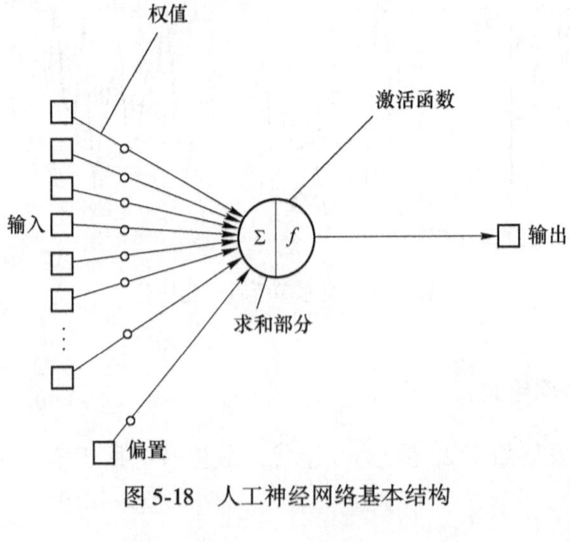

图 5-18　人工神经网络基本结构

A 神经元模型

神经元是人工神经网络结构中的信号传递结构，用于接收及传递来自上一结构层中的数字信号。当前的神经元模型主要采用两种神经元，即单输入神经元和多输入神经元。

a 单输入神经元

在人工神经网络中，单输入神经元每次只输入一个参数，同时也只输出一个参数，其基本工作原理如图 5-19 所示。图中 x 表示输入参数、w 表示权重值、b 表示偏置系数、n 表示中间输出参数、f 表示传递函数、y 表示输出参数。其工作原理可以描述为：首先输入一个参数 x，同时对其施加一个影响权重因子 w，然后将它送入到累加函数中；与此同时，对累加处理过程施加一个偏置因子 b，此时将产生中间结果 n；最后将 n 输入到传递函数 f 中进行运算从而得到结果 y。

上述运算基本原理可以用式（5-2）表示，可见不论是输入参数还是函数 f 都会影响输出结果 y 的取值。

$$y = f(\omega x + b) \tag{5-2}$$

需要注意的是，偏置参数 b 的取值必须根据实际需求进行调整，其取值可以为 0，也就是不设置偏置参数。偏置参数 b 在本质上属于权重系数，但其功能与权重系数不同，因而在某些实际情况下可以不设置该参数。

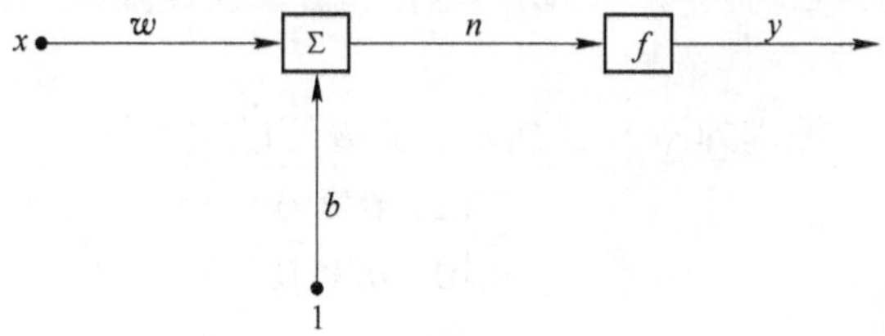

图 5-19 单输入神经元的原理结构

b 多输入神经元

与单输入神经元不同，多输入神经元具有多个输入参数。假定有 R 个输入，分别记为 x_1，x_2，x_3，…，x_R，则经过累加器及函数 f 处理后，将生成新的参数 y，图 5-20 所示为多输入神经元的原理结构示意图。可以看到，多输入神经元有偏置参数 b，该参数将与上述输入参数进行加权累加从而形成中间结果参数 n。因此，可以用式（5-3）来表示中间结果参数 n 的计算。

$$n = w_{1,1}x_1 + w_{1,2}x_2 + w_{1,3}x_3 + \cdots + w_{1,R}x_R + b \tag{5-3}$$

与单输入神经元不同，多输入神经元的权重矩阵 $\boldsymbol{W}$ 有 R 个元素，此时可以用式（5-4）来表达神经元输出参数 y，即

$$y = f(\boldsymbol{Wx} + b) \tag{5-4}$$

神经元模型是对输入参数进行运算处理的基本流程与结构，权重参数与偏置

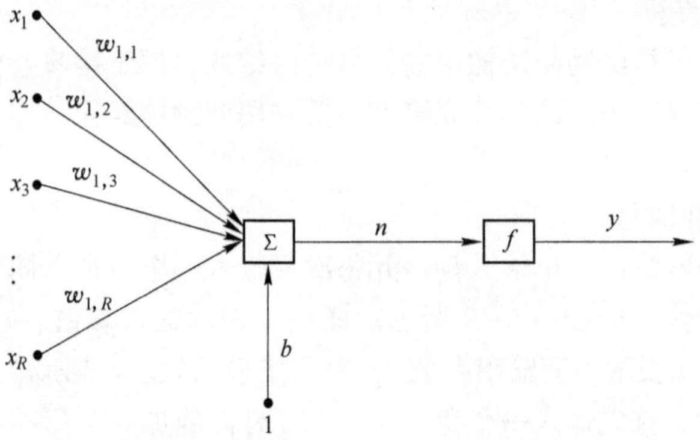

图 5-20　多输入神经元的原理结构

参数以及处理函数的运算法则都会影响最终的输出参数。因此，在具体应用时，必须充分考虑运算精度、相关性等指标。

B　传递函数

传递函数记为 $\varphi(v)$ ，其主要功能在于完成网络识别训练。具体而言，该函数将对累加器的输出参数进行处理从而得到一个新的输出参数并传递给下一层运算结构。因此，传递函数实际上是通过诱导局部域 v 来定义神经元的输出。应用最广泛的基本传递函数有两种，即阈值函数和分段线性函数。

a　阈值函数

阈值函数的运算原理如图 5-21 所示，其表达形式为分段函数，见式（5-5）。

$$\varphi(v) = \begin{cases} 1, & v \geqslant 0 \\ 0, & v < 0 \end{cases} \tag{5-5}$$

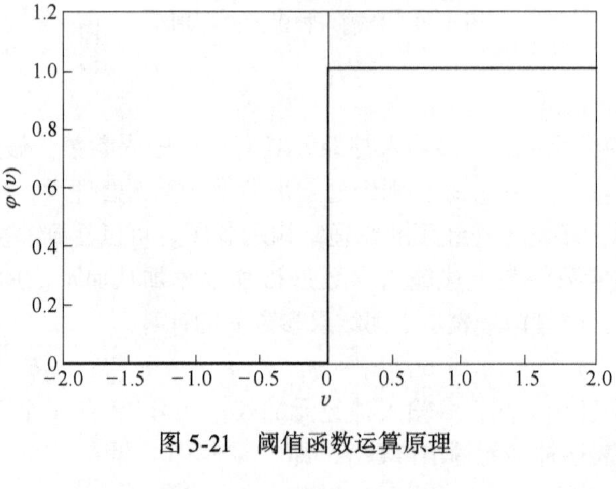

图 5-21　阈值函数运算原理

可见，其取值结果只有两个：0 和 1。当阈值为 0 时，表示前述运算即将停止不再继续向下传递；当阈值为 1 时，表示前述运算将继续参与累加运算及其权重分配。

传递函数在整个神经网络中都存在，因而每一层运算时都要利用到阈值函数。当在第 k 层进行运算时，式（5-5）可以改写为：

$$y_k = \begin{cases} 1, & v_k \geqslant 0 \\ 0, & v_k < 0 \end{cases} \tag{5-6}$$

b 分段线性函数

分段线性函数的关键在于分段及其线性特征。当局部域的范围不同时，传递函数的取值将不同，但依然会保持线性关系，其表达式和运算原理如式（5-7）、图 5-22 所示。

$$\varphi(v) = \begin{cases} 1, & v \geqslant \dfrac{1}{2} \\ v + \dfrac{1}{2}, & -\dfrac{1}{2} < v < \dfrac{1}{2} \\ 0, & v \leqslant -\dfrac{1}{2} \end{cases} \tag{5-7}$$

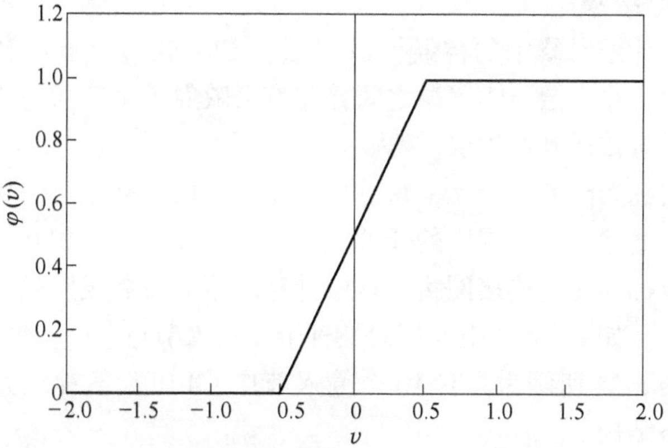

图 5-22 分段线性函数运算原理

上述两种传递函数是当前在工程科学领域应用最为广泛的基本函数形式，其本质在于对上一层的输入参数进行赋值操作或者加权运算从而实现运算终止或者继续传递的目的。通过传递函数，可较为便利地控制运算结构的时间和精度等指标。

C 人工神经网络结构

人工神经网络的基本结构有三种，即单层网络、多层网络和递归网络。不同网络结构的功能不同，其基本原理亦不相同。

a　单层网络结构

在人工神经网络系统中，神经元以“层”的形式进行组织和显示。对于单层网络结构，输入层参数将被直接传递到输出层神经元上，经权重系数加权处理后可快速、直接地得到输出结果。神经元之间的连接是重复的、单向的，任何一个输入层参数均可传递至下一层中的每一个神经元。图 5-23 所示为单层网络结构的示意图，可见输入层的参数（白色方框表示）被传递函数直接传递到了输出层神经元（黑色圆圈表示）。

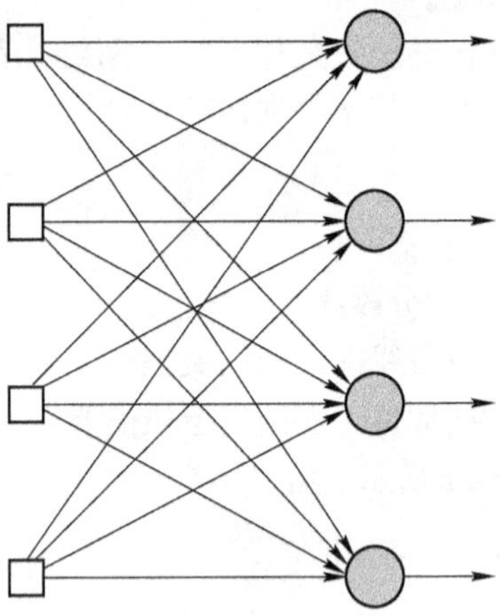

图 5-23　单层人工神经网络结构

单层网络结构简单、易于理解且运算规则较为简单易懂，对于一些线性运算处理以及少参数条件下的运算较为匹配适用。当输入参数较多时，这类网络结构容易陷入最小值困境，导致输出结果产生误差甚至完全错误、失效。

b　多层网络结构

如前所述，神经网络中的神经元以“层”的形式进行显示和参与运算，在多层网络结构中，输入层与输出层之间并非直接映射关系，而是必须经过中间隐层的加权分配后再传递到输出层。

中间输出层称为隐藏神经元，每一层的输入实质上都是上一层的输出并最终传递至输出层。显然，相邻层中的任意一个神经元之间都有相互连接，因而这种神经网络结构也称为完全连接网络。多层神经网络的命名规则是以层的数量为排序原则进行命名，如 a-b-c 网络，指的是有个 a 输入节点、b 个隐藏神经元和 c 个输出神经元。图 5-24 所示为具有 10 个输入节点、4 个隐藏神经元和 2 个输出神经元的多层网络结构。

与单层神经网络相比，多层神经网络的隐层数量更多，这意味着输入参数之间将产生更多的权重分配和系数传递，也表示这个网络结构可以充分考虑多参数之间的相互影响，因而被广泛应用于多参数分析与模拟求解，在工程科学领域大量应用，如岩土体的力学参数反分析、变形与沉降预测、应力重分配模拟与微观变形预测分析等。

c　递归网络结构

递归网络结构是一种精度更高、运算更复杂且具有结果反馈功能的智能运算系统。与上述两种网络结构相比，这种网络结构实质上在输出层增加了一个反馈层，功能在于将输出结果与输入参数进行对比以判断输出结果是否为满意输出。

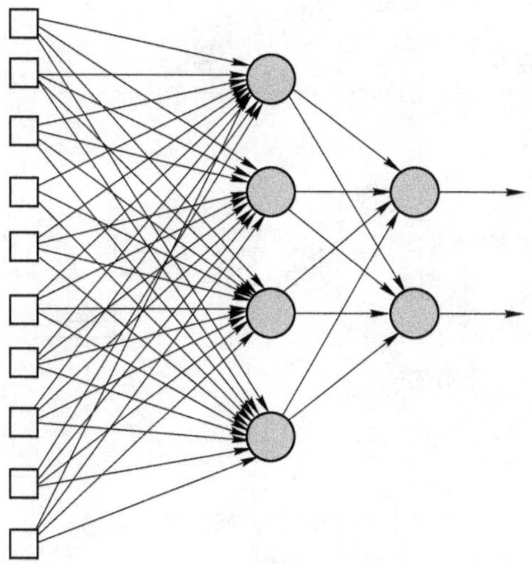

图 5-24 多层人工神经网络结构

如果经反馈对比后发现两者之间的差不满足设定条件，此时网络系统将继续对参数进行迭代加权处理直至满足设定条件。

在不断地循环加权运算过程中，递归网络结构具有良好的自适应性，网络系统可以根据误差值自动调整动量赋值以及步长设定，是一种更加智能的逻辑推理分析结构。反馈功能对网络结构的整体学习能力和解的稳定性及收敛性都具有深刻影响，在实际应用时必须考虑这一特点。

5.5.3.2 BP 神经网络

传统的人工神经网络有一个显著的缺点，即不能解决非线性不可分问题且多适用于简单的逻辑推理运算。然而，大多数研究问题都是非线性的且不可分，此时传统的人工神经网络的运算精度与算法将不再适应。为此，Werbos 于 1974 年提出了 BP 理论，也就是反向推理理论，这为后来的神经网络的发展奠定了反向分析基础。1986 年，Rumelhart 正式提出了多层网络学习的误差反向传播算法，也就是 BP 算法。至此，BP 神经网络算法开始建立并逐渐成熟，目前广泛应用于函数逼近、感知压缩以及模式识别领域。

A 神经元及一般模型

图 5-25 为 BP 神经网络的一般模型。BP 神经元的传递函数与传统的传递函数不同，具有典型的非线性特征，其中 LOGSIG 以及 TANSIG 函数是目前应用最多的传递函数，其基本形式为：

$$a = \mathrm{lgsig}(\boldsymbol{Wp} + b) \tag{5-8}$$

式中，W 为权重矩阵；b 为偏置系数。

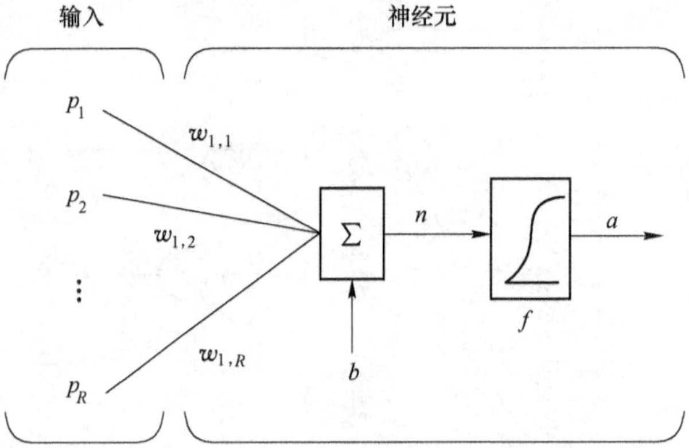

图 5-25　BP 神经网络一般结构

B　BP 神经网络学习

BP 神经网络属于误差反向传播算法，其学习过程实际上就是一个不断地对样本集进行训练、修正的过程，最后实现给定的输入与输出。BP 神经网络的学习过程可以分为两个阶段，即样本输入、权值和阈值修正。

a　样本输入

所谓样本输入，指的是输入已知的学习样本，然后再通过预先设定的网络结构和阈值、权重，从网络的上一层向下一层神经元进行输出。这个过程也称为下采样操作，作用在于对当前层进行运算后继续通过传递函数将参数传递至下一层直至到达最后一层以完成采样操作。样本输入阶段是整个神经网络获得未知参数的前置步骤，为了保证样本的有效性，在输入之前需对样本的容量、数据的有效性及相关性进行检查。

b　权值和阈值修正

完成样本输入后，系统将按照设定的传递函数以及权重分配系数、阈值对每一层的参数进行运算并传递至最后的输出层。由于权值、阈值精度的设定不同，最后得到的输出结果未必是满意的结果，因而还需要不断地对相关运算参数进行优化、修正，以保障整个运算过程的稳定性、收敛性和结果的有效性。

需要注意的是，在对运算参数进行修正优化的过程中，必须综合考虑运算过程的稳定性、收敛性和结果的有效性，不能一味地追求某个理想取值而忽视其他要求。此外，还要防止运算过程中出现局部最小问题。

C　BP 神经网络算法

常用的 BP 神经网络算法，包括三类，即最速下降算法、动量算法以及学习效率可变算法。每种算法的优势不同，功能也不同。

a 最速下降算法

这种算法的本质在于改变运算过程中的梯度向量的大小及其方向。BP 神经网络的误差是反向传递的，因而其梯度向量应该是负的，也就是最速向量。假定 k 为迭代运算次数，那么每一层的权值和阈值的优化修正可以用式（5-9）来表示。

$$x(k+1) = x(k) - \alpha g(k) \tag{5-9}$$

式中，$x(k)$ 为完成了第 k 次运算后各层之间的阈值向量。通过将该向量不断地与误差参数进行叠加处理，可逐渐地修正权值和阈值，最终实现误差向减小的方向产生变化，直至满足误差要求为止。

b 动量算法

所谓动量算法，指的是在梯度向量的基础上引入一个传递动量因子，即 η。动量因子的取值范围介于 0~1 之间，其算法如式（5-10）所示。

$$\Delta x(k+1) = \eta \Delta x(k) + \alpha(1-\eta)\frac{\partial E(k)}{\partial x(k)} \tag{5-10}$$

这个算法的本质在于利用前一次的修正结果对本次的参数进行修正，从而实现每一层修正的累计传递，充分考虑了不同参数之间的相互影响。此外，该算法总会增大相同梯度方向上的修正值。因此，动量因子越大，相同梯度方向上的传递动量就越大，也意味着传递得更快，运算效率更高。

c 学习效率可变算法

在上述两种算法中，网络的学习效率通常被设定为某个不变的常数。然而，算法的性能会影响学习效率。假如学习效率过快，则有可能会导致网络系统不稳定、解的精度不满足要求；若学习效率过小，则运算收敛慢，训练的时间太长。实践表明，在完成训练之前几乎不可能获得最佳的学习效率，因此必须建立一种能随着运算效率、收敛性以及精度而自动修正学习效率的算法。

自适应学习效率算法就是一种可以自动调整学习效率的优秀算法，在训练的过程中会自动修正下降梯度。

5.5.3.3 人工神经网络反演分析

人工神经网络具有良好的系统性推算性能，可以根据人工设定的权重系数、传递函数、阈值对样本参数进行训练和反算，目前在工程反分析领域得到了应用。自然条件下的许多复杂问题，往往是由多参数共同控制的，且不同的参数之间也会相互影响。在这种条件下，采用简单的线性分析方法已经很难获得相应的规律与目标取值结果，此时必须借助人工神经网络对参数进行综合推演。

近年来，人工神经网络在工程科学、医学、人文社会科学等领域得到了迅速发展，对相关参数进行反分析的研究也日益增多。

5.5.4　依托边坡工程稳定性预测

在前期地质调查和岩体单元划分定级的基础上，引入改进的 BP 神经网络对依托边坡岩体的力学参数进行反分析，并综合采用有限元数值模拟技术和现场监控量测对稳定性预测结果进行对比。

5.5.4.1　概述

岩体的位移与应力本质上是抗力与效应的平衡结果，抗力与效应同时受内部、外部环境因素的影响，并在微观上表现为一定的力学特征。完整的岩体由微小单元岩块和结构面共同构成，单个岩块本身具有相应的力学特征并通过接触面形成相互约束与协调变形，最终在宏观上表现出位移与应力特征并可用一定的力学参数实施描述。为了求取宏观的力学参数，当前广泛采用的岩体力学测试实验方法固然可用，但时效性差、费时费力，无法满足应急需求。

BP 神经网络是一种误差信号逆向传播人工神经网络，在参数映射关系不确定的条件下具有良好的非线性动态识别及自适应能力，通过权值控制后可建立良好的对应关系。真实岩体单元的力学参数与变形之间的关系往往是不确定的，单元之间的相互影响亦是不明确的。根据大变形固结与非线性理论可知，在这种复杂状况下，通过某种参数误差修正与自适应运算对参数取值进行求取是一个可以尝试的研究方向。BP 神经网络恰好具有上述误差控制与自适应功能，是实施岩体单元力学参数反分析的可选工具。对此，选择 BP 神经网络模型实施该边坡的位移反分析运算进而求取完整边坡的力学参数。

5.5.4.2　位移反演分析

A　神经网络模型建立

神经网络由 3 层架构组成，即参数输入层、中间隐层和输出层。中间隐层是整个神经网络的核心层，由众多的神经元组成。神经元本质上是经权值运算后得到的中间变量，彼此之间通过影响权值实现相互影响。

令：$u_j(j=1, 2, \cdots, n)$ 为神经元 j 的输入信号，神经元 j 与神经元 i 之间的影响权值为 τ_{ji}，f_j 为神经元的控制误差，则经过权值运算和误差控制后得到的输出信号 $u_x(x = 1, 2, \cdots, n)$ 的表达式为：

$$u_x = \sum_{j=1}^{n} u_j \tau_{ji} - f_j \tag{5-11}$$

式中，u_x 是神经元 x 的输入信号，经下一层影响权值和控制误差运算后将继续向下传递直至产生最终输出。由此可见，每一个神经元都将接收一个输入信号，再经权值与误差控制运算后产生一个新的信号，并继续循环传递至下一个隐层。如果误差不符合要求，那么神经元信号将逆向传递至输入层神经元并同时传递分配至其他神经元直至符合误差要求。图 5-26 所示为 BP 神经网络的基本运算架构。

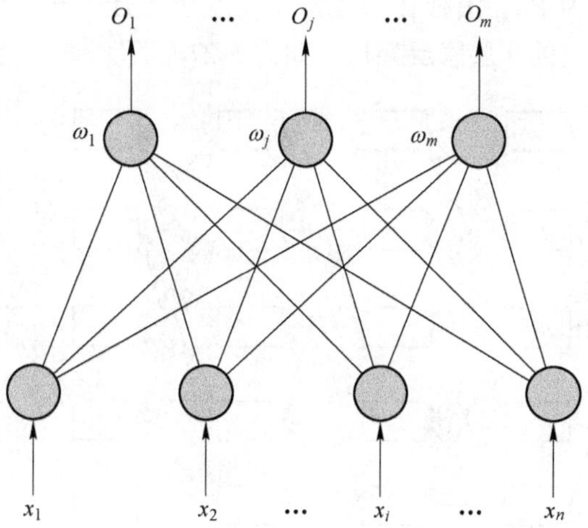

图 5-26 BP 神经网络基本运算架构

需要注意的是，中间隐层中的神经元按照单个并行神经束排列，因此上一层任意神经元经运算后将传递至下一层全部神经元，但同层次之间的神经元并不相互影响。通过权值和误差控制，中间隐层具有良好的容错性和自适应性，但隐层数量若过多易导致收敛速度慢和运算不稳定，故隐层的数量并非越多越好。研究表明，单排神经束并列组成的隐层数量应以防止出现局部最小值为基本原则进行设定，通常隐层数量为了足以完成多数复杂的函数运算，因而本书采用 3 层隐层。

边坡岩体的力学参数将通过权值和误差控制逐渐在隐层中进行传递反演。隐层中的神经束代表不同的力学参数，神经元则代表不同的参数取值。为了更好地为后续有限元数值模拟计算提供参考，避免单一力学参数反分析的不足，本书选取与岩体力学行为相关性最大的 5 个参数进行反演分析，即切变模量 G、弹性模量 E、泊松比 μ、黏聚力 c 和内摩擦角 φ。由上述分析可知，不同的神经元之间亦会相互影响，因此需确定不同力学参数之间的函数关系。前期工程地质勘察表明，公路沿线并不存在高地应力区，且该边坡为顺层边坡，结构面的摩擦以平面型摩擦为主。因此，结构面的剪应力与法向应力服从 M-C（莫尔-库伦）强度准则，且根据 AMONTON 定律，单元岩块的剪应力与法向应力服从式（5-12）所述关系。

$$\tau = 0.85\sigma \tag{5-12}$$

式中，τ 为剪应力，MPa；σ 为法向应力，MPa。此外，切变模量 G、弹性模量 E、泊松比 μ 三者之间服从式（5-13）所述关系。

$$G = \frac{E}{2(1+\mu)} \tag{5-13}$$

式中，模量的单位为 Pa；泊松比为无量纲。基于上述分析，该边坡岩体的神经网络为 5 条单行并列的 3 层隐层架构，如图 5-27 所示。

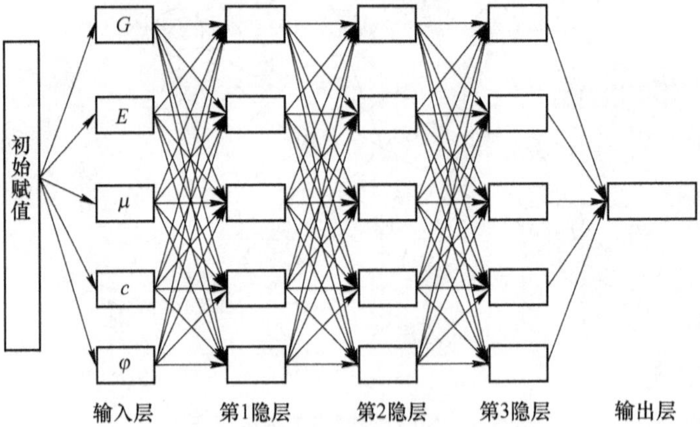

图 5-27　模型架构

B　迭代算法改进

神经网络具有良好的运算稳定性，但在多参数迭代运算条件下，收敛速度慢且容易陷入局部最小值。为此，需在常规运算算法的基础上进行修正与改进，以保障上述 5 个参数运算条件下的解的稳定性与收敛性。

a　动量惯性校正

所谓动量惯性校正，指的是将上一层运算时的误差校正值继续延续至下一层迭代运算直至最后一层，由此形成误差控制的惯性延续。动量惯性校正的显著优势在于能将输入值与目标值之间的差值循环分配至各层神经元，能良好地防止陷入局部极值状态。与神经元单层校正相比，能显著地加快迭代速度和收敛效果。上述边坡的岩体力学反演参数达到 5 个，属于多因素复杂运算。因此，为了提高运算速度，本书选择动量惯性校正对算法进行改进，其函数关系如式（5-14）所示。

$$\omega_i' = \omega_i + \eta\omega_{i-1}(i-1) \tag{5-14}$$

式中，ω_i 为第 i 次运算的初始校正量；η 为惯性系数；ω_{i-1} 为上一层即第（i-1）次的校正量；ω_i' 为经校正后的第 i 次运算校正量，均为无量纲。由于上一层的校正量无需全部传递，因此 η 的取值不宜大于 1.0，本书在 0.5~0.9 之间视收敛稳定性进行取值。

b　误差函数分项改进

误差函数的功能在于保证网络运算的稳定性和解的有效性，其运算函数如式（5-15）所示。

$$E(\omega) = \frac{1}{2}\sum_{i=1}^{n} (\hat{h}_i - h_i)^2 \tag{5-15}$$

式中，h_i 、$\hat{h}_i$ 分别为经 i 次运算后得到的实际值和平均值，均为无量纲。

显然，经过 i 次运算后，h_i 与 $\hat{h}_i$ 有可能相等。此时，$E(\omega) = 0$，说明误差函数失效。一旦误差函数失效，整个神经网络的运算稳定性得不到保证，目标结果难以实现。为此，一个可行的办法是，将 h_i 与 $\hat{h}_i$ 用分项形式进行表达且实施对数化转化以避免出现 0 值。为此，采用式（5-16）所述的误差函数来代替上述误差函数，以避免误差函数失效。

$$E(\omega) = \sum_{j,\ i}\left[\frac{1}{2}(1 + \hat{h}_i^j)\lg\frac{1 + \hat{h}_i^j}{1 + h_i^j} + \frac{1}{2}(1 - \hat{h}_i^j)\lg\frac{1 - \hat{h}_i^j}{1 - h_i^j}\right] \tag{5-16}$$

式中，参数 i、j 均为迭代步数。

由此可见，此时误差函数不易趋于 0 而失效，能更好地保障多参数复杂运算条件下的稳定性。

c 运算步长优化

BP 神经网络的迭代运算本质上属于下采样运算，在反演参数数量较多时收敛效率低下。除上述动量误差外，运算步长是影响收敛效率的另一个重要因素。BP 神经网络的运算步长分为两类，即固定步长和自适应步长。采用固定步长时，收敛速度慢，效率低下，图 5-28 所示为该边坡神经网络模型在固定步长为 0.95 时的收敛速度曲线，可见迭代次数达到 200 次时才逐渐平稳收敛。

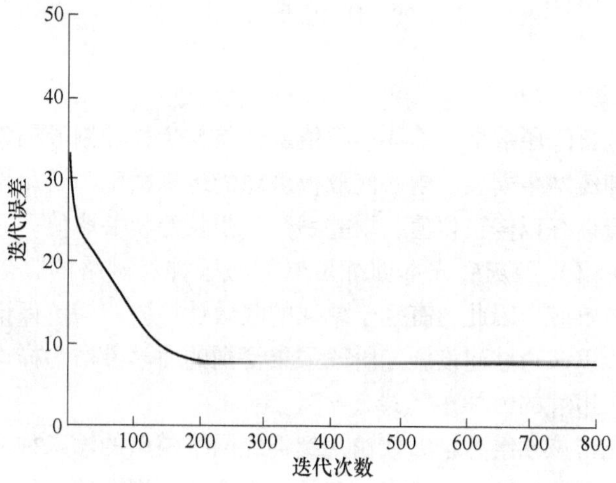

图 5-28 固定步长迭代曲线

显然，在固定步长条件下，无法满足时效性要求，且后续还有网络训练和有限元数值模拟分析，若无法提高收敛效率，则极有可能延误后续工序。为此，后续采用自适应变步长进行运算，其函数表达如下所示：

$$s = \frac{h_i - h_{i-1}}{E_i - E_{i-1}} E_i \tag{5-17}$$

式中，s 为自适应步长，范围为 0~1，无量纲；h_i 、E_i 为第 i 次迭代学习因子和误差，h_{i-1}、E_{i-1} 为第 $i-1$ 次迭代学习因子和误差，均为无量纲。

图 5-29 所示为采用自适应变步长后的迭代曲线，可见迭代至 30 次时就已趋于稳定，极大地提高了运算效率。

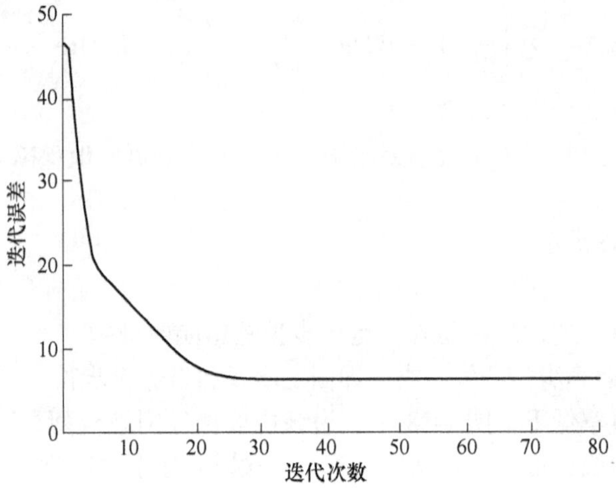

图 5-29　自适应步长迭代曲线

C　网络训练

神经网络包含隐层数量、算法、权值、误差与步长控制等因素。基于上述分析建立的边坡神经网络模型，未必能取得理想的运算精度与泛化性能，故还需要对网络模型进行训练以修正权值、误差系数、步长等相关取值。

传统的（0，1）型灰白样本训练虽然能检验神经网络的收敛性，但未考虑岩体本身的变形效应。因此，有别于单纯的收敛性检验，为了保证训练结果的有效性和可比性，以该边坡建设施工阶段采集得到的力学参数为样本。根据施工方提供的资料，该边坡的力学参数共有 6 组。

因此，首先将该 6 组力学参数输入到神经网络模型的输入神经元并执行迭代运算；然后，基于输出结果与样本的差值，综合考虑模型的收敛效率、解的稳定性及泛化性，不断地对上述权值、惯性系数、步长等进行调整优化；最后，再将该边坡当前的岩体力学参数初始赋值输入到网络模型中进行迭代分析，从而获得最终取值并应用于有限元数值模拟计算。

5.5.4.3 有限元数值模拟

基于上述分析，为了对边坡的下滑稳定性进行预测，采用 MIDAS-GTS 建立边坡的网格模型并对整体位移进行计算，同时采用现场位移监测对计算结果进行验证对比。

A 网格模型建立

以整个边坡的实际范围建立网格模型，横向宽度为 32m，竖向高度为 12.7m，同样分两台阶。分别在模型左右两侧和底部设置 X 方向的约束和 Y 方向的约束，边坡表面为自由面不设约束。采用四边形单元生成网格，且考虑到坡面岩体不同单元岩块在破碎性和富水性方面的实际差异，网格单元并非等距设置，而是对Ⅳ、Ⅴ级单元块的网格进行了加密处理以提高节点参数的传递效率，加密比例为 1∶1.3。假定岩体为均质的弹塑性体，遵守摩尔-库伦应力准则。不设置固定的迭代次数，视应力分配达到平衡为基本原则由软件自行运算。图 5-30 为建立的网格模型。

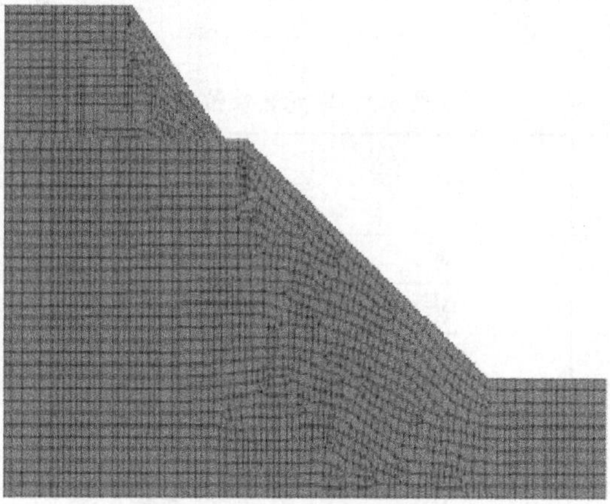

图 5-30 边坡网格模型

B 结果分析

计算时，首先将岩体整体视为Ⅴ级并依据《工程岩体分级标准》(GB/T 50218—2014) 的建议进行整体赋值；然后再采用前述 BP 神经网络位移反分析迭代运算得到的力学参数进行模拟计算。表 5-2 所示为边坡岩体的力学参数，重度 γ 取 22.5kN/m^3。

可以看到，黏聚力 c、弹性模量 E 和切变模量 G 的反分析取值大于规范建议值，且泊松比 μ 的反分析取值小于规范建议值，这说明该边坡的真实抗力比人为假定的Ⅴ级边坡的抗力要强。其原因在于除Ⅴ级单元外，该边坡还由其他Ⅲ、Ⅳ级单元组成，其抗力要明显优于Ⅴ级单元岩块。

表 5-2 力学参数

参 数	取 值	
	规范建议赋值	反分析取值
黏聚力 c/MPa	0.15	0.18
内摩擦角 φ/(°)	26	24
泊松比 μ（无量纲）	0.5	0.43
弹性模量 E/MPa	11	13
切变模量 G/MPa	5.67	5.54

需要说明的是，位移云图显示的是整个边坡的位移趋势，为了获取不同单元岩块的位移值，采用内置的节点提取技术对不同单元岩块的位移进行提取。为了加快提取速度，每个单元岩块提取一个节点，表 5-3 所示为力学参数不同取值时的提取结果（精确至小数点后 1 位）。限于篇幅，仅列出边坡中部 7 号单元Ⅳ级岩块的位移变化曲线，如图 5-31 所示，可见位移达到最大值后趋于稳定。

表 5-3 单元岩块位移

单元编号	级别	下滑位移/mm	
		规范赋值结果	反分析赋值结果
1	Ⅲ	5.3	5.6
2	Ⅴ	8.5	8.8
3	Ⅳ	8.1	7.9
4	Ⅲ	5.6	5.8
5	Ⅳ	7.6	7.7
6	Ⅴ	7.3	7.9
7	Ⅳ	6.6	7.5
8	Ⅴ	7.1	8.1

为了对上述结果进行验证，随后采用精度为 0.01mm 的 SZZX-N400B 位移计立即开展为期 28 天的位移现场监测。为了防止脱落，位移计全部错开结构面安设在单元岩块上。结果表明，1～8 号单元岩块的下滑位移分别为 5.8mm、9.2mm、7.7mm、5.1mm、8.0mm、8.2mm、7.3mm、8.3mm。

对比上述结果可知，基于 BP 神经网络位移反分析的计算值与实测值更为接近，说明通过反分析获取的力学参数更加可靠。需要注意的是，模拟计算的位移值小于实测值，这是由于有限元计算中限定了岩体的变形范围和方向，而真实岩体是三向变形状态。

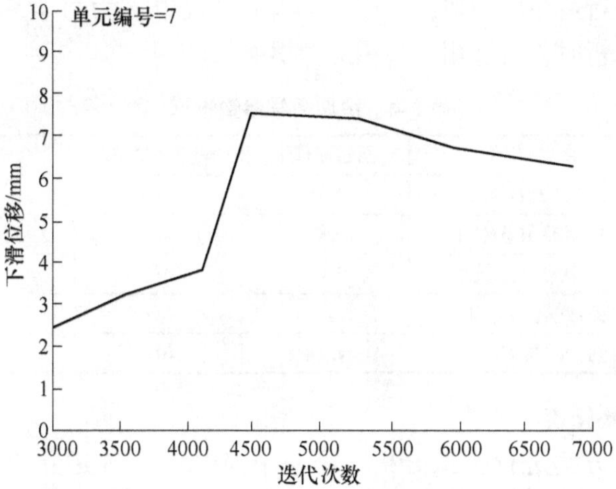

图 5-31 单元岩块位移变化曲线

5.5.5 依托边坡护坡设计

通过前期地质调查和地质雷达探测完成了边坡岩体的单元划分，然后基于改进的 BP 神经网络位移反分析算法获取了岩体的力学参数，同时经有限元数值模拟计算和现场监控量测证明了边坡力学参数选取的可行性和边坡岩体的稳定性预测结果。为此，基于前述研究结果对边坡的护坡进行设计。

5.5.5.1 设计方案

经前期位移反分析求解已经获得了岩体边坡的力学参数。为了保障支护措施的有效性与合理性，首先拟定支护方案，再采用有限元数值模拟进行支护模拟分析，以判断拟定支护是否可行。

由于前期已经获得了岩体的力学参数且经模拟分析和监控量测已经证实了取值的准确性，因此此时所采用的岩体力学参数将以此为基础。考虑到该边坡较陡峭，不同单元块的破碎性和富水性不均匀且下滑力较大，故选用锚杆框格梁（非预应力）进行护坡。

工程实践和理论研究表明，在岩体内部增设锚杆，相当于提高了岩体本身的模量和抗力。虽然锚杆与岩体属于两种不同的材料，但锚杆属于良好的弹性变形构件。当岩体内部的应力超过了锚杆的弹性抵抗力时，锚杆将产生弹性变形从而与岩体本身共同协调发挥效应。另外，锚杆属于岩体内部的束状贯入体，可以良好地穿透结构面和结构体从而将结构体“黏结”为统一体，这种“吊梁效应”最终增强了岩体的内部完整性。

因此，由于锚杆的锚固效应和协同受力性能，同时考虑框格梁的加固功能，根据侯俊伟等的研究结果，选用锚杆框格梁进行护坡时，需要在原始力学参数的基础上对参数进行适当的调整，如表 5-4 所示（表中 F 为力学参数）。在对拟定方案进行模拟分析时，将选用调整后的力学参数。

表 5-4　护坡力学参数选取

序号	参数/单位	原始取值 F	调整系数 M	调整后取值 $M\times F$
1	黏聚力 c/MPa	0. 18	M_1	0. 25
2	内摩擦角 φ/(°)	24	M_2	27
3	泊松比 μ（无量纲）	0. 43	M_3	0. 35
4	弹性模量 E/MPa	13	M_4	18
5	切变模量 G/MPa	4. 54	M_5	4. 83

5.5.5.2　数值模拟计算

为了对拟定方案进行模拟分析，需采用 MIDAS-GTS 建立边坡的网格模型。施加锚杆与框格梁后，岩体内部的应力、位移传递更加有效。因此，网格划分需更加紧密，与前述网格的划分比例为 1∶1.3。根据当前岩体与边坡力学的基本规定，认为在滑坡体周围 0.5~1.5 倍坡体直径范围外不受滑坡的影响，因此网格划分的横向长度范围取 1.5 倍的坡体直径，即 75m；网格的纵向范围取坡脚至坡顶全范围，且认为横纵边界上不存在应力传递与水头。实际计算时，选择 M-C（摩尔-库伦）应力准则，不设置固定的迭代次数，视应力分配达到平衡为基本原则由软件自行运算。

经迭代运行 15327 次后，运算达到计算精度，岩体的整体位移和应力均符合要求，最大水平位移值发生在坡脚，为 2.11mm；最大水平剪应力发生在坡脚剪切区域，为-1.02MPa（为压应力）。图 5-32、图 5-33（D、V 分别表示位移和应力）分别为采用 MIDAS-POINT-S 方法提取得到的最大位移和应力变化特征曲线，可见，不论是位移还是应力，在达到最大值后均逐渐趋于稳定，不再产生剧烈震荡变化，表明岩体内部已经趋于稳定，满足施工技术要求。因此，拟定的锚杆框格梁护坡方案是初步可行的。

以赣县-兴国高速公路实际灰岩边坡工程为依托，本节基于理论分析，综合采用地质雷达探测和 BP 神经网络位移反分析获取岩质边坡的力学参数，利用有限元数值模拟计算和现场实测对边坡的稳定性进行了预测，结论如下：

（1）根据规范建议对天然真实岩体进行定级时，需考虑其富水性、破碎性等物理特征的差异，基于探地雷达探测的单元划分可较好地避免定级时的主观性和经验性影响。

（2）BP 神经网络位移反分析模型具有良好的岩体力学行为映射能力，基于岩体单元划分可反演得到更加真实的力学参数。

（3）力学参数的有效性是保障数值模拟计算结果可靠性的关键，基于人工智能反分析的力学参数求取是一种新思路、新方法，今后应继续加以重视。

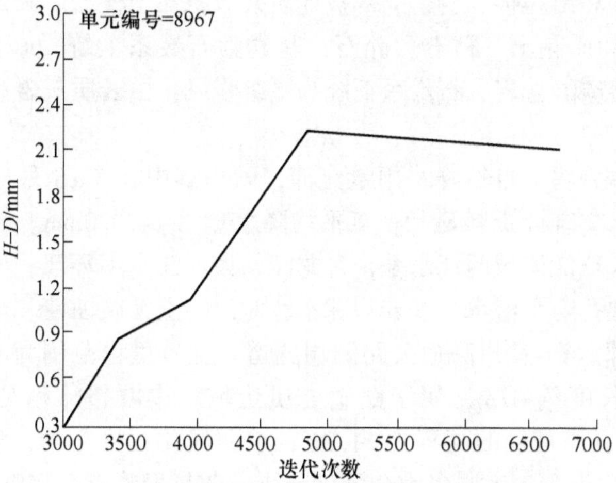

图 5-32 最大位移变化特征曲线

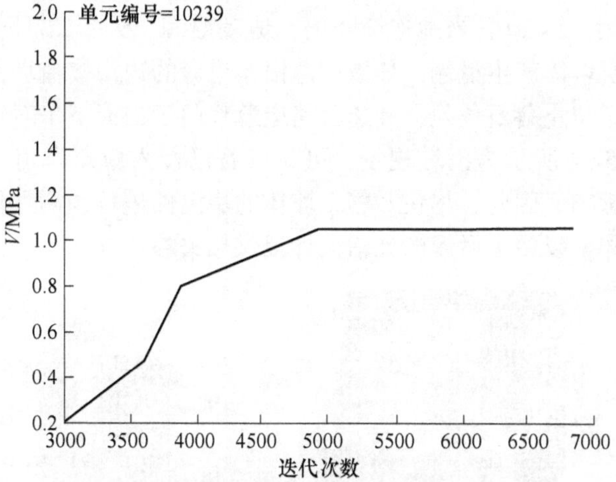

图 5-33 最大应力变化特征曲线

5.6 GPR-BMP90 边坡稳定性分析

5.6.1 依托工程概况与研究方案

5.6.1.1 工程概况

依托灰岩边坡位于宜州区境内，区域内岩溶特征显著，以丘陵、峰丛洼地为主，植被发育，谷地狭长且边坡较陡。沿线基岩出露，地表多见岩溶管道和落水洞，亦可见石芽和出露钟乳石，局部被地表残坡积黏土覆盖。第四系岩性为残坡积层（Q_4^{el+dl}）粉质黏土、黏土和碎石；基岩为石炭系上统马平组白云质灰岩、石炭系中统可溶碳酸盐岩、石炭系下统马平组强风化白云质灰岩和泥盆系上统白云质灰岩。

所在地四季分明，自然降水雨量充沛，雨季集中在 5~8 月份。根据宜州区水文站提供的水文统计资料显示，年平均降水量为 1470.0mm。天然水动力场发达，沿线河流属珠江流域西江水系，含龙江、大环江、小环江；地下水类型主要为第四系松散层孔隙水潜水、基岩裂隙水，对混凝土无腐蚀性。

该边坡紧邻六寨-宜州高速公路测垌隧道，桩号里程范围为 K49+105~136，沿路线走向的长度约 31m，属于路堑岩质边坡。边坡整体稍陡峭，坡外角为 118°~130°，坡顶至坡底的高程为 11.2m，坡面风化程度不均，坡顶和左侧 1/3 坡面以强-全风化为主，表层多为全风化土块夹杂灰岩碎石，完整性、稳定性差；坡面中部-右侧整体以中风化为主，但岩体不完整，有明显的节理、裂隙，呈块-块碎状结构。可见，该边坡的整体完整性一般且稳定性较差。

2020 年 5 月 12~20 日当地连续降雨，地表湿润。5 月 22 日上午，边坡中部与右侧部分表层坡体产生滑塌，导致应急停车道旁的边沟被掩埋及部分隔离护栏变形损坏。为了防止落石危险，高速公路应急部门于当天下午对边坡实施了简单挂网处理。图 5-34 所示为滑坡现场，可见落石已侵入应急车道，所幸未对过往车辆造成不利影响。因此，尽快对整个坡体的稳定性进行预测评估是接下来需要完成的重要工作，以便为后续的处治设计提供相关参考。

图 5-34　滑坡现场

5.6.1.2　*研究方案*

通过坡体表层地质素描和现场踏勘可知，该边坡的浅层完整性和风化程度显著不均。对于整个边坡浅层坡体而言，全风化、强风化和中风化岩体的比例大致相当，无论将其视为何种级别岩体均不合理。此外，该边坡属于溶蚀区灰岩边坡，当地岩溶作用特征显著，天然的地下水动力场彼此辐射相连，坡体内部易发育溶洞（穴）、破碎带等不良地质体，仅依靠表层地质调查难以发现此类不良地质体从而影响边坡的整体性和稳定性预测结果。

为此，摒弃以往对整体坡体进行一次性定级归类的做法，首先进行坡面地质素描并采用地质雷达对边坡内部的富水性、破碎性进行探测，然后再依据《工程岩体分级标准》（GB/T 50218—2014）的建议对边坡进行分块与单元级别划分。

一般而言，当岩体的级别得到确定时，可以便捷地根据规范进行力学参数的赋值。但是，这种做法忽视了岩体物理特征的时间-空间变异性，没有考虑力学参数随时间-空间的动态变化性，更多的在于依据工程类比和地区经验实施静态赋值，这显然不符合工程实际。

根据岩体本构关系可知，块体的形变与位移是弹性抗力与效应二者之间的平衡结果，而岩体的抗力又与其本身的抗剪强度指标、泊松比等参数具有直接关系。此外，由于接触与挤压，块体之间存在位移和应力的传递从而产生位移和应力的叠加效应。工程实践表明，这种位移和应力是可以通过在岩块上安设具有一定锚固长度的可产生协调变形的柔性构件进行测量估算的，一旦获得了各个级别岩块的位移或者应力取值，就可以通过岩体本构关系对岩块的力学参数进行反求，最终得到不同岩块的力学参数。

为此，基于前述地质雷达探测及岩块单元划分，引入位移反分析技术对完整边坡不同单元岩块的力学参数进行反演；将得到的力学参数应用于有限元数值模拟计算从而对边坡的稳定性进行预测；最后，采用现场监控量测对模拟分析结果进行对比验证。图 5-35 所示为研究方案。

5.6.2 基于地质雷达探测的单元划分

5.6.2.1 现场探测

在前期地质勘察资料的基础上，采用青岛电波所生产的 LTD-2500 型地质雷达实施现场探测，表 5-5 所示为相关探测参数。需要说明的是，地质雷达的探测深度随天线中心频率（75MHz~2.5GHz）的提高而减小，常规地质预报选用的中心频率通常为 100MHz，此时其探测深度可达 20~35m 且同时能满足分辨率的要求，能完整地对边坡内部的地质情况进行探测，故天线频率选用 100MHz。

由于边坡陡峭且高度较大，实测时无法用人力完成探测，故需要事先在铲车的铲斗上焊接好钢架操作平台，然后选配 2 名探测人员进入平台并手持雷达天线且要求紧贴坡面。铲车司机需严格控制沿道路纵向的移动速度从而让天线在坡面上缓慢移动以形成水平向测线、测点以保障探测质量。由于不易在竖向控制铲斗的下放速度且容易导致天线脱离坡面，因而仅沿坡面水平向设置测线和测点。

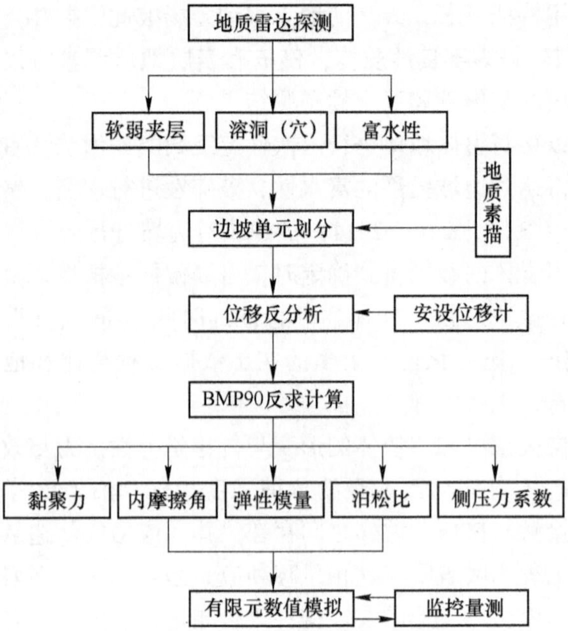

图 5-35　研究方案

测线的起点、终点和测点个数视现场操作难易而定（如坡面是否凹凸不平），间距为 1～2m。为了完整地对边坡进行探测，除坡面外还需在边坡周围 3～5m 范围内布置测点以扩大探测范围。

表 5-5　探测参数

<table>
<tr><th colspan="2">内　容</th><th>设　置</th></tr>
<tr><td colspan="2">天线类型</td><td>收-发一体</td></tr>
<tr><td colspan="2">中心频率/MHz</td><td>100</td></tr>
<tr><td colspan="2">发射率/kHz</td><td>100</td></tr>
<tr><td rowspan="2">滤波值/MHz</td><td>LP</td><td>330</td></tr>
<tr><td>HP</td><td>50</td></tr>
<tr><td colspan="2">时窗/ns</td><td>600</td></tr>
<tr><td colspan="2">增益方式与点数</td><td>自动、5 点</td></tr>
<tr><td colspan="2">叠加次数</td><td>5 次</td></tr>
<tr><td colspan="2">零点位置</td><td>系统自动</td></tr>
<tr><td colspan="2">相对介电常数（无量纲）</td><td>5～7（视波形是否异常进行实时调整）</td></tr>
</table>

探测完毕后，采用自带的 IDSP6.0 地质雷达分析软件对探测文件进行背景去

除、反褶积、信号增益、零点校正等处理。剔除无效文件后，获得线测图像 12 幅（图 5-36（a））和点测图像 37 幅（图 5-36（b））。综合分析前期地质勘察资料和探测图像的波形特征，对边坡内部的地质条件进行预测，再结合浅层坡体的地质条件综合对边坡进行单元划分。

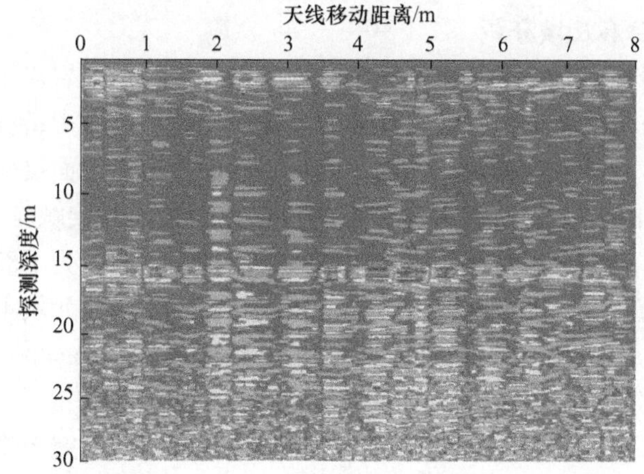

(a)

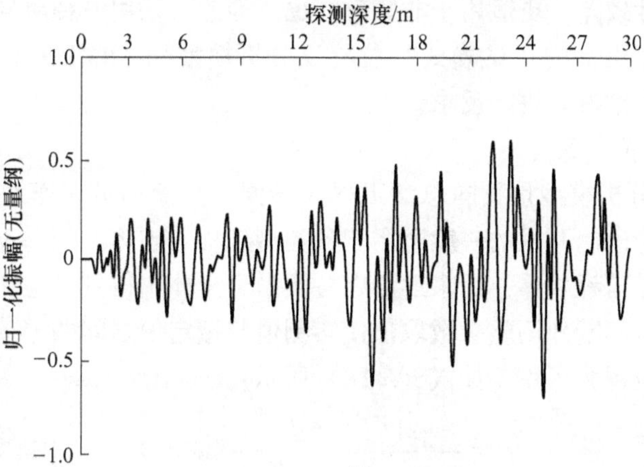

(b)

图 5-36 探测图像
（a）线测图像；（b）点测图像

5.6.2.2 单元划分

基于上述现场探测统计结果，该边坡共划分为 15 个单元块，其中：6 个Ⅴ级单元岩块，位于坡顶和坡体左侧；7 个Ⅳ级单元岩块，位于边坡中部和右侧坡体的上部；2 个Ⅲ级单元岩块，位于右侧坡体的中部和下部。至此，边坡单元分块完毕，后续还需在不同的单元岩块上安设位移计以继续完成单元岩块的力学参数反分析。此外，通过图 5-34 可知，回波反射强烈，线测图像波形杂乱、同相轴断裂不连续，且从图像中段开始存在“雪花状”特征，表明内部岩体多数较破碎、完整性差且潮湿富水。

5.6.3　依托边坡工程稳定性预测

5.6.3.1　位移反演分析

天然真实岩体由微小单元岩块和结构面共同构成，单个岩块本身与结构面共同形成相互约束与协调变形，最终在宏观上表现出位移与应力特征，且可以通过安设一定的测试元件进行测量。表面应变计、表面压力盒等面接触式元件虽然也可以测量位移和应力，但通常更适合于测量接触面之间的接触应力与相互位移，不适用于对岩体内部全尺度范围内的位移进行测量。因此，为了获取不同单元块的全尺度位移值和即时力学参数，首先需通过钻孔在不同单元块上安设可与岩块产生协调变形的位移计（型号：WYJ-100，量测范围 0~100mm）；然后基于位移本构关系和位移反分析模型反求不同单元岩块的力学参数。

事实上，采用人工神经网络开展岩土体位移反分析的研究与实践相继出现且具有一定的可行性，但对有效数据样本的容量、样本训练时间具有较高的要求，时效性与便捷性较差，更适用于非紧急情况。为此，采用一种对样本数据容量依赖性更低、效率更高的“试凑式”位移反分析模型——BMP90 位移反分析模型对不同岩块的力学参数进行反求。

A　反演模型与原理

BMP90 反分析模型是我国总参工程兵第四研究所研究员李世辉等人根据边界元法基本理论研制开发的一款适用于各类型工程岩土体的位移反分析算法，早期多应用于隧道工程岩体，后来逐渐在各类型岩土体中得到了应用和完善。其基本原理是：通过不断地调整参数取值使实测值与拟定值之间的差值满足某容许范围，此时拟定值视为可用，如式（5-18）所示：

$$R = \frac{|K_1 - K_2|}{\max(|K_1|, |K_2|)} \leqslant 0.3 \tag{5-18}$$

式中，K_1、K_2 分别为拟定值和实测值，mm。

因此，基于上述不同单元岩块的位移实测数据，通过该反分析程序来获取单元岩块的弹性模量 E、泊松比 μ 等力学参数，并将其应用于后续的有限元数值模拟计算中。

B　反演结果

根据前述方案，受广西壮族自治区高速公路管理局宜州管理处的即时委托，于 5 月 24 日便完成了位移计的安设并开始实施位移测量。由于当边坡内部 1m 范围内发育有溶洞（穴）时无法安设位移计，因此避开内部溶洞（穴）位置后共安设了 13 根位移计。图 5-37 所示为位移计的安设示意图，钻孔的直径为 76mm；表 5-6 所示为反求结果。

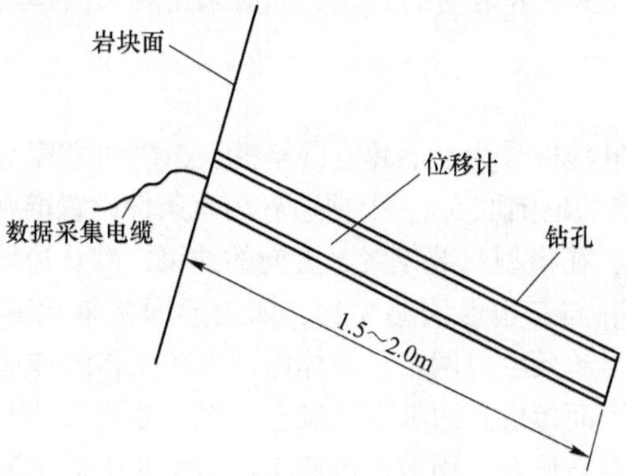

图 5-37 位移计安设示意图

表 5-6 位移反求结果

单元编号	级别	c/MPa	φ/(°)	μ	λ	E/MPa
1	Ⅴ	0.08	22	0.43	0.20	1101.5
2	Ⅲ	0.76	36	0.25	0.33	1389.8
3	Ⅳ	0.25	25	0.32	0.29	1111.8
4	Ⅳ	0.38	27	0.37	0.25	1201.4
5	Ⅳ	0.22	32	0.33	0.22	1223.2
6	Ⅴ	0.06	25	0.42	0.18	1065.8
7	Ⅳ	0.37	33	0.38	0.22	1289.3
8	Ⅴ	0.07	26	0.44	0.17	1008.5
9	Ⅲ	1.10	39	0.27	0.32	1412.8
10	Ⅴ	0.04	20	0.48	0.13	999.92
11	Ⅳ	0.18	31	0.31	0.24	1201.9
12	Ⅴ	0.08	18	0.50	0.15	1001.3
13	Ⅳ	0.27	34	0.36	0.27	1288.9

注：表中 c、φ、E 分别表示黏聚力、内摩擦角和弹性模量；μ、λ 分别表示泊松比和侧压力系数，均为无量纲。

由此可见，不同级别单元岩块的力学参数变化规律基本上与其理论本构关系相一致，且即便是相同级别的岩块，其力学参数亦不相同甚至差别较大，较为真实地反映了不同岩块本身所具有的即时力学特征，这与根据规范对整个边坡进行统一性赋值相比具有显著的优势。

5.6.3.2 有限元数值模拟

为了对边坡的下滑稳定性进行预测，采用 MIDAS-GTS 有限元数值模拟软件建立边坡的网格模型并对位移进行计算，同时采用现场位移监测对计算结果进行验证对比。

A 网格模型

以边坡的起止里程桩号为参照建立网格模型，横向宽度为 31m，竖向高度为 11.2m，坡顶往外侧的范围取 5m。根据边界约束条件设置准则，在模型左右两侧设置 X 方向的约束，在模型底部设置 Y 方向的约束，默认边坡表面为自由面且考虑基岩裂隙水渗流。与三边形网格相比，四边形网格单元具有更好的力传递效率，因而采用四边形单元生成网格。岩体内部力和位移的传递本质上依赖于块体接触与相互运动，因而考虑到边坡在三维空间里的地质条件差异性，模型中的网格单元不宜采用等距离设置，而应该按照 1∶1.25 的比例对Ⅴ、Ⅳ级单元岩块的网格进行加密处理从而提高此类岩体内部节点对位移和力的传递效率以及提高运算精度。

为了节省运算存储空间以及加快运算效率，每一次迭代都设置应力释放系数。假定边坡岩体为弹塑性体，遵守 M-C 应力准则。为了充分实现岩体内部应力的重新分布与平衡，视应力分配达到平衡为基本原则由软件自行运算，因而不设置固定的迭代次数。图 5-38 为添加基岩裂隙水渗流压力后显示的网格模型，为了直观显示已隐藏了网格线和节点。

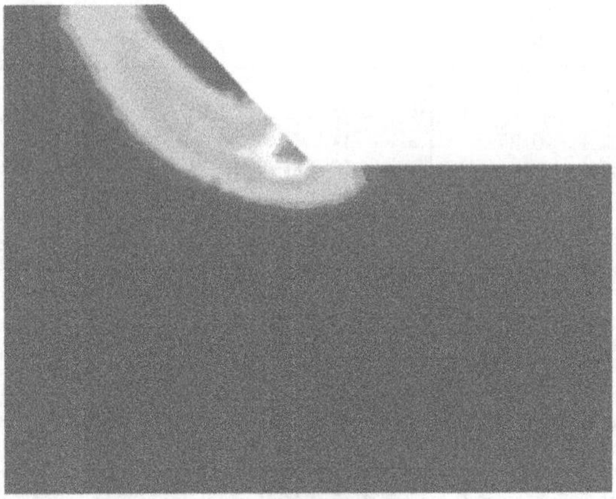

图 5-38 网格模型

B 模拟结果分析

计算时，各单元岩块分别采用两种力学参数，一种是由前述反分析所得参数；一种是依据《工程岩体分级标准》（GB/T 50218—2014）的建议进行赋值。重度 γ 取 22kN/m^3。具体而言，首先利用 BLOCK-SET 命令，将每一个单元块设置成隔离体，由此保证独立的隔离体之间具有互不相同的力学参数；然后再对每一个单元块的力学参数进行依次逐个输入；当全部彼此相互独立的单元块的参数都输入完毕时，整体边坡不同级别单元便获得了各自独立的力学参数，最终避免规范赋值所存在的盲目性和笼统性。

网格模型的位移云图显示的是整个边坡的位移状态，无法显示不同岩块的位移变化趋势，对于分析单元岩块的位移特征而言没有意义。为此，采用 GTS 内置的节点提取技术对不同单元岩块的位移值进行提取。为了加快提取速度，每个单元岩块提取一个节点，表 5-7 所示为取不同力学参数时的位移值提取结果。

表 5-7 单元岩块位移值

单元编号	级别	节点 id	下滑位移/mm		
			位移①	位移②	位移③
1	Ⅴ	87263	2.32	2.89	3.03
2	Ⅲ	32145	3.06	3.21	3.65
3	Ⅳ	13657	2.43	2.65	2.87
4	Ⅳ	82456	2.22	2.98	2.89
5	Ⅳ	21357	3.11	3.55	3.78
6	Ⅴ	46378	4.00	4.08	4.12
7	Ⅳ	23145	4.27	4.77	4.32
8	Ⅴ	9567	3.93	4.03	4.17
9	Ⅲ	6257	3.33	3.51	3.76
10	Ⅴ	3125	2.29	2.43	2.58
11	Ⅳ	21351	1.82	2.10	2.31
12	Ⅴ	9578	2.98	3.31	3.49
13	Ⅳ	13245	3.51	3.88	4.01

注：位移①、②、③分别表示规范赋值结果、反分析赋值结果和位移计测量结果。

由此可见，基于位移反分析所得力学参数的计算值与实测值更为接近，这说明与规范建议赋值相比，通过雷达实测、单元分块及反分析获取的力学参数更加可靠。此外，表中多数数值模拟计算的位移值小于实测值，这是由于网格边界条件限定了岩体的变形范围和方向，而真实岩体是三向变形的。

在理论分析的基础上，以广西壮族自治区六寨-宜州高速公路典型溶蚀区灰岩边坡为实际依托，本节采用地质雷达实测和位移反分析获取边坡不同单元岩块的力学参数，并利用有限元数值模拟计算和现场量测对边坡的位移进行了预测对比，结论如下：

(1) 灰岩边坡的溶蚀作用强烈，求取力学参数时需考虑其地质条件的典型时空变异性，宜先对边坡进行分块处理再实施单元块定级归类。

（2）基于地质雷达实测的单元划分可较好地避免定级时的主观性和经验性影响，在此基础上采用 BMP90 位移反分析模型可反演得到更加真实的力学参数。

（3）获取有效的力学参数是保障数值模拟计算结果可靠性的重要前提，今后可尝试综合利用地质雷达和其他人工智能反分析模型对岩体的力学参数进行求取，这是一种新思路、新方法，应继续加以重视。

参考文献

[1] 中华人民共和国交通运输部.《2020年交通运输行业发展统计公报》[EB/OL]. http://www.gov.cn/xinwen/2021-05/19/content_5608523.htm, 2021-5-19.

[2] 徐峰. 太佳高速公路隧道风险评估与灾害防治研究 [D]. 西安：长安大学，2011.

[3] 张少夏，黄宏伟. 影响隧道施工工期的风险分析 [J]. 地下空间与工程学报，2005，1（6）：936-939.

[4] 路美丽，刘维宁，罗富荣，等. 隧道与地下工程风险评估方法研究进展 [J]. 工程地质学报，2006，14（4）：462-469.

[5] Eskesen S D, Tengborg P, Kampmann J, et al. Guidelines for tunnelling risk management: International Tunnelling Association, Working Group No. 2 [J]. Tunnelling and Underground Space Technology, 2004, 19 (3): 217-237.

[6] Al-Bahar J F. Systematic risk management approach for construction projects [J]. Journal of Construction Engineering and Management, 1990, 116 (3): 533-546.

[7] 黄宏伟，陈桂香. 风险管理在降低地铁造价中的作用 [J]. 现代隧道技术，2003，40（5）：1-6.

[8] 黄宏伟. 隧道及地下工程建设中的风险管理研究进展 [C]//2005年全国地铁与地下工程技术风险管理研讨会论文集，2005：16-26.

[9] 王晶，谭跃虎，王鹏飞，等. 地铁隧道施工过程中风险分析与控制 [J]. 解放军理工大学学报（自然科学版），2009，10（4）：379-383.

[10] 覃仁辉，王成. 隧道工程 [M]. 重庆：重庆大学出版社，2005.

[11] 沈明荣，陈建峰. 岩体力学 [M]. 上海：同济大学出版社，2006.

[12] 中华人民共和国交通运输部. 公路桥梁和隧道工程施工安全风险评估指南 [S]. 北京：人民交通出版社，2011.

[13] 毛儒. 隧道工程风险评估 [J]. 隧道建设，2003，23（2）：1-3.

[14] 李围. 隧道及地下工程FLAC解析方法 [M]. 北京：中国水利水电出版社，2009.

[15] 王毅才. 隧道工程 [M]. 北京：人民交通出版社，2000.

[16] 中华人民共和国行业标准. 公路隧道施工技术规范（JTJ042—94）[S]. 北京：人民交通出版社，1999.

[17] 李术才，赵岩，徐帮树，等. 海底隧道涌水量数值计算的渗透系数确定方法 [J]. 岩土力学，2012，33（5）：1497-1504，1512.

[18] 黄文熙. 土的工程性质 [M]. 北京：水利电力出版社，1983.

[19] 赵明阶，刘绪华，敖建华，等. 隧道洞顶岩溶对围岩稳定性影响的数值分析 [J]. 岩土力学，2003，24（3）：445-449.

[20] 陈永贵，叶为民，江席苗，等. 岩溶区高铁线路优选的模糊层次分析法 [J]. 同济大学学报（自然科学版），2010，38（12）：1753-1757.

[21] 张荣贵，赵存明. 基于风险评估的隧道地质超前预报技术分析 [J]. 福州大学学报（自然科学版），2010，38（5）：736-740.

[22] 赵永贵. 国内外隧道超前预报技术评价与推介 [J]. 地球物理学进展, 2007, 24 (4): 1344-1352.

[23] 刘建, 刘丹. 基于模糊层次分析法的隧道工程地下水环境负效应评价 [J]. 三峡环境与生态, 2009, 2 (1): 53-56.

[24] 刘普演, 吴孟达. 模糊理论及其运用 [M]. 长沙: 国防科技大学出版社, 1998.

[25] 许树柏. 层次分析法原理 [M]. 天津: 天津大学出版社, 1998.

[26] 陈洪凯. 生态文明视角下地质灾害防治新常态 [J]. 重庆师范大学学报 (自然科学版), 2020, 37 (4): 51-56, 2.

[27] 戴福初, 邓建辉. 青藏高原东南三江流域滑坡灾害发育特征 [J]. 工程科学与技术, 2020, 52 (5): 3-15.

[28] 郭洪. 野鸡坪滑坡灾害发展变化、危害性预测及防治方案 [J]. 工程技术研究, 2020, 5 (15): 244-245.

[29] 黄金城, 唐丽云. 节理岩体强度参数损伤张量模型多维估算 [J]. 地下空间与工程学报, 2018, 14 (5): 1298-1304.

[30] 刘伟, 曾亚武, 夏磊, 等. 正反向直剪下层状岩体强度和破坏特征模型试验 [J]. 武汉大学学报 (工学版), 2019, 52 (7): 600-609.

[31] 黄宏伟, 彭铭, 胡群芳. 上海长江隧道工程风险评估研究 [J]. 地下空间与工程学报, 2009, 5 (1): 182-187.

[32] 许成成, 许光泉, 张海涛. 淮南张集煤矿灰岩含水层数值模拟及涌水量预测 [J]. 地质与勘探, 2019, 55 (6): 1491-1499.

[33] 陈振坤, 苏金宝, 陆艺. 中国造山带动力学研究中的数值模拟应用与发展 [J]. 地质力学学报, 2019, 25 (2): 151-165.

[34] 郑君长, 万飞, 安亚雄, 等. 复理石地层公路隧道围岩稳定性研究 [J]. 公路工程, 2021, 46 (3): 263-269.

[35] 陈禹成, 王朝阳, 郭明, 等. 隐伏溶洞对隧道围岩稳定性影响规律及处治技术 [J]. 山东大学学报 (工学版), 2020, 50 (5): 33-43.

[36] 孙闯, 敖云鹤, 张家鸣. 弱节理小净距隧道合理净距及围岩稳定性研究 [J]. 公路交通科技, 2020, 37 (5): 108-115.

[37] 陈全明, 任光明, 张海平, 等. 岩质边坡稳定性有限元数值模拟分析 [J]. 中国农村水利水电, 2010 (10): 73-76.

[38] 赵娜, 王来贵. 软岩边坡拉张破裂有限元数值模拟研究 [C]//中国岩石力学与工程学会. 岩石力学与工程的创新和实践: 第十一次全国岩石力学与工程学术大会论文集. 中国岩石力学与工程学会, 2010.

[39] Zheng W. Comparative Analysis of Midas GTS NX and SLOPE/W Numerical Simulation Softwares [J]. Computing Technology, 2020, 6 (9): 111-124.

[40] 刘成, 吕秋玲, 汪东林. 基于 MIDAS GTS 的道路风化边坡稳定性分析 [J]. 重庆科技学院学报 (自然科学版), 2020, 22 (1): 114-116.

[41] Audrino F, Kostrov A, Ortega J P. Predicting U. S. Bank Failures with MIDAS Logit Models

[J]. Journal of Financial and Quantitative Analysis, 2019, 54 (6): 2575-2604.

[42] Javdanian H. On the behaviour of shallow foundations constructed on reinforced soil slope—A numerical analysis [J]. International Journal of Geotechnical Engineering, 2020, 14 (2): 188-195.

[43] Lei G F, Liu Q S, Peng X X, et al. Experimental study on mechanical properties of fractured rock mass under different anchoring modes [J]. European Journal of Environmental and Civil Engineering, 2020, 24 (7): 931-948.

[44] Wang P, Feng T, Zhu Y J, et al. Experimental study on secondary bearing mechanism of weakly cemented broken rock mass [J]. Journal of Vibroengineering, 2019, 21 (8): 2228-2241.

[45] 吴霞，赖云，赵凤娟．位移反分析在隧道工程有限元数值模拟中的应用 [J]. 南昌工程学院学报，2019，38 (1)：46-49，74.

[46] 王少杰，吕爱钟，张晓莉．横观各向同性岩体中马蹄形隧洞的位移反分析方法 [J]. 岩土力学，2018，39 (S1)：495-504.

[47] 黄初涛，吴勇，王勇，等．位移反分析法在公路隧道围岩参数确定中的应用 [J]. 人民长江，2017，48 (S2)：138-140.

[48] Caudal P, Grenon M, Turmel D, et al. Analysis of a Large Rock Slope Failure on the East Wall of the LAB Chrysotile Mine in Canada: LiDAR Monitoring and Displacement Analyses [J]. Rock Mechanics and Rock Engineering, 2017, 50 (4): 807-824.

[49] Huang J, Luo T, Yan H Y, et al. Numerical back-analysis and effective prediction of the long-term settlement of airport high fill [J]. Japanese Geotechnical Society Special Publication, 2020, 8 (3): 64-69.

[50] 纳启财，郭鸿雁，胡居义，等．炭质页岩隧道围岩力学参数测试与反分析 [J]. 地下空间与工程学报，2016，12 (S2)：504-509.

[51] 曾乾坤，林日东，倪小东．基于数值模拟及反分析研究施工因素对渗流特性的影响 [J]. 河北工程大学学报（自然科学版），2020，37 (2)：65-75.

[52] Sun Y X, Zhang L L, Yang H Q, et al. Characterization of spatial variability with observed responses: application of displacement back estimation [J]. Journal of Zhejiang University—Science A (Applied Physics & Engineering), 2020, 21 (6): 478-495.

[53] 孙立川，赵在立，陈立璞．以破坏概率为目标的岩质边坡平面滑动破坏反分析 [J]. 岩土工程技术，2020，34 (1)：33-38.

[54] Maji K, Kumar G. Inverse analysis and multi-objective optimization of single-point incremental forming of AA5083 aluminum alloy sheet [J]. Soft Computing, 2020, 24 (6): 4505-4521.

[55] Peng Y X, Wu L, Peng H H, et al. Theoretical and Experimental Study on Rock Resistance Coefficient of Soft Rock Tunnel Considering Creep Effect [J]. Arabian Journal for Science and Engineering, 2020, 45 (2): 4333-4342.

[56] 张兆辉，袁绍国．巷道掘进爆破中爆岩体应力传播过程的研究 [J]. 煤炭技术，2018，37 (10)：125-126.

[57] 李国和．基于洞顶岩体应力传递的小型采空区稳定性评价方法研究［J］．铁道标准设计，2015，59（11）：74-78.

[58] 温彦良．矿井岩体应力状态的区域预测研究［J］．采矿技术，2006（4）：33-35.

[59] 杨耕，吴占寿．深圳市供水网络干线工程岩体应力状态分析与线路选择［J］．水利学报，2002（4）：69-74.

[60] 邱海波．赤竹坪隧道集中破碎带施工技术研究［J］．工程技术研究，2020，5（14）：86-87.

[61] 杜可耕，李安珍．预留核心土法施工穿越断层破碎带隧道的围岩变形分析［J］．公路交通科技（应用技术版），2020，16（5）：273-275.

[62] 王斐．锡铁山铅锌矿破碎带分段成井技术试验与应用［J］．世界有色金属，2019（18）：73-74.

[63] 王秋懿，张金江，朱熔清．滇东山区隧道穿越断裂破碎带地震响应研究［J］．公路，2019，64（11）：276-282.

[64] 粟进清．基于有限元数值模拟的新下花桥静载试验分析［J］．公路与汽运，2020（5）：103-105，116.

[65] 马运朝，胡隽，陈昭旭．预应力混凝土连续梁桥有限元数值模拟及设计探讨［J］．公路工程，2018，43（5）：94-98.

[66] 张民庆，孙国庆．隧道工程突泥突水灾害处治技术［J］．现代隧道技术，2011，48（6）：117-124.

[67] 刘日成，将宇静，李博．岩体裂隙网络非线性渗流特征研究［J］．岩土力学，2016，37（10）：1-8.

[68] 陈晓平，茜平一，梁志松，等．非均质土坝稳定性的渗流场和应力场耦合分析［J］．岩土力学，2004，25（6）：860-864.

[69] 李鹏飞，张顶立，周烨，等．隧道涌水量的预测方法及影响因素研究［J］．北京交通大学学报，2010，34（4）：11-15.

[70] 梁学战，唐红梅，向杰，等．库水位升降作用下土质边坡渗流场动态变化研究［J］．人民长江，2013，44（9）：55-59.

[71] 赵福堂，常立君，张吾渝．分级循环荷载下低温冻结盐渍土动强度特性试验研究［J］．冰川冻土，2019，41（6）：1397-1405.

[72] 王海涛，张远芳，成峰，等．冻融循环作用下盐渍土抗剪强度变化规律研究［J］．地下空间与工程学报，2016，12（5）：1271-1276.

[73] 高娟，赖远明．冻结盐渍土三轴剪切试验过程中的损伤及压融分析［J］．岩土工程学报，2018，40（4）：707-715.

[74] 刘红岩．宏细观缺陷对岩体力学特性及边坡稳定影响研究［J］．岩土力学，2019，40（S1）：431-439，448.

[75] 孔然，杨晟，孔璞．普雄地区基于岩石测试的灰岩纵、横波关系式分析［J］．油气地球物理，2020，18（2）：83-86.

[76] 张磊，方正，马腾飞．时间序列小波分解的 BP 神经网络 AQI 预测研究［J］．徐州工程

学院学报（自然科学版），2020，35（1）：45-52.

[77] Mortazavi A，Maadikhah A. An investigation of the effects of important grouting and rock parameters on the grouting process [J]. Geomechanics and Geoengineering，2016，11（3）：219-235.

[78] 涂洪亮，乔春生，朱举．节理岩体抗力系数的各向异性特征与计算方法［J］．哈尔滨工业大学学报，2019，51（2）：90-99.

[79] 王迎超．山岭隧道塌方机制及防灾方法［D］．吉林：吉林大学，2010.

[80] Liu F Y，Yang T H，Zhou J R，et al. Spatial Variability and Time Decay of Rock Mass Mechanical Parameters：A Landslide Study in the Dagushan Open-Pit Mine [J]. Rock Mechanics and Rock Engineering，2020，53：3031-3054.

[81] 陈曦，赵勇，杨玉顺．岩体力学参数对隧道围岩稳定性的影响分析［J］．现代隧道技术，2019，56（5）：77-84.

[82] 於汝山，杨宜，许冬丽．Hoek-Brown 强度准则在深部岩体力学参数估算中的应用研究［J］．长江科学院院报，2018，35（1）：123-127.

[83] 高攀科，谢永利．隧道软弱围岩的改进 BP 神经网络位移反分析［J］．郑州大学学报（工学版），2013，34（1）：23-26.

[84] 章毅，郭泉，王建勇．大数据分析的神经网络方法［J］．工程科学与技术，2017，49（1）：9-18.

[85] Zhang Y Z. Application of improved BP neural network based on e-commerce supply chain network data in the forecast of aquatic product export volume [J]. Cognitive Systems Research，2019，57：228-235.

[86] Xu B，Dan H C，Li L. Temperature prediction model of asphalt pavement in cold regions based on an improved BP neural network [J]. Applied Thermal Engineering，2017，120：568-580.

[87] 陈海龙，彭伟．改进 BP 神经网络在交通事故预测中的研究［J］．华东师范大学学报（自然科学版），2017（2）：61-68.

[88] Xiao J F，Xiao Q M. Control of Switched Reluctance Motors based on Improved BP Neural Networks [J]. Recent Advances in Electrical & Electronic Engineering，2018，11（2）：97-102.

[89] He Y M，Du J Q. Application of Improved BP Neural Network in Threshold Selection for Image Processing [J]. Advanced Materials Research，2014，2912：2872-2875.

[90] 侯俊伟，吴曙光．预应力锚杆框格梁加固岩质边坡计算方法研究［J］．重庆交通大学学报（自然科学版），2019，38（5）：74-79.

[91] 温世儒，吴霞，党巾涛，等．盐渍土土壤的地质雷达超前探测与判读技术［M］．长沙：中南大学出版社，2021.

[92] 吴治生．不同地质边界条件岩溶隧道涌水量预测及展望［J］．铁道工程学报，2007（11）：48-55，64.

[93] 伏四明，李原．户宋河电站隧洞塌方的类型、原因及处理［J］．云南水力发电，1998，14（2）：20-23.

[94] 丁琛．广州市花都区花山镇、花东镇岩溶发育规律初探［J］．中国地质灾害与防治学

报，2020，31（6）：122-129.

[95] 朱川曲，黄友金，周泽，等．坪湖矿岩溶洞探测及其采动作用下的概化模型［J］. 湖南科技大学学报（自然科学版），2018，33（4）：7-13.

[96] 张灿灿．基于 $FLAC^{3D}$ 数值模拟的沙虎山滑坡稳定性研究［J］. 河北地质大学学报，2019，42（4）：56-59.

[97] 万亮，杨和平．格栅加筋膨胀土拉拔试验测试值的数值模拟［J］. 公路交通科技，2020，37（2）：31-39.

[98] Ling T H, Qin J, Song Q, et al. Intelligent displacement back-analysis based on improved particle swarm optimization and neural network and its application [J]. Journal of Railway Science and Engineering, 2020, 17 (9): 2181-2190.

[99] Xu Z H, Li J, Wang W D. Back analysis of the *m* values in vertical elastic subgrade beam method for deep excavations [J]. Building Structure, 2020, 50 (S1): 1000-1006.

[100] Zhang J X, Yang F, Ren X H, et al. Back Analysis of Surrounding Rock Mechanical Parameters of Underground Caverns Based on Genetic Algorithm [J]. Modern Tunnelling Technology, 2018, 55 (6): 53-58.

[101] Mahmoudi M, Rajabi A M. Application of numerical back analysis for determination of soil mass specifications during tunnel construction [J]. Arabian Journal of Geosciences, 2020, 13 (19): 605-1306.

[102] Pu Y Y, Apel D B, Prusek S, et al. Back-analysis for initial ground stress field at a diamond mine using machine learning approaches [J]. Natural Hazards, 2020, 105 (1): 191-203.

[103] Na Q C, Guo H Y, Hu J Y, et al. Surrounding Rock Mechanical Parameters Test and Back Analysis of Carbonaceous Shale Tunnel [J]. Chinese Journal of Underground Space and Engineering, 2016, 12 (S2): 504-509.

[104] Bu A M, Zhang Y F, Xiang Y, et al. Formation of laminated nano-coatings for enhanced anti-oxidation and electromagnetic wave absorbing properties of carbon fiber [J]. Journal of Materials Research and Technology, 2020, 9 (4): 9153-9161.

[105] 温世儒，杨晓华，郭元术．基于频谱能量分析的地质雷达探测图像判读［J］. 工程科学与技术，2020，52（6）：120-130.

[106] 温世儒，吴霞．粗粒混合钠盐盐渍土的地质雷达探测适用性研究［J］. 地质与勘探，2020，56（5）：1031-1039.

[107] 吴霞，温世儒，晏长根，等．不同风化程度灰岩的地质雷达波形与频谱特征研究［J］. 西南大学学报（自然科学版），2016，38（6）：159-164.

[108] 彭新建，翁小雄．基于萤火虫算法优化 BP 神经网络的公交行程时间预测［J］. 广西师范大学学报（自然科学版），2017，35（1）：28-36.

[109] 葛辉．动荷载作用下含基层裂缝沥青路面有限元分析［J］. 成都大学学报（自然科学版），2020，39（4）：437-443.

[110] 谢书萌．基于有限差分法的下伏岩溶对桩基承载特性的影响［J］. 长江科学院院报，2019，36（4）：77-81.

[111] 寇邦宁 . 高速铁路隧道岩溶探测及塌方处理方案研究 [J]. 铁道工程学报, 2021, 38 (2): 80-84.

[112] 温世儒, 杨晓华, 吴霞, 等 . 掌子面前方边墙溶洞的地质雷达探测方法研究 [J]. 公路交通科技, 2014, 31 (10): 93-96, 118.

[113] 吴霞 . 基于地质编录和探地雷达的隧道断层破碎带超前预报技术 [J]. 河南工程学院学报 (自然科学版), 2019, 31 (2): 53-56.

[114] Liu M M, Liu Z H, Zhou D, et al. Recognition method of typical anomalies during karst tunnel construction using GPR attributes and Gaussian processes [J]. Arabian Journal of Geosciences, 2020, 13 (16): 4843-4854.

[115] 周黎明, 付代光, 张杨, 等 . 典型不良地质体地质雷达探测正演试验研究 [J]. 现代隧道技术, 2018, 55 (4): 47-52, 58.

[116] Kilic G, Eren L. Neural network based inspection of voids and karst conduits in hydro-electric power station tunnels using GPR [J]. Journal of Applied Geophysics, 2018, 151: 194-204.

[117] 李涛涛, 方亮, 何宇, 等 . 便携式地质雷达路基检测推车动力学仿真分析 [J]. 公路, 2021, 66 (7): 76-81.

[118] 吴霞, 李珺 . 基于地质雷达超前预报的边坡力学参数选取研究 [J]. 廊坊师范学院学报 (自然科学版), 2018, 18 (3): 100-103.

[119] 吴霞 . 基于地质雷达实测的岩溶隧道破碎段塌方量估算方法 [J]. 河北水利电力学院学报, 2019, 4: 24-31.

[120] 吴昊, 杨晓华, 温世儒 . 岩溶区富水破碎带探地雷达频谱特征研究 [J]. 公路交通科技, 2018, 35 (12): 90-94, 103.

[121] 温世儒, 杨晓华, 吴霞 . 基于 BP 神经网络的探地雷达图像特征判识与提取研究 [J]. 公路, 2018, 63 (7): 312-317.

[122] 高樱萍, 宋丹, 王雅静, 等 . 一种改进的 K-means 聚类服装图像分割算法 [J]. 湖南工程学院学报 (自然科学版), 2021, 31 (2): 54-59.

[123] Decal F, Hong S. Hole quality control in underwater drilling of yttria-stabilized zirconia using a picosecond laser [J]. Optics and Laser Technology, 2019, 11 (3): 81-90.

[124] Li M X, Anderson N, Sneed L, et al. Condition assessment of concrete pavement using both ground penetrating radar and stress-wave based techniques [J]. Journal of Applied Geophysics, 2016, 135: 297-308.

[125] 高树全, 王玉琴, 牟元存 . 岩溶隧道地质雷达超前地质预报及图像分析 [J]. 工程地球物理学报, 2021, 18 (5): 642-646.

[126] Hanssen R F. Radar Interferometry Data Interpretation and Error Analysis [J]. Journal of the Graduate School of the Chinese Academy of Sciences, 2001, 2 (1): 577-580.

[127] Sajad J, Abolfazl S, Sanaz E, et al. Automatic object detection using dynamic time warping on ground penetrating radar signals [J]. Expert Systems with Applications, 2019, 12 (2): 111-119.

[128] 宋福彬, 杨杰, 程琳, 等 . 地质雷达正演在隧洞衬砌病害识别中的应用 [J]. 现代隧

道技术，2021，58（4）：48-56.

[129] Iván Puente, Mercedes Solla, Higinio González, et al. NDT Documentation and Evaluation of the Roman Bridge of Lugo Using GPR and Mobile and Static LiDAR [J]. Journal of Performance of Constructed Facilities, 2015, 29 (1): 1-5.

[130] Jassim M T, Ahmed S A B, Ali M A R. Mapping subsurface archaeological features using ground penetrating radar in the ancient city of Ur, Iraq [J]. Archaeological Research in Asia, 2018, 9 (8): 77-85.

[131] 吴宝杰，高岳洲，董跃．地质雷达在地下废弃化粪池探测中的应用研究［J］．工程地球物理学报，2021，18（3）：374-378.

[132] Qiu D, Li S, Xue Y. Prediction study of tunnel collapse risk in advance based on efficacy coefficient method and geological forecast [J]. Journal of Engineering Science & Technology Review, 2014, 7 (4): 156-162.

[133] Junna S, He F H, Zhang Z H, et al. Temperature and moisture responses to carbon mineralization in the biochar-amended saline soil [J]. Science of the Total Environment, 2016, 10 (9): 569-570.

[134] Zhu B L, Chen Q, Wei Y Y. Application of TSP advance geological prediction in construction of Yuanliangshan tunnel [J]. Hydrogeology & Engineering Geology, 2003, 30 (1): 75-81.

[135] Zhang W B, Ma J Z, Tang L. Experimental study on shear strength characteristics of sulfate saline soil in Ningxia region under long-term freeze-thaw cycles [J]. Cold Regions Science and Technology, 2019, 9 (1): 76-89.

[136] 杨昌民，潘元乐，常博源．基于地质雷达测算地基基础缺陷的体积研究［J］．地下空间与工程学报，2021，17（1）：237-247.

[137] Lalague A, Lebens M A, Hoff I, et al. Detection of Rockfall on a Tunnel Concrete Lining with Ground-Penetrating Radar (GPR) [J]. Rock Mechanics and Rock Engineering, 2016, 49 (7): 2811-2823.

[138] Lee J H, Choi I S, Kim H T. Natural frequency-based neural network approach to radar target recognition [J]. IEEE Transactions on Signal Processing, 2003, 51 (12): 3191-3197.

[139] Wan X S, You Z M, Wen H Y, et al. An experimental study of salt expansion in sodium saline soils under transient conditions [J]. Journal of Arid Land, 2017, 9 (6): 865-878.

[140] 袁长丰，袁子晋，刘世波，等．青岛地区隧道开挖引起地表沉降偏态分析及预测［J］．岩石力学与工程学报，2014，33（S2）：4014-4019.

[141] 李宏安，冯雨润之，李玲利，等．基于数值模拟的福州某地铁站基坑地下水控制方案研究［J］．公路交通科技，2016，33（2）：88-95.

[142] 钱家欢，殷宗泽．土工原理与计算［M］．北京：中国水利水电出版社，1996.

[143] 燕建龙，赵治海，杨利全，等．基坑降水设计中水文地质参数估算方法分析探讨［J］．工程勘察，2011（3）：40-44.